古代の天皇像

『記・紀』から読み解く

野原敏雄
Nohara Toshio

風媒社

目次

まえがき

平成三〇（二〇一八）年で満八十八歳となり、数少ない昭和一桁代生まれの私が二十歳の成人に達し、当時の小学校六年、中学校五年の初等・中等教育を終えた頃までに体験して印象に残る天皇像がいくつもあった。

最初は小学校五年生、歴史の教科書を手にして表紙を開いた初めのページに書かれていたニニギノミコトの大八洲降臨にあたっての神勅が目に入った時である。記憶の正確さに自信はないが、「豊葦原の千五百秋の瑞穂の国は、我が子孫の治めるべき土地なり。汝いま行きて統べよ。宝祚（あまつひつぎ）の栄まさんこと、天壌とともに窮りなかるべし」といったような文章だった。仰々しい絵もあった。これは『日本書紀』の「巻二・神代下第九段」にほぼそのままの記述があり、『古事記』にもより平易簡潔ながら同意の文章がある。ふり仮名が付けてあったので、読むことはできたが、意味はかいもく分からなかった。ただ、天皇の祖先は神様なのだということはおぼろげながら理解した。父親からは、天皇は「生き神様」だと教わり、それまで登下校の折にただ習慣的にしてきた奉安殿（天皇陛下の写真が奉安してあるミニ御殿）へのお辞儀を、神社の拝殿前での拝礼と同じように丁寧に頭を下げ、国が戦いに勝ち、家族と自分が無事であるように祈り、深い畏敬の気持ちを込めるようになった。

次は中学（旧制）に入学直後に上級生から校歌を習った時だ。私が入学したのは名古屋の熱田中学（通称五中）で、「おお倭　瑞穂の国の　いにしえの御稜威かしこき　皇子の蹟　熱田の社　その片辺　育英の庭」と歌った後、勇ましいヤマトタケルの勲功話を歌唱指導してくれた五年生の代表から聞き、天皇を護った英雄だと知り、神国を護る責任の重さに異常なまでの緊張を覚えた。中学生になって初めて利用可能となった近くの鶴舞図書館（名古屋の中心図書館）の二階にある、子共は利用できず大人だけが利用するスペースに入り、ヤマトタケルのことが書かれている本を取り出してもらい、静かな西日のあたる部屋で時を忘れて読みつづけた記憶は今も新しい。五中は疎開のために一年のみの在学で、すぐ疎開転校し大垣中学に移ったが、勤労奉仕と工場動員で明け暮れ、やがて敗戦。校舎は空襲で廃墟となり、焼け残った工業学校で落ちつかない間借り授業の一年を送ることになったが、昭和天皇が占領軍最高司令官のマッカーサーを訪問し、「人間天皇」を宣言したと報じる新聞に、背丈の違う二人が並んで立った写真を見て敗戦の厳しさを想った。「人

図A（『日本教科書体系』第20巻・1962年）

間」の活字が今でも目に残っている。それをさらに実感したのは、当時、天皇の各地の巡行が続くなか、新設なった我が中学校へ立ち寄られた際、たまたま予定になかった我が教室の授業視察があり、立たれた入口から二列・三行目の席だった私には呼吸の気配すら感じられる陛下に接した時で、この方は間違いなく自分と同じ人間だと感じ、これまでの重苦しさが不思議と一挙に消え去って、開放感が沸いた。この中学で一番印象に残る授業は歴史で、京大の研究生でもあった新進の若き教諭から、「壬申の乱」について教わった時だ。大垣から近い不破の関をはさんで、天智派と天武派が皇位を争って戦った話は、その後の私を日本古代史好きにした決定版だった。幸い、名古屋大学の文学部史学科に入り、興味はさらに募ったが、専攻したのは現代社会解明に直接つながる人文地理学だった。

大学院で学びつつ、名古屋の私大に籍を得て、四十余年の時を送り、なにがしか研究の成果もあげたが、無事定年した後は眠っていた古代史への念が再びもたげ、暇に任せて手っ取り早く手に入った『記・紀』やその関連本を読み、地域の特徴を社会の生活に活かしてつくりだす地域を分析する地理学的方法で、そこに描かれている史話にいくらか歴史学の先人とは違った解釈を加えた古代史の本（『天武の夢　はるか』風媒社刊）をまとめ世に問うて、意外にも古代史の大家の評を得た。その本のなかで私はこれまで史家の間で謎とされてきた持統天皇（太上天皇）の最晩年のひと月半におよぶ三河行幸の本当の目的などを、はじめて解明しえたと思っている。

　さらにもう一つ柳の下の泥鰌を求めて、地理学の特技である事物・現象を周辺地域との関係のなかで解明するという方法を使って日本古代史考察を続けた。日本古代史を読むとき、とくに重要なことは当時交流のあった周辺諸国の状況と倭との関係に深く留意して事績を解釈することの重要さである。当時の日本の交流範囲は狭く、中国を中心に、その北部、東部の国々に限られていた。いわばそれは古代日本のオール世界である。私はこれを「東夷圏」と勝手に名づけそれぞれの生成・発展・衰亡と相互関係を重視しながら日本の歴史を深く考察する必要を痛感した。そして当時の日本、つまり倭国の事情をもっとも古く、かつ詳細に記述した『魏書』の第三十巻の「東夷伝」のなかで高句麗、韓などと項ごと同列に並ぶ倭についてのみ「倭人」と標記されていることに気づき、その意味を深くつかみながら倭国形成にもたらした外国の影響と倭にもたらした意味を重視すべきだと考えた。そして「東夷圏」の中枢で、強力な中央集権国家をつくりあげていた中国からもっとも離れ、他の「東夷圏」諸地方が直接に接することによって辿らねばならなかった影響が少なく、かつ陸上に比べて移動が困難な海を隔てて孤立しがちな位置ゆえに、集権国家形成の遅れていた倭の土地に、比較的進んだ文化を身に着けた「東夷圏」から新規移住者の集団が比較的容易に流入し、倭国づくりに大きく影響した事実を突き止めて、崇神、応神ら諸天皇の「素性」を明らかにし、また「神功皇后の新羅征伐」などの新たな意味づけにも気づき、それらを『古代尾張氏とヤマト政権』（愛知書房刊）にまとめた。それによって、『記・紀』に記述されている天皇をはじめ数多くの歴史上の人物についての知識を深めることができた。とりわけ、精一杯の生き方を貫き、良くも悪くも人間としての能力を発揮しつくす天皇を軸とする人物の姿を記述のなかから読みとる醍醐味に魅せられた。それがそのまま老後のすさびで手ごろな「脳トレ」にもなり、「昔学者の冥利に尽きる」とそこそこに自己満足する日々を送るようになった。

しかし、歴史とは本来、過去を正しくつかみ、それを今に生かして、未来を照らすものであるべきだということは、若く大学の史学科に学び、それを社会の向上に資するためになんらかでも貢献するべきだという理想の残渣はまだ私の心中のどこかに存在している。私が『記・紀』の記述から古代天皇の生きざまに、あらわで深い人間味を感じる一方で、やがて行われる平成天皇の代替わりにあたっては、憲法の規定にふさわしく行事が進行していってくれること、少なくとも戦前の天皇を使って権力をほしいままにしたあの重苦しい世の中を思わせるようなことが微塵もあってはならないと考え、その不安がまったくの杞憂とは言い切れない現時代に些少なりとも役立ちたいという願いが脳裏をめぐった。とくに『記・紀』にはそうした危惧につながりかねない「一面」があることもまた事実だからである。戦後の歴史学はその誤りを科学的な思考を重ねて解明し、その「一面」の歪みを克復してきたことは確かだが、一方でそれを不満とし戦前を懐かしみ、再現することに執着する見解も根強く、また多くの人々の生活の奥深くまでしみ込んだ古い慣習に伴う行事に紛れ込んでこびりついてしまった感覚が簡単には消えない現実を考えるとき、『記・紀』の内容から「人間天皇」感がにじみでてくるような読み方を、可能な限り平易でとっつきやすいスタイルで一般の人々に提供できないか、それこそ私のような研究者上がりで、かつ素人歴史好事家にはうってつけの仕事かもしれないという思いが募ってきた。「平易でとっつきやすい内容」はえてして軽率で興味本位のエセモノに堕しがちであり、そうなるリスクも高い。高度で深淵な知識をもつ専門史家からなんとか許容してゴーサインが頂けるほどのものでなければならないとすれば確かに難事業だが、あえてトライする魅力的なシゴトだと思い、高齢を顧みるのも恐ろしい課題にとりかかることになった。そうした課題に対処するには非才に過ぎる己れであることは十分承知しつつも、昭和一桁生まれで、志願して大戦で命を落としたたった一人だが無駄死してしまった親友をもち、我が身も空襲を経験していわば戦火をくぐって生き延びることができて敗戦を迎え、数々の恨みを残したまま故国朝鮮に帰っていって今は生死も分からぬ二、三人の幼な友達と、時空は違っても共に民主主義と平和を声高くさけぶことができるようにするためにも、人生の最後ともいえるに違いないシゴトに挑戦し、なんらかでも成し遂げることができれば、まったく幸いというべきである。

『記・紀』とは何か

日本の成り立ちから古代を手っ取り早く知りたいというときに、誰でも挙げるのは『古事記』と『日本書紀』である。広く普及されている多種の出版物として市販され、どこの図書館にも所蔵され、簡単に手にすることができるので、意思さえあれば簡単に読むことができる。私は岩波文庫版を使ったが、もともとはすべて漢字で書かれ原文も、やや「漢文風」に書かれているがカナ文字も交えた日本文に翻訳され編集しなおされているので、中等教育を終えた学力をもつ人ならば誰でもおおよそは理解できるし、懇切丁寧な注も付されていて読みやすくなっている。よく整理された形で原文も付されているので、私の如き素人史家でも理解に困って生じてきた疑問を原本の趣意はどうかと探りたくなればそうした試みも可能で、数百年の間に蓄積された先人の成果を含めたものとして一度は直接に目を通されることをお勧めしたい。

『記紀』とは何かと問うたわけだから、とりあえずその説明をしておこう。『古事記』も『日本書紀』も、どちらも日本の神話から始まり、歴代天皇の代々の事績や出来事を系譜に沿って年代順に記述したもので、初代神武天皇から「前者」は第三十三代推古天皇までを上、中、下の三巻に、「後者」は第四十一代*持統天皇までの三十巻に分けて編纂されている（*第三十九代弘文天皇は明治以降に追加されたものなので、ここでは歴代のなかには数えなかったが事績としては第四十代天武天皇代に含まれる）。両書に叙述されている内容は大きくいえば同じだが、事績・事項についてどちらか一方の書だけに記述されていたり、同じものでも違った意味づけで書かれるなどの違いがあり、それがまた諸史家の検討対象となることが多々ある。編纂が終わり在位天皇に献呈されたのは「前書」が元明天皇の和銅五年（西暦七一二年）、「後書」が元正天皇の養老四年（西暦七二〇年）で、ほぼ同じ時期である。

編纂時期も編纂内容もほぼ同じにもかかわらず、なぜ二つの史書が作られたのかについては諸説あり、どれとは決め難い。明らかに他を参照したところもあり、また逆に敢えて異なって叙述された部分もあろう。献提後に加えられた多くの学者の意見を吸収して内容、形式を変えた部分もあるに違いない。それらが有力者の手に渡り、いくつかのところで書き写されたものが少しずつ世に広まるが、その間に写し間違いもあるなどの年代を経ながら現代に伝えられたために、厳密に言えば異本も少なくはなく、その経緯なども研究の対象となるなど、学問的には今も確定したとはいいきれないが、原文自体はもはや検討されつくしたと広言されても大きな間違いはないと思われるほぼ一三〇〇年前の貴重な文献が、簡単に手に取り目にすることができるわけだから、その成果をおろそかにせず、大いに利用して書かれている内容をどう解釈するのか、さらに言えば、内容そのものを批判的に検討してそれは事実か、何故そうした記述がなされたか、書かれたことが事実としてその時代的意義や評価などにもわたって、さらに多くの人がさまざまに見解を加えていくことは、有意義なことではないだろうか。それは歴史記述の解釈を越えたものだが、今に生きる人々が今後を見据え、ありたい世の中の実現に役立つような読み方を思考するのも『記紀』の有意義な利用の仕方ではあるまいか、そうした心をもつ多くの人々のそれぞれの私見を提示しあう場があっても良いのではないか。それは今生きている時代をよく考える能力を高めることに役立つはずである。

これまで『古事記』と『日本書紀』を一括して『記紀』としてきたが、両書には重大な違いもある。それを示すためにこれまで『古事記』と『日本書紀』の両書を共に対象として語るときには、簡略化して『**記・紀**』と書いて、両書の間には重要な相違もあるという意味を込めて、あいだに中点を付けることにした。違いは太字で示した「記」と「紀」の文字であらわされる内容にある。簡単に言えば「**記**」は記録の記で旧辞ともいわれ、それぞれの時代の社会全般の様々な出来事、言い伝え、神話・物語、さらには歌謡などで、『古事記』はそれが全体の約七割以上を占める。しかしそれだけではなく『古事記』には「**紀**」と同じような内容も加えている。というよりは先ず「紀」を記述したうえで、その時代の旧辞を加える形式をとっている。

ではその「紀」とは何か。中国の歴代史書の中心となるのは「紀」と呼ばれる「皇帝の歴史」で、歴代皇帝の名称や尊号、系譜、その主な係累、皇帝の命令、宣告、官吏の任命などをその年代別に年、月、日を順序立てて、いわゆる編年体と呼ばれる形式に従って序列されるもので、『日本書紀』はこれを目指したが、天皇を支える官僚制度はまだ十分には整備されておらず、したがって資料としても「帝王日継」のような天皇の系譜につながるごく狭い範囲の知見以外はほとんどなく、日本の最初の正史とはいえ中国の史書と比べれば、本格的なものとはなりえなかった。それでも日本の古代の歴史をまとめた官撰の正史（『六国史（りっこくし）』）『日本書紀』・『続日本紀』・『日本後紀』・『続日本後紀』・『文徳実録』・『三代実録』の筆頭に挙げられるものである。

内容的にいえば、「天皇日継」の記録などの制約ないしは欠落部分があり、それについては我々が今読んでも編纂の担当者が、そのほころびの補正に苦労した跡を推測できるほどに諸処で補筆され、一つのまとまりとして整えている。しかしそれだけでは内容が薄弱であり、しかも正史という性格から面白みを削ってしまう「弱点」を補うかのように、『古事記』と同様の旧辞を加えて歴史的事績の内容を紹介し、それによって時代を示そうともしている。そのために両書の性格の違いを見分けにくくしているかもしれない。『古事記』と『日本書紀』の間の区別をさして考慮せずに、どちらも「古い時代の歴史の本」として一括して『記紀』ととらえる人が少なくない。しかし『日本書紀』には編纂者が日本で最初の正史としての歴史的価値の重さを意識したあまりに、いくらか無理な記述になってしまっていると感じざるを得ない内容も散見できる。そうした経緯によって生じがちな記述もあることを踏まえた「記紀読み」が求められる。とくに明治以後世界大戦の終了時まで強制された「世界に冠たる神国思想の形成」の根拠となった過ちへの反省をしっかりと踏まえた考証を心掛けつつ読めば、やや無味乾燥化した事実が並ぶ他の「正史」とはまったく違った深みをもつ「歴史タイム」を楽しむことができる。逆にいえば『古事記』も古代の歴史を知る優れた文献だが、歴史事実の正確さよりはその時代を生きた人々の生きざま、想いがかえって素直に表現されていることが少なくなく、『日本書紀』では隔靴掻痒で分かりにくいことも『古事記』では単純明快となるような事項もある。あるいは同じ事績を両書の記述の違いからより深く理解されることもある。両書相俟って古代をより深くつかむことも少なくない。

本書で語りたいこと

さて第一話以下の本文の扉を開く前に、二つのことに触れておきたい。私が『記・紀』を強いこだわりをもって書いたこの本文の理解を容易にするためにそれをあらかじめ知っていただくための鍵である。

その一つは、『記・紀』に書かれていることがどこまで真実かということに関わる。神託を加えれば二千年も前からの歴史の真実性はそれを記述した文献の内容が真か否かをきっちりと検証しながら確かめる以外にないが、私の子供時代と違って今はそれができる。戦後の歴史学はいくつも『記・紀』の記述の誤り、歪みを糺してきた。隣国（とくに高句麗）よりも歴史の古さを誇るために、歴史の始まりを一二〇〇年以上（正確に書けば一二六〇年）もさかのぼらせて建国年を決めたことはもはや常識だが、そのために生じた他国との関係のずれや、それを原因とする事件の解釈をめぐる食い違いをどうするかは、今でも歴史家の大きな課題となっている。そうした研究書を読むとき、しばしば「歴史の造作」などという文言が使われる。それは確かに一つの研究上の功績だが、一度つくられてしまった心象の修正は簡単なことではない。私に一つの体験がある。日本へのはじめての仏教の伝来は文化史的には大きな出来事だから、受験にとっての重要事件とし記憶必須事項であった。私の高校生時代の日本史の教科書には「欽明七年、西暦五三八年」と明記されそれをただ暗記させられ、併せて語呂合わせで「仏ほっとけゴミ屋さん（五三八さん）」と教わったことだ。しかし今の教科書はそれぞれ欽明一三年、五五二年であり、少し文献をあさって伝えた側の百済の歴史的事情と照らし合わせると後者でなければならないことは簡単に分かる。なぜこんな誤りが「権威」あるべき教科書で唯々諾々と記述されたか、その経過や事情の詳細は知らないが、そのように読めるように書かれた日本の歴史書が古い時代にあったことが根拠になったに違いない。いくつもの文献を読み合わせてみると、「それもあるか」と思わせる事情が浮かんでくる。そしてそれが、日本の歴史をきちんと「正確」に残したい天武天皇に決意させる一つの動機となったように思う。そもそもそれは自己の立場をより高く見せることを目的にしているためでもあるので十分な考察が必要なことは言うまでもないのだが。と、ここまで書いてしまったので、重複を恐れず後出するとの一部をここで書いてしまおう。

『古事記』の編者の太安萬侶は「序」のなかで、「旧辞と先紀」の間違いを糺すために本書が編纂されたと書いている。「先紀」とはよく出てくる「帝紀」あるいは、「帝皇日継」ともいわれる文献で、すでに述べた歴代天皇の継承に関する今は散逸してしまった記録であり、「旧辞」とは神話、伝説、歌謡などその代の諸事のことである。二つのうち「旧辞」については伝わり方によって相違や誤りはありうる、否、むしろ性格からいってあるのが当然だが、「先紀」については特に日本の場合はかなり単純なので、その誤りはちょっと考えられないと思われるかもしれない。しかしそれがあったかも知れないと思わせるケースが事実あった。先の「ゴミ屋さん」問題はまさにそれであり、（二六代）継体から（二九代）欽明につづく歴史が現在とは違って記述されていたと思わせる「歴史書」の存在とその内容がそれである。『日本書紀・皇極紀』の四年条の「乙巳の変」・いわゆる「大化の改新」と呼ばれた事件で蘇我入鹿が殺され、蘇我滅亡を悟った父親の蝦夷が「**天皇記・國記**・珍宝を焼いた。船史恵尺が急いで**国記**を取り出して中大兄に奉献した」と書かれている（ゴチックは野原）。それが事実とすれば、蝦夷を中心に倭の歴史書がつくられていたことになるが、それは現存していない。しかし中大兄皇子はもちろん、弟の大海人皇子（後の天武）も目にする機会があり、自分の知る皇統日継とは違った記述に気づいたということはありうる。そこで書かれた内容はとくに蘇我一族がかかわった寺院の縁起記録や、聖徳太子の一代記の記述などにも影響している可能性はある。それどころか、今我々が目にする『日本書紀』にも及んでいる。

「継体紀」の最後の二五年条に、この部分の筆者の史人によると思われる注記で、資料として使った『百済本紀』に「（この年に）日本の天皇及び太子・皇子、ともに崩薨」と書かれているが、事実かどうか「後勘校者知之」（後から検討して、真実が判る）と疑がった。だから自分としては釈然としないが、与えられた資料に反せずに書かざるをえないので、後で検討してほしいという読者への「訴え」であると私は感じた。この部分の直接の筆者は『日本書紀』のうち「雄略紀」から「舒明紀」までを分担したとされる続守言で、百済と新羅・唐が争い、倭も百済に加担したが百済が敗れ滅亡した天智初年の戦で百済の捕虜となり、日本に送られてきた中国人で、漢音（北方系漢字音）と呉音（南方系漢字音）に精通した特技をかわれて当時二人しかいなかった音博士に抜擢されたうちの一人で、倭音を漢字で表し、それを中国風に文章化する能力を生かした難しい『書紀』編纂事業に史人（執筆者）として加わり、その最初の執筆者として大きな功績をあげ、持統時代に一度ならず褒賞を得た才人である。その彼がもう一度「後勘校者知之」という注を「欽明紀」に書いた。二八代宣化天皇が死んだ後、その三人の姫のうち長女が欽明の后となるが、後に他の二人も同じ欽明の妃となった。その二人の紹介文で、「皇后の妹と書いているが、実は先の天皇の皇女なのに何故先天皇の皇女と書かないのか」と疑問を呈した部分である。

考えてみれば、地位から言えば先天皇の方が上位だから、この注記にも納得がいく。が、間違いとまでは言えない疑問で、敢えてそれを書いたという感がなくもない。おそらく筆者の意図は、何故「宣化」の名をあえて隠すのかという疑問ではないかと気づいた。その目で見てみると、それに関わりそうな記述がそれ以外に「宣化紀」「欽明紀」「崇峻紀」にも存在している。それらについては、以下の本文のなかで説明したいが、すべて「宣化」を消したいという一点に収斂するようにも思える。ここで「宣化」と言っているのは、最初の続守言の疑問に出てくる「天皇、太子、皇子ともに死去」と書かれた文章のうちの皇子に当たるが、太子（安閑天皇）についても二年というごくわずかの在位で亡くなっている。もしこの安閑・宣化が在位しなかったとすれば継体を継ぐのは欽明となり、「ゴミ屋さん」問題につながる可能性が出てくる。

このことは何を意味するか。蘇我の国書焚失問題は、ある事情から欽明を早く即位させたい意図があって、それを正規の史書として確実に広げたかったのではなかったか。そして「蘇我滅亡」でそうしたものを残したままで後世の悪い噂として広がることを避けたかったからではなかったかとの疑いを持たせることにならざるを得ない。それは後述するように、私が蘇我の宣化天皇に対する卑劣な行為を隠蔽するための行為ではなかったかと思わざるを得ない状況を推察する出発点でもあった。その蘇我の「史書」にもとづく寺社の縁起や聖徳太子の個人的な伝記をつくり、それらを有力な資料として使いながら書かれた文書があり、それらすべてを根拠に歴史を書けば直接「ゴミ屋さん」に通じる。その勢力が社会的に優位を保てば、「帝紀」は継体の後すぐに欽明になる。そうした「帝紀」の可能性は「乙巳の変」（かつては「大化の改新」と呼ばれた）で消えたが、それでも残された資料でそれが優位で真実に近いという論者の声が高ければ、「ゴミ屋さん」説は有力となり広がる。

こうした違った眼で継体後に安閑、宣化の二天皇の在位を真とする説は、反蘇我に偏しているという傾向を強調し、（ある意味ではそれも事実だが）それによる歪みこそがより問題だとする説を評価して「ゴミ屋さん」を支持する学者もあったようにも思う。その対立はより深い史実の解読と真摯な討論をつうじて解決されていくのが歴史学の正道であり、それ自体は有意なものであっただろうが、私個人の範囲ではなお強い負の印象として残り続けたわけである。敷衍して言えば、「史書」とはそうした問題に常に直面しながら記述されるものだということであり、したがってそれらをいかに見抜き、正しからぬ思考を避けるか、そしてなにが真実かを常に念頭に置きながら読み解くものであるという警告でもある。本書はこうした警告を念頭に置いて書いたつもりの「成果」であり、そのために各所で通説とは違った解釈を伴いながら叙述されていることを記しておきたい。

東夷圏の諸事情

二つ目は、視野を広げ、「東夷圏」のなかで倭の古代の歴史を見るということに関係する。もちろんその国々のすべての事象を見るわけではなく倭の歴史を理解するためにいくらかでも資する事項に限られることは言うまでもない。倭が直接かかわる問題は当然本文のなかで考察の対象となるが、それ以外でとくに倭の歴史理解のために有意の事項と思われるものをまとめてここで提示しておくことにしたい。

「東夷」とは東の蛮人の意味で、四周すべての民族を蛮族（北狄、西戎、南蛮と東夷）と見る古くからの「中華思想」が生みだした言葉で、彼ら中華三千年の眼から見れば暦もなく文字もないまさに野蛮の民に関しての歴史と地誌の概況を、歴代王朝が編纂する『史書』の最後の巻に置くのが通例であった。以下は、記述内容の充実度と丁寧な編纂で有名な『三国志』のうちの『魏書』の三十巻「烏丸鮮卑東夷伝」に祖述されているいくつもの項目のうち、扶余、高句麗、韓、倭人の項の紹介によるものを主に、いくつもの朝鮮史の記述に援けられて得た知識を

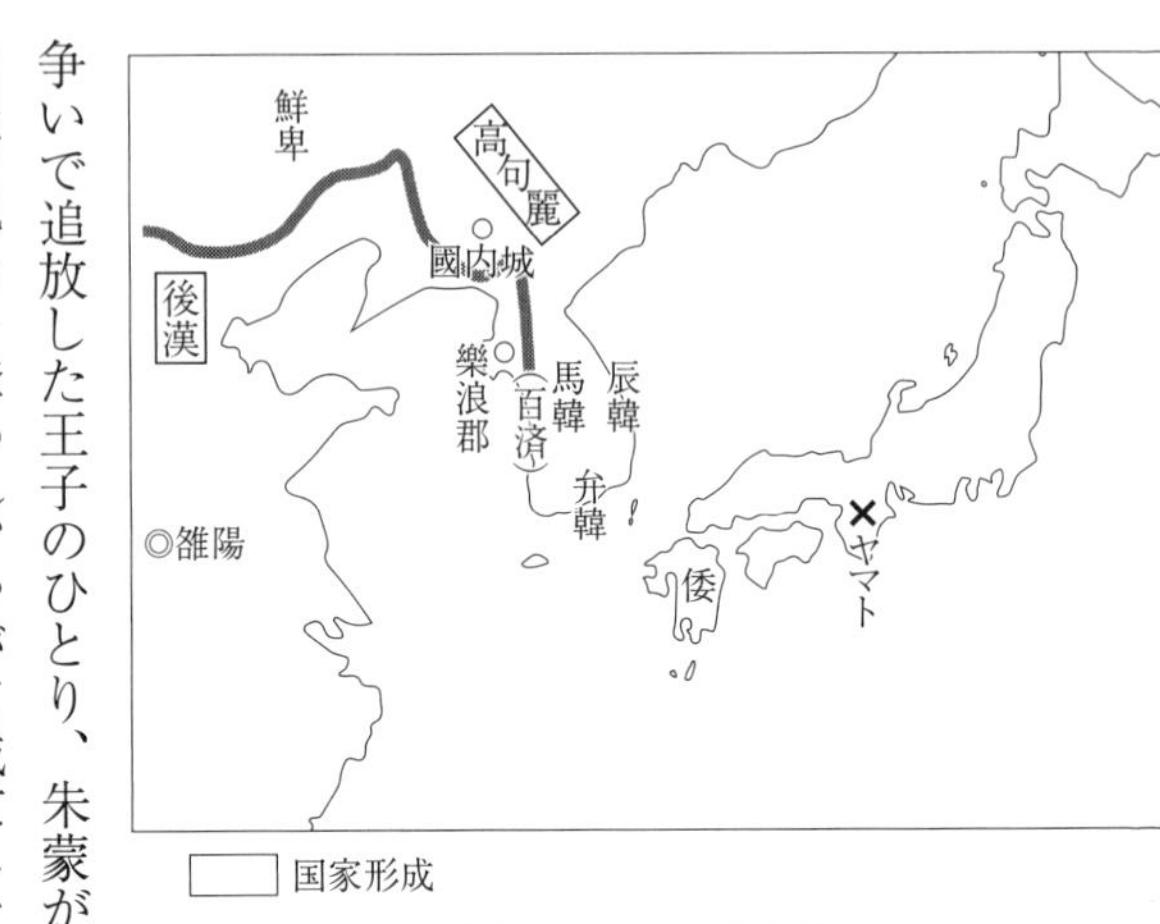

図1　2世紀の東夷圏

加えて紹介しつつまとめたものである。

扶余は北狄の代表というべき匈奴や鮮卑とおなじく北方アジアの騎馬民族で、定住性のない民族と同類だが、その最東端に位置する種族で現中国東北地方の平原に住み、いくらか農耕も営み定住して固定した牧場での畜産を主業とする半農半畜の民であった。漢の範域の拡大で設けられた現中国東北地方を中心とする「玄菟（ゲント）地方」に接し、その影響を受けながらも独自の国家制度をもち、馬加、牛加、豬（豚）加、狗加など畜産に由来する官位制度の上に王位を置く国として、いくつかの周囲の小族を隷従させていた。領内の鉄の加工技術をいくらか持ち、弓矢、刀、矛などの武器をもつ強国だったが、王位争いで追放した王子のひとり、朱蒙が新たに鴨緑江北岸に近い漢土玄菟郡地内に打ち立てた高句麗に勢力を奪われ、やがて滅亡した。その根底には厳しい寒気による牧畜、農耕の不振が大きな原因として存在していたようである。

高句麗はその扶余を吸収して建国された。朱蒙が東明王として王位に就いたのは紀元前三七年と書かれ、東夷圏では中国に次いで早い建国であったようである。国が強大化したのは扶余の製鉄技法を受け継けつぎ武力のみならず農具製作にも応用して、農業の生産力を高めたためと思われるが、建国地（玄菟郡）に強い影響力を持ち、頻繁に干渉する中国と武力で対抗し、時にはそれを打ち破るだけの強い戦闘力があったともいわれている。扶余の影響で騎馬能力にも優れ、中国に対抗する有力な軍事能力の一部をなしていた。やがて漢の滅亡による内乱に乗じて、韓土にあった楽浪地方に進出し、その中心だった平壌に都を移し、漢を継いだ中国の魏とは、時に争い時に和しながら次第にそこを自国の版図に変えていった。強力な騎馬軍団は中国北辺を襲う匈奴、鮮卑など北方騎馬民族との争いに、中国側の傭兵として加わることがあったとさえいわれる。その騎馬軍のシンボルとして、扶余の伝説の聖鳥である三足の烏（三足烏（サンソクウ））の軍旗がひらめいていたと伝えられている。

百済は扶余や高句麗とは違って韓族に属する国であった。その建国の経緯は明らかではなく、主に伝説に頼って描かれているが、奇妙にも出発は騎馬民族である高句麗、さらには扶余に発するとされている。中国書の記述は簡潔なので、韓人の百済と高句麗の人種的つながりは曖昧である。中国・唐と新羅の連合軍とのたたかいで壊滅的な敗北（白村江の戦いは六六三年）を喫し、六六〇年に人質として倭で暮らしていた太子が扶余豊として擁立されて帰国し、現忠清南道の小都市扶余を都としたが結局三年後に滅亡するという結末を見るとき、扶余族とのかかわりにはなにがしかの事実があるようにも思われる。推定するに、漢から魏の時代にかけて、韓人の居住地の最北部は中国が支配する楽浪や帯方の諸郡が置かれ、高句麗（扶余を含む）・韓・中国の人々が混在し、覇権を争った百年余にわたる長い抗争の歴史のなかで、帯方郡に接した小国の伯済國が馬韓、弁韓にまたがる七十を超える小国の緩い連合（辰国とも呼ばれる精神的紐帯で結ばれたまとまり）のリーダーとなって、急速に勢力を増してつくられたのが百済国のようである。伝説でいえば、高句麗の朱蒙（シュモウ）の兄弟だった温祚（オンサ）が兄に殺されることを恐れてもう一人の兄弟と二人でいち早く逃亡し、鴨緑江を渡って楽浪郡に着いたが、南進する朱蒙軍を恐れてさらに南下し帯方郡境の現ソウルの漢江流域に拠を得て建国したのが紀元前一八年だとされるので、高句麗のそれに遅れること二十年ほどとなる。それらの年次や経緯の正確さに疑問はあるが、この両国の王権の確立に関しては、超先進的で強大な中国王朝の直接・間接の接触と抑圧の刺激の厳しさが、より遠方で海を隔てた倭と比べてかなり早い建国を迎えさせたと言えるのではないか。

そうした厳しい国際関係のなかでの自己防衛のための誇張か、百済の建国伝説にはもう一人の兄が黄海北部の中国辺境の遼河流域より百にも及ぶ集団を引き連れて海を越えて建国に加わったことで、百済という国名が使われたという「言い伝え」もあるが、定かではない。「済」という漢字には、「渡る」という意味とともに、「援ける」という意味もあり、どちらを採っても納得できそうな文字である。この百済の戦闘でのシンボルの旗には熊が描かれていたということも、百済の扶余末裔説を補強する有力な材料となる。確かに、『魏書』が描く扶余には熊はない。馬、牛、豚、犬はすべて家畜であり、扶余人の不可欠な食料だったので当然だが、野生の熊がいなかったとは考えられない。人類学の成果で、混血した現日本人とアイヌ人、沖縄人（港川人）の骨格を比較すると、より原型をとどめているアイヌ人と沖縄人の類似性が高いという結果が発表されているが、北方系の扶余、アイヌの位置から類推して同系と考えれば、扶余人と熊の深い関係とともに倭とのかかわりの存在も浮かんでくる。南下する高句麗に押されて、百済には強い南進志向があった。こうした一連の推理をたどった最後に、南進する百済とクマ（九州熊本の球磨）のつながりが想定できる。その結び目に『魏書・倭人伝』が伝える卑弥呼の女王國と非妥協的に戦った狗奴國（くなこく）がある。

南下する高句麗に押されて百済の南進志向が生じたのであろうが、しかしこの南進志向は百済だけにとどまらない。高句麗、百済の王制の確立は、韓の社会全体、とくに朝鮮半島南部を占める「弁・辰」地方に広く衝撃を与えたに違いない。そこは急速な政治支配の進行のひずみとして排出されざるを得ない人々を生みだしやすいし、建国推進の勢力を嫌って新たな生活の場を求める人々の移動を誘引もする。建国今だしで、いわばフリーに入出が簡単な倭の土地は、そうした百済はもちろん弁・辰地方で強まる移動志向に富んだ個々人や集団をひきつけやすい土地として考えられたかもしれない。『魏書』の「東夷伝」が倭（国）ではなく倭人と項を立てた所以であろう。

もっとも、その倭人とされたより直截的な理由がある。あまりにもよく知られた卑弥呼（ヒ

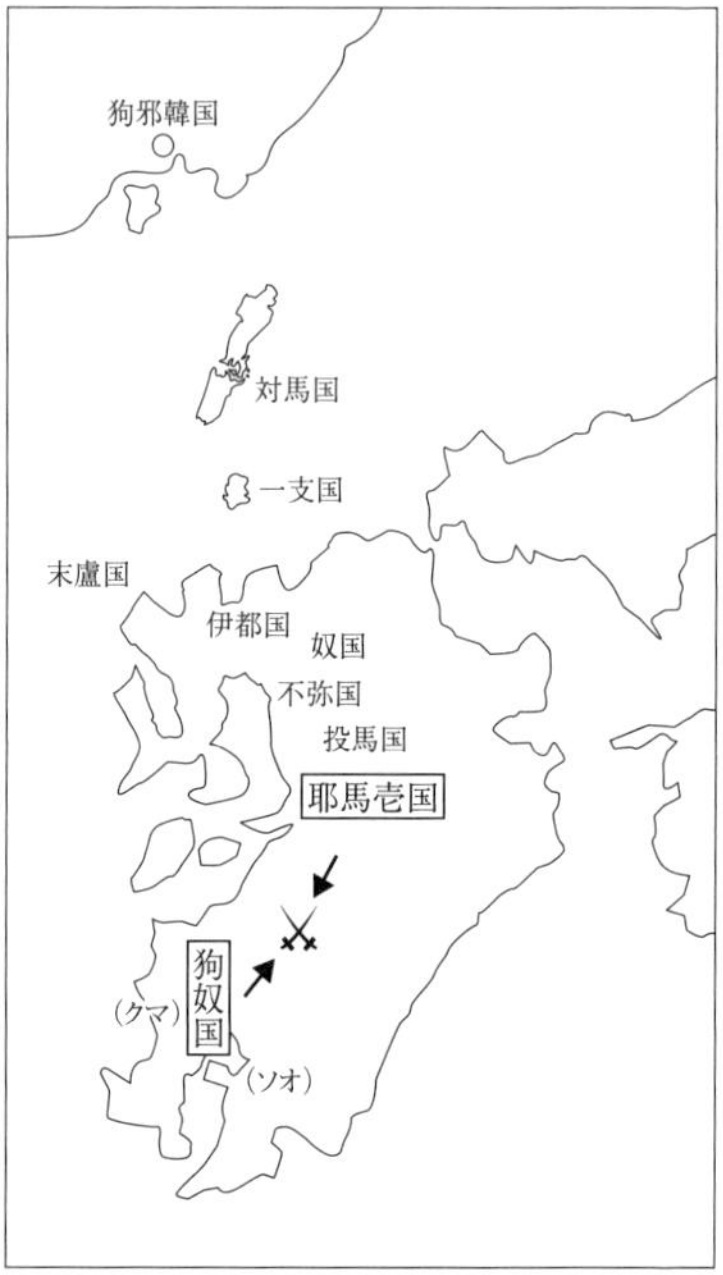

メコ）による魏への使者派遣である。女王卑弥呼が治める緩やかな小国連合（韓の辰國を類推させる）の「邪馬壱國（ヤマトコク）」の南に狗奴國（クナコク）があり、男子が王で、女王に従わず、絶えない争いの仲介を依頼する目的であった。この遠路、海を越えての仲介依頼の意味するのは、その争いの深刻さに違いない。この近隣の土地で深刻な争いが続くことは、倭が未だ統一された国ではなく、小さいクニの集団がやがてまと纏まる以前のかつての韓の「辰國」と同じ段階に過ぎないという判断が『魏書』編者にはあったのであろう。この使者の派遣は魏の明帝である。景初三年、西暦二三九年で、そのことは『日本書紀』にも記述されている。『書紀』の編者は卑弥呼を神功皇后に見立てたのである。だから卑弥呼がかりに実在したとしても、『記・紀』が語る神功皇后の時代との間にはほぼ百年のズレがある。

その検討は後のこととして、私がここで重視したいのは狗奴国の男王・クコチヒコ（狗古智狗古）の素性であるが、それについての記述はまったくない。ここで上述のことからの推理に

図2　2世紀の九州

従う以外にないが、彼は百済（あるいは百済と特定する必要がないかもしれない。漢の植民地であった楽浪地方は様々な扶余・高句麗・韓系の人々が混在しており、北方系というべきか、以下も同じ意味で使われている）の南下勢力のリーダーだったのではないか。球磨は阿蘇、霧島の火山地帯の一角で、草木の育ちにくい火山灰土の堆積する地域であり、漁撈や海洋活動が可能な沿岸地方以外はいちはやく南方から海流に乗ってこの地に現れた採集や簡単な漁撈・狩猟を主に生活する縄文人にとっては住みにくい土地である。したがって居住民も少なく、未開のままの土地が広がっており、農耕技術を身に着けた人々にとっては遅れてやってきて定住・定着しやすい土地だったということである。同様な土地はさらに九州南部に広く分布する。霧島山の南東麓に曽於という地域（現曽於市域）があるが、その一帯も同様な土地であった。「ソ」を名乗る百済系、あるいはひろく韓系の植民者がひらいた土地かもしれない。もし古代の韓語が現代ハングルに残っているとして、「クマ」は「大きい馬」であり、「ソ」は「牛」（ちなみに「熊」はコム）である。どちらも百済の扶余伝説を引いた官職に使われた言葉であることは興味深い。古い詮索はここでとどめてもっと広く各地を探れば、弥生中期から後期にかけての時期に、朝鮮半島経由の渡来者の跡が数多く発見できるに違いない。その当時、典型的な照葉樹林帯に属する日本各地に渡来した縄文人の暮らし方では利用できなかった水の乏しい山間地に、稲作を伴い進んだ技術を必要とする暮らしの知識をもった新渡来者が、これまでの未利用の土地を豊かに生活できる楽土に変えはじめたことを示すものである。そうしたなかで新植民者に刺激されながら、先進地を中心に倭の国づくりが始まることになるところまで来た。

第一話　神武天皇は人か神か
―あわせて八代欠史について―

この設問の意味

神武天皇は人か、それとも神かと問われれば、古代史を専門とする学者の多くは、「いまさら」と鼻白みながらも、神だと答えるに違いない。この問題はすでに以前の「第二次大戦」前から提起され、真摯な学問的良心にもとづく勇気ある学者が、弾圧を受け大勢の反発者の嫌がらせのなかで『記・紀』の綿密な考証・研究によって、「神武東征」のどこにも歴史的信憑性がなく、それ以前に語られる「神代」の記述の続きであると結論づけた。小学校の歴史の教科書の冒頭に「天孫降臨」を置いた時の権力者の反発、抑圧、そして隠ぺいの強さは想像に難くない。それが敗戦によって取り払われてからは一挙に論議の中心テーマとなり、ただたんに肯定されるだけでなく、それにもとづく古代日本の歴史的枠組みを作り替える提起が数多く出された。「日本人は騎馬民族」という説などがそれであり、「魏志倭人伝」は多くの人に新たな日本の古代史への認識をひろめた。とくに「卑弥呼(ひみこ)の邪馬臺国(やまたいこく)」は国民のなかに古代史ブームを生みだし、誤字(臺は壹、略字は壱)や誤読(ヒミコでなく、ヒメコ。ヤマタイコクでなく、ヤマトコク)も大っぴらに飛び交う素人参加の話題となり、やがて関心の中心はヤマトコク所在地が大和か九州かどちらかに移っていった。そして大和説に従えば神武東征は歴史事実だし九州説ではむしろ否定に傾くとして、歴史学の神武東征問題は関心の中味に微妙な変化が生じた。それに関わって、日本の建国はいつだったかの検討が進み、『記・紀』が神武と書いた初代天皇の即位年が、「東夷圏」での日本の権威を高めるために中国の「辛酉革命説」の採用によって大幅に遡及された紀年問題も加わり、問題が初代天皇に移ることとなり、神武の存在自体の関心はさらに弱まった。政治の圧力で「紀元節」という戦前の祭日が祝日「建国の日」とされたことも加わった。『古事記』が崇神天皇を「所知初國之御真木天皇(はつくにしらししすめらみこと)」と書いたのに対して、『日本書紀』は神武天皇に「始馭天下之天皇(はつくにしらすすめらみこと)」とし、崇神天皇には「御肇国天皇(はつくにしらすすめらみこと)」と褒め称えたことで、両者の意味の違いは説かれるが、それはさらに神ではなく実在の人かどうかという問題を薄くし、消し去ってしまいかねない事態に到った経過がある。私が天皇は神(現人神)ではなく人だと敗戦国日本を代表して勝者アメリカ占領軍司令官を訪ね、「私は人だ」と改めて宣言したというニュースに衝撃を受けた今や数少なくなった年代の生き残りとして、あらためて

「神武は人か神か」と問わねばならなくなったのには、こうした曖昧化の経緯があるからであると思う。

『記・紀』が神武東征を必要としたわけ

日本の古代史をいくらか齧った私がこの問題に答えるとすれば、「神武東征神話」は、『記・紀』編者にとって、日本の神話と（人の）歴史をつなぐのに不可欠だったからだろうと答えたい。その訳を述べよう。

『古事記』も『日本書紀』も、「神武東征」のすぐ前の神話は、「海彦と山彦」の名でよく知られた神話である。ニニギノミコトが葦原の中つ国のうちでとりわけ火山活動盛んな荒れ地の多い最西端に降臨したのは、おしなべてすべての国土を豊かにする神の意思を明確にするためであったという書紀づくりの発案者の意向であったに違いないと思う。それは偶然にも北方系の人々の南進説を容易にするという事情とも重なった。『古事記』には、ニニギがこの地に着いてすぐに出会った「コノハナノサクヤヒメ」が一夜同衾して懐妊したことを疑われ、それが神の子であることを証明するために、火中に飛び込み、三人の男子を生んだ。そのうち長子は「火照（ホテリ）」で隼人の祖となるが、次子の「火須勢理」（ホスセリ）は海彦として魚を採り（南方系の縄文人のイメージ化）、第三子の「火遠理」（ホオリ）は山彦として獣を撃ってそれぞれ暮らす（北方系の弥生人のイメージ化）なか、弟の山彦が要望して仕事を交代したある日、釣り針をなくし、その返還を強いる兄に困り、海中の「綿津見神」の宮を訪れることとなった。そこで神の娘（豊玉毘売：トヨタマビメ）と婚（よばい）して子を宿し、帰りついた浜で出産し、「天津日高日子浪限建鵜茅草葺不合（アマツヒコヒコナギサタケウガヤフキアエズ）命を生んだ。手にした宝珠（潮盈・潮乾の珠）により兄を服従させた「火遠理」が高千穂に帰り、海浜で生まれた子が成長し、母の豊玉毘売（トヨタマヒメ）の妹・玉依比売（タマヨリビメ）に育てられ、その二神の生んだのがジンム（神武：カムヤマトイワレビコ）と兄の五瀬他二人の男子だった。宝珠には水をコントロールする意味も含まれ、優れた稲作技術も含意されていたのだと考えられる。その間、五百八十年が経ったと書かれている。

この神話については『日本書紀』もほぼ同じで、日本列島にまず南からはるばる海を渡って縄文人が、次いで北から大陸経由で弥生人が渡来し、混血しつつ現日本人を形成したという人類学的研究による事実とも合致する。山彦が海彦を従えるというプロセスも優性遺伝の原理と合致している。興味深いのは、高千穂のくらしが『日本書紀』では百七十九万二千四百七十余年と極めて長く、歴史年代の古さをいかにも誇張して、『書紀』編纂時代の国粋的な思考傾向が露骨にうかがえる。『記』の叙述が二首の歌を交えて簡潔かつ要を得て読ませるのに比べて、両書の性格の違いは明白で、片や文学的、片や（疑似）歴史的である。

かなりの年月を経て、降臨した日向の開拓がほぼ終了したので、東へ行くことになった。『古事記』では、ただ東へ行こうというだけだが、『日本書紀』では東の方に青山に囲まれた素晴らしい土地がある。「おそらく先に天上から降りた饒速日（ニギハヤヒ）らの土地であろう。そこは大八島の中央だから国の都となるべきところだから行くべきだ」と意見が一致したと書いている。この饒速日の降下については『記・紀』ともに長い神話の部分をもちながらまったく触れ

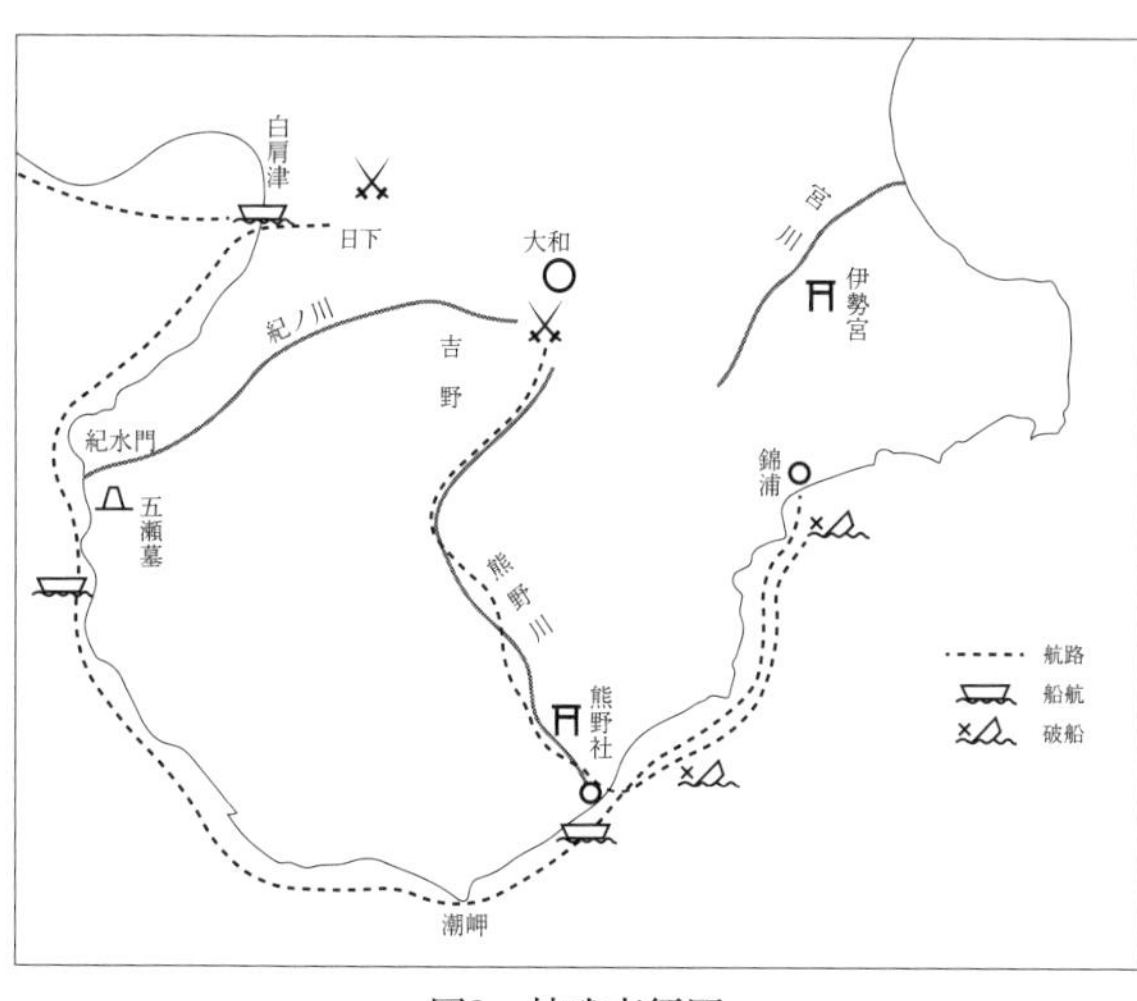

図3　神武東征図

ていない。ただ物部氏の先祖由来を記した『先代旧事本紀』にはニニギノミコトに先立って、天照国照彦天火明櫛玉饒速日命（アメノテルクニテルヒコホアカリクシダマニギハヤヒノミコト）が生駒山の頂上に降下し大和に入って、先住者の長脛彦の妹との間に子を生んだが、早く死に、天上に帰ったと書かれている。その事情を『記・紀』のジンムらが何故知っていたのか、そして大和に進出するジンムと激しく争う長脛彦をたしなめ、それに従わない彼を天上に帰った饒速日が殺すという記述があることなどを合理的に説明していない。人智では解けない神の話しが展開するなどがあり、天孫降臨をニニギノミコトだけにしたい『記・紀』の神話としては、いささか他の編纂資料の記述との未整合がある。『日本書紀』

ではいくつもの「一書」の諸説を併記しているが、それへの批評、解説もなく、散漫に過ぎる。結局は諸説を統合するために、天孫降臨にあたって途中の分岐道で猿田彦と名乗る「国つ神」が現れ先導させ、その神の居住する伊勢の五十鈴川の流域へ帰すにあたって諸事をつかさどる高天原の神々を加え合わせて送ることで、別の降臨が存在したことと話を調整しているようである。五十鈴川（宮川）の上流は大和と境を接する紀伊の峰々であり、ニギハヤヒの植民活動と伊勢（天上にある高天原の地上の大八島版か）との関連も深そうである。

こうした神話の記述から言えることは、結局いくつもの集団が倭の土地に渡来し、それぞれに規模を異にしていくつものクニづくりが進められたということではないか。本書では取り上げていないが、多くの説話を掲げている『古事記』のなかでは最も重要な部分である出雲神話を例として取り上げてみると、その登場人物にはこうした海外からの集団的渡来の人物たちが登場してきて活躍する話である。悪戯が過ぎて天上から追放され、新羅に行き、出雲にわたってヤマタノオロチを退治して宝剣を得たので、天上のアマテラスに献上したが、また地上に戻され根の国に落ち着いたスサノオの後を受け継いだオオクニヌシが、おなじ渡来者として現れたスクナヒコと協力して苦労して出雲のクニを開発するという成功話で、出雲、高志（越）、紀州にもまたがる『古事記』屈指の伝承が語られるが、それを天照大神による武力での威嚇で譲渡せざるをえなくさせ、先着の功労者として遇されはするが、その根深い恨みを新たな渡来開発者に浴びせて怖れられる話として『日本書紀』にも引き継がれ、成長不全の皇子ホムチワケ（その係累に応神天皇がいる）に祟って大和の支配者を苦悩させる逸話として再生されて語られる。それを通じて出てくる人（神）物像はすべて海を隔てた大陸からの渡来者である。文化が進んで国家形成の過程で権力をめぐる争いを経験したりしてその影響を身近にしながら、渡来し定着した土地においてもそれが展開されることになる。さらに古い時代にこの地に到着した縄文人やアイヌ人にはなかった新たな文化をもつ大陸渡来者たちが先住民を人種的にも吸収して倭人に変化しながら、この地でそれまでとは違った文明をつくる人と人の歴史がはじまったのである。その新規渡来者のうち最強力であった天照大神の派遣したニニギが倭土の西の端の日向と南の端伊勢から全土を平定しようというストーリーとして『記・紀』神話が語られることになる。その最初の一歩を進めようとしたのが最西端から出発した「神武東征」話であった。

倭の最西端の土地から東への出発を説くジンムの提案を『記・紀』の両書で要約すれば、先行した大和の植民者（ニギハヤヒ）が東方の「美き地」を開いて成功しつつあるので、そこそクニ（六合）の中心に相応しい。だからジンムの「何ぞ就きて都つくらざらん（そこに都をつくらぬわけにはいかない）」ということになる、まさに「東征」そのものである『日本書紀』と、それに対する『古事記』では「西の高千穂辺の地を平（たいら：稲作の向上、安定）にした今、さらに東へ行って天の下の平定の政を広げよう」であって、むしろ「東行」といったほうが妥当かもしれないという程の結構大きな違いがある。これらは前言した旧辞を主とする

『古事記』と正史を目指す『日本書紀』の違いであるが、東を目指す移動に限ってその主なものだけを挙げても、①難波まで十六年余を要した『記』と、三カ月で吉備（現岡山県）に着き、そこで三年余の軍備調達期を過ごし、ひと月で難波に到った『紀』の差、②ジンムの兄五瀬命の負傷で難波からの侵攻をあきらめ、紀伊半島を南に向かったのは同じだが、南端の紀伊・熊野に上陸した『記』と、さらに東方に船を進め志摩・錦浦に到って、伊勢とのつながりを求めた『紀』といった上陸地の違い、③大和に入っての戦いで、ジンムと先駆開発者の饒速日（ニギハヤヒ）（物部の祖）との相互了解が進み、衝突が軽微に止まった『記』と、先駆者側の抵抗激しくてジンムを援けるため相手の目を眩ませる金鵄までを出動させ、驚いた饒速日が戦を制止するのを無視して抵抗する長脛彦を殺して終わる『紀』の記述などで、両者の「東行」「東征」の叙述スタイルは一貫して異なり、その性格に従って明らかな差をもって描かれている。

しかし、こうした違いがありながら、天上の神の助け、いわゆる天祐はまったく同じだという点がより重要かもしれない。どちらも上陸地で全員が意気低下して危機に陥るが、その状況を知った天照大神が不敗の神フツの刀を地上に落とし、それを受けた高倉下（たかのくらじ）の手からジンムに渡され、難を逃れるくだりと、複雑な地形を案内し、ジンムの意向を伝える神の使者・八咫（ヤタ）の烏の適切な助けがあったことは同じであり、この神話の中心点である。これは大事な意味をもつので解説が必要であろう。始めに出てくる高倉下は尾張氏の祖とされる人物である。熊野に滞在できたのは、尾張氏が九州の球磨族らと同じく古くからの海人部に数えられ、海岸部どこにいても不思議ではないことと、本願の地の尾張地方の木曽三川の乱流のなかで鍛えられた河川水航（遡航）に長けていたことで、熊野川という急峻の地を流れ下る川を逆に遡航するのに最も適した海部族の長として、「神の御目」に適った人物配置である。熊野という意外な場所に待機できたのは、まさに神の導きなのである。が、さらに重要な意味をもった神の助勢は八咫の烏の出現であった。言い伝えでは烏は熊野神社の使いだとされるが、『記・紀』ともに八咫の大きさをもっていることにその最大の特徴が表わされている。「咫」は手の指先の間の最大幅であり、おそらく手のひらを広げて親指と小指のそれぞれの先を結ぶ長さである。その八倍であるから、およそ八尺となり、大きさが知れよう。しかしここで、「まえがき」で触れた「扶余族」のシンボルである烏を思い出してほしい。その烏のもっとも顕著な特徴は、足が三本である、いわゆる三足烏（さんそくう）という霊鳥だという点にあった。熊野神社の使いの烏もこの三本足をもっているが、そのもっとも際立った烏の特徴が『記・紀』のどちらにも書かれていない。最終確認はできなかったが、三足烏がサッカーの日本代表チームのシンボルになった経緯を調べるために、私は十年以上も前に東京文京区にある日本サッカー協会の本部を訪ねてシンボルの由来を尋ねたこ

図4　サッカー日本代表のエンブレム

とがある。対応してくれた職員に「昔の伝説で三足烏という鳥が中国東北部（旧満州）地方にあり、百済などを介して九州熊本や熊野とのかかわりもありうるが、事実かどうか」という私の問いに、「戦前の日本サッカー協会の理事に熊野神社の神職がおられ、その方の提案でサッカーにふさわしい現在の三本足の鳥の図案化がなされた可能性は高い」という検討結果を聞いた。それが事実ならば、一つの疑問はなぜ熊野遡行に現れた神助の鳥にそれが書かれなかったかということだが、おそらく神の鳥の特徴は八咫という巨大性にこそ特徴があるのがヤマト独特のものだという主張のためであったに違いない。三本足について書かなかったのは、もともとは「野蛮?!」な北方民族の「伝説モノ」であることを知られたくなかったからかもしれない。熊本のクマ、あるいは球磨、そして熊野のクマの共通性も考えられなくはない。偶然だというにはいささか忸怩とせざるを得ない問題である。この共通性に関わっては、次の第二話の応神との関連でさらに検討を加えたい。

　ジンムの熊野遡行で神の使いの奇鳥が案内役を果たし、相手への使者の役割さえも演じたということに加えて、尾張の祖・高倉下が神の宝剣を奉持した奇蹟があったことからいって、ジンムが実在の人ではなく、天の神の子であることに疑問の余地はないといえよう。そしてその天祐を必要としたほどの危険な熊野（『紀』では伊勢に隣る志摩まで）を何故迂回しなければならなかったかの検討も必要となる。

　ジンムと同行して早く死んだ兄の神・五瀬命の埋葬地は紀ノ國と大和の境近くを流れる紀ノ

川の最下流とされているが、そこから紀ノ川をさかのぼれば簡単に大和に入ることができる。現在そこを走り和歌山市から大和地域に至るＪＲ和歌山線にはトンネルがない、山間としては珍しく平坦な地形である。しかも古代の神武の時代、先着のニギハヤヒの勢力が必要とする鉄などを運ぶための尾張氏系の海人部が上り下りしていた実績があることを、ニギハヤヒの事情を知るジンムが知りえないはずがないにもかかわらず、である。そのコースを使わずに敢えて余計でかつ危険極まりない熊野迂回を選んだのは何故か。推定するに、豊葦原への降臨にあたっては、最西端から東へ、最南端から北へ平定すべきことが神慮として決められていたからであろう。後世、雄略天皇による東の端までの平定がなされた。残る北端への道も日本海の北上によって半ばは達成された。残るのは東北隅の蝦夷地のみで、『古事記』づくりをはじめに提起した天武天皇の夢はその征服であっただろう。彼が志した信濃遷（副）都はその足掛かりであったし、死の直前までその実現に努力したのは『日本書紀』の編纂をはじめて実行に移させた持統天皇であった。その人たちが構想したこの両書が国の全域支配の出発を西端とともに南端とすることにこだわらないはずはない。国の中心の大和への道が西端と南端潮岬を起点として進められねばならなかったが、それを一挙に実現するのは高千穂―熊野（伊勢）―大和コース以外にはなかった。それが神の子・ジンムの「東行」であり、あるいは「東征」であった。

欠史八代はどんな時代だったか

大和の橿原で即位したと書かれている神武天皇の神性は次代に引き継がれる。神武の后とされているのは『記』では倭の美和（三輪）社の大神が土地の美女に恋する卑猥な物語で生まれた比売多多良伊須気余理比売（ヒメタタライスキヨリヒメ）であり、『紀』では神武の姨（おば）の五十鈴依媛（神域に住む姫）である。だからその二人から生まれた次代（綏靖天皇）もまた神である。后との間に生まれたのは三人の男子であるが、その中で綏靖が天皇となりえたのは、横暴著しい高千穂時代のジンムの子タギシミミを殺害した勇気の持ち主だったからである。神武後の綏靖から開化までの八代の天皇についての記述は、『記・紀』ともにほとんど天皇と后、皇子らの名前を伝えるのみで、史実や事績は前述の綏靖の勇気ある行為以外は皆無であり、欠史八代と呼ばれる所以であって、ほとんど史家らは無視するのが通例である。が、それが置かれただけの意味はある。端的にいえば、神の時代から人の時代への移行という過渡的経過を、各天皇の名前や后の出身氏の系譜の羅列、宮（御屋）の所在地のなかから読みとらせることである。だが、そこでも両書の記述の違いは大きく、また異説も注記されていてその違いを読み解くのは至難であり、またその史的意義もさして感じられないので、ここでは大まかな印象の提示にとどめたい。

まず、いつまでを神の時代、いつからを人の時代とするかである。綏靖のタギシミミ殺しについては『記』では神武段、『紀』では「綏靖紀」で語られる（以後は『古事記』では各天皇「段」、『日本書紀』では各「天皇紀」で表す）。そのことの意味についての私見は、『記』では神の歴史は高千穂時代のジンムで完全に終わり、綏靖代からは新たに大和時代が始まったことのけじめを意識していた。一方、『紀』ではそのけじめは不明瞭で、綏靖代に到ってもなお高千穂時代を引きずっていることになる。それだけ神の意向が後まで影響を与え続けていることを示したかったということではないか。そのことは、続く安寧が自らの神性に加えて、事代主神（コトシロヌシ：大国主神の神格化された神）の孫の渟名底仲媛（ヌナソコナカヒメ）を娶っていること、その次の懿徳は安寧の兄の子の天豊津媛を后としたことなどで、神性が維持され続けることになる（表1参照）。ところが『記』の場合には、綏靖が師木（おそらく大和の磯城郡）の豪族の女の河俣媛を娶ったのをはじめ、八代の后はほとんど同郡内の豪族の女で、ただ孝昭のみは尾張の余曾多本毘売（よそたほびめ）で、農耕のための資源づくりに欠かせない鉄を大和に搬入する役割を担って大和に住まった尾張海人部の関連者のつながりであろう。彼ら尾張人が

表1　天皇の神格度

天皇名	神格	「紀」后（神格）	「記」后（神格）	後継者「紀」神格	後継者「記」神格
神武	100	五十鈴姫（100）	県主女（0）	100	100
綏靖	100	事代主女（100）	県主女（0）	100	50
安寧	100	事代主孫（50）	県主女（0）	75	25
懿徳	75	息石耳女（0）	県主女（0）	38	13
孝昭	38	尾張ヨソ姫（0）	尾張ヨソ姫（0）	19	7
孝安	19	孝安姫（0）	県主女（0）	5	2
孝元	5	ウツシコ命（0）	ウツシコ命（0）	3	1
開化	3	丹波大県主女（0）	イカガウツシ（0）	2	1

住まっていたのは紀ノ川と大和側の葛城川、曾我川の各支流の源が最も接近した葛城山系南端の麓で、高尾張と呼ばれていた。そこにはしばしば尾張氏族の首長級の人物もしばしば訪れていて地元との馴染みも深かった女性であろう。このように神的性格の残され方においても『記・紀』の違いはやはり歴然である。

神性が薄くなりやがてなくなると別の問題が生じる。表でわかるように、綏靖から開化までの神性の程度は懿徳と孝昭の間で大きく変化する。それと合わせるかのように、孝昭から四代にわたって、諡号がすべて孝で始まる。この一致にも何か共通性がありそうだが、解明できない。この諡号を考えた平安朝時代の淡海三船が「孝」の漢字の意味させるものが何であったかが判れば解けるのだが、その手だてはない。不明というほかはないが、彼、淡海三船が命名にあたって考えた共通の特性をもっていた大和南部・磯城地方を範囲とする氏族共同体の首長が交代で選ばれるようになった時の特性に違いない。共同体が次第に弛緩して、その中でとくに際立った家族形成がみられ始めたということかもしれない。もう一つ気づく顕著な特徴は九代開化を除けば宮（都というよりは住居としての性格が強い御屋：みや）はすべて大和でも紀ノ川に近い南大和で、かなり狭くまとまった範囲にあることである。だから各氏族のなかの有力家族の関係を緊密にするための婚姻関係も限定されがちであろう。日常の呼び名（字名［あざな］）とも言える和風の諡号にはヤマトネコ（大和根子か）が重なって続くのはこうした状態を反映しているのではないかとも思える。こうした狭い範囲での氏族間の関係を長期間続けることが困難となる婚姻における禁忌制約もある。共同性がまだ残る大氏族で、やや遠隔の他氏族との間の短期的な親族関係の存在など、当時の居住習性を考えればいくらかは回避できるであろうが限度はある。このインセスト・タブーは人類のごく初期からかなり厳密であったのは生物の自然性がもっている長く生きたいという本性の為す知恵であることは人類学でも強調されている。その点でいうと、懿徳と安寧の兄の子との婚姻は伯父・姪だし、開化の后は父孝元の妃（義理の母と子の関係）で、どちらも禁忌に触れるわけではないが、それでもこうした近親結婚が数代も続くとすれば、問題化しないわけにはいかないのではないか。宮を春日（北大和）に置いた九代「開化」の時代になってクニ（小規模国家）の範囲は一挙に拡大する。一歩だけ国（領域の拡大はあったがまだクニ）に近づいたわけである。開化天皇の御屋（みや）が大和北部の春日（奈良）に移され、后は義母だが、最初の妃は丹波から入った。また大和の中央部を根拠とする和珥氏からも次の妃を迎えた。狭い範囲の共同体の連合の指導者としての「天皇」の性格は次第に変化していくことになる。

崇神天皇の素性

始めてこの国を治められた天皇（『所知初国天皇：ハツクニシラシシスメラミコト』）と讃えられた第十代崇神天皇は、『記・紀』で見る限り、極めてあいまいな出自で語られている。「開化段」には九代天皇の御子として御真木入日子印恵命（ミマキイリビコイニエ）、御真津比売（ミマツヒメ）の名がみえる。そして続く「崇神段」では十代崇神天皇の后ミマツヒメが出てくる。兄、妹の結婚である。上述した短期的な親族関係の存在を考えればありえないことではないが、一方で、「崇神紀」は「御間城(ミマキ)姫(ヒメ)を立てて后とする」とされ、その姫は八代孝元の子である大彦命の子、つまり叔父の子となっている。近親婚でないことを示すために工夫された記述のように思えなくもない。しかし、「崇神紀」は皇后にしたと書かれたすぐ後に、この時すでに「活目入彦五十狭茅(イクメイリビコイサチ：十一代)」ほか五人の子供があったと続けられている。兄妹間の結婚ですでに六人の子供がいたと読めなくもないが、そうした不道徳な記述がここで書かれるはずはない。和風諡号にイリビコの文字が見えるので、外の国からの渡来人とみることもでき、それがもっとも素直な読み方ではないかと思う。つまり崇神天皇と呼ばれるミマキイリビコイニヱは海外ですでに五人の子供をもつ一家の長で、開化天皇の宮に招かれ、その家族として扱われたのである。『記・紀』の編者が、「入彦」(外の国から来た男子)が天皇となったことを隠蔽しようとする策略は、なんとも奇妙な叙述を残してしまったわけである。

しかしこのことは当時の状況を考えれば、当たり前の事柄であって、あえて隠す必要はなかった。それを説明しよう。まず「開化段」の兄妹婚とみたのは誤りで、どこか外国で、すでに結婚し、六人の子供をもった夫婦が倭に来て開化天皇を主長とする氏人となった。当時の氏の仕組みから普通のことであった。だから二人の夫婦は開化天皇の子として『古事記』に紹介された。「崇神紀」ではそれをあえて隠した。倭国の対面保持のためとしか思えない。しかし一番重要なことは、何故彼らが異国の倭の地の大和に来たかである。それについての説明はどこにもない。状況から想像する以外にないが、結論的にいえば、ミマキイリビコイニヱと呼ばれた人物は、大和の指導者となった開化（と彼の支持者）がわざわざ招待した人物だということである。当時の大和の事情はすでに検討したように、人々の生活が次第に安定して人口も増加し始めた。とくに稲作が灌漑整備のおかげで安定、向上したことでしっかりした生活基盤がつくられてきた。しかし人口増に伴う需要には追いつきかねる状況が生まれてきて、更なる水田の開発が必要となったが、そのための道具の需要の高まりで、これまで以上の原料鉄の必要度が増した。さらに灌漑水の確保のための貯水池の構築、池と池、あるいは池と川の間の関係という複雑な調整によった限られた大和盆地の水資源の有効利用が計られる必要があったなどなどで、それを可能にする用水確保とその水管理のエキスパートがどうしても必要となる。それらの高度な課題の担当者にふさわしい人物として選ばれたのがミマキイリビコイニヱであったというのがここでの結論である。

次に彼はどこの人か、またどんな人かについての推理に移ろう。倭が周辺の国々と競って韓南部の鉄を買い求めているという記事が『魏志』の「東夷伝」韓の項にある。だから韓南部の人で、併せて鉄供給に関わっていた人に違いない。もう少し正確にいえば、鉄の産地は弁韓（加羅）と新羅の境に近い洛東江上流地方であり、そこで採掘された鉱石が粗鉄の塊として商品化されたものが集積されるのは、その南部の小伽耶地方である。高句麗の南圧、新羅の拡張などが始まって、伽耶の各地もその影響を受け、百済、新羅など、広い範囲で勢力の消長がこの伽耶の狭いで範囲にある地方にも及んで、かなり高位の指導者の安定地移動志向が高まっていたことは容易に想像できる（伽耶は後には任那と呼ばれるようになる）。その一人がミマキイリビコイニヱであろう。彼の諡号はそのことをある程度証明してくれる。はじめのミマキはしばらく措くとして、イリビコは外から移住してきた男性を意味するが、問題はイニヱである。ハングルは最初にR音がある語の場合には聞き取れる音としては発音できない。だから李は「リ」でなく「イ」と聞き取れる。韓国では最も数多い氏名で、漢字で書けば李である可能性は高い。倭の商人の仲介で家族ともども大和に渡来したとすれば、経路は瀬戸内海を通り紀ノ川河口に至り、それを遡航するルートであったろうし、その最後で河川船航のエキスパートの尾張海部人がかかわることとなる。彼は倭に入る時に知り合った紀ノ國の豪族の女とともに尾張の大海部媛とも関係して何人かの子供を産ませたという「記・紀」の記述との照合性もある。

とすればこの招聘は大和にとってはまさしく大成功だったことになる。彼の大和での役割は「灌漑水管理の指導責任者」であっただろうが、その事業が大和の存在に大きくかかわるものであったから、大和そのものの指導者とされたのであろう。そのことはしかし、大和の政治・統括リーダーではなかった。もし政治の最高統括の任に当たる人物を天皇（すめらみこと）と呼ぶのならば、彼は、まだ天皇ではなかった。しかし人々の生活の基盤である稲作農耕の役割は絶大であり、事実上人びとを政治的に統括する人として天皇の號を名乗らせたというのが私の意見である。ハックニシラシシスメラミコトのいう尊称は「始めて大和のクニを安定して統合した優れた才能をもった指導者」なのである。それにしてもその統合者が渡来人（イリビコ）であるということについての地域社会の反発は少なくなかった。疫病が流行したことが地の神の祟りだとされて、改めて地の神を祀ったことやそれに納得しない地元豪族の一部の反発で戦が起こったこともあったが、それらを乗り超えてすべて順調に事態が運んだことにより、倭のなかでの大和の地位は格段に高まった。「崇神段」は「ここに天の下いたく平らぎ、人民富み栄えき」と結んだ。一方、「崇神紀」は崇神の言葉として、「農は天下の大いなる本なり。民の頼みて生くるところなり。今、河内の狭山の埴田水少なし。ここをもって、その国の百姓、農のことを怠る。其れ多（さわ）に池溝を掘りて、民の業を広めよ」と更なる開発を勧めており、いかにも前望的である。大和の豪族たちはそうした彼を深く信じて、その子イクメイリビコイサチにその任務を継がせることにした。十一代の垂仁天皇と呼ばれた人物である。

タラシ（帯）族の興隆と衰退

大和盆地を流れる大和川は（図4）、いくつもの支流を集めて大阪湾にそそぐただ一つの貴重な灌漑水をもたらす川である。その水源地点は神武天皇が即位の式を終え、祖先の神々にそれを告げる儀式を執り行ったと伝えられる飛鳥の東方の鳥見山の山頂付近で、上流では初瀬川と名づけられている。そしてその清流が大三輪神社を過ぎて平坦な地に移った付近が纏向（まきむく）である。この水の希少な大和盆地という土地は、当然海から隔てられており、海岸付近の漁撈、林間の小動物の狩猟のほかは果実などの採集に頼って生活した縄文の人々にとっては過酷な土地で住みにくく、閑散とした荒れがちな土地だったに違いない。はじめて足を踏み入れた弥生文明を身に着けた人々が最初に居住を目指したのは、当然安定した水があり、どんなときでも水が涸れることなく無事に稲が育ち、安定して耕作物で生活ができる纏向の地ではなかったか。纏向はそうした人々が集まって暮らせる唯一の邑（ムラ）であった。いわば大和の人にとっての最古にして原点となりうる場所であった。

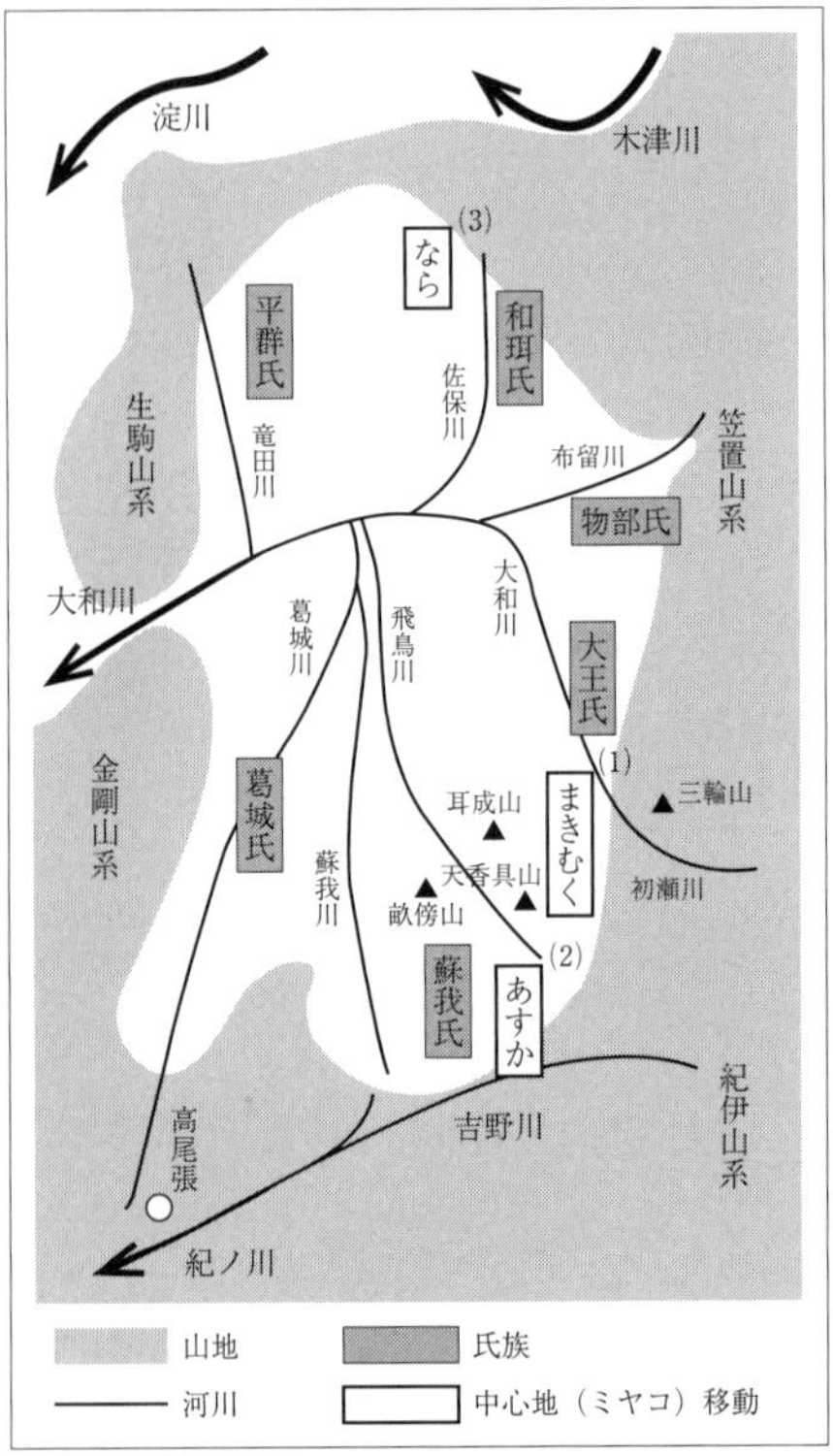

図5　大和盆地の水系と古代氏族

　私はある五月初め、山の辺の道の散策を楽しんだことがあったが、ぽつんとそこだけ緑みどりした苗代田で見回りしている土地の老人に声をかけ話し込んだとき、「もうそろそろ景行さんに水をもらわねば」という言葉を聞いた。そして道路沿いにいくつもある環濠古墳のもう一つ別の役割つまり「灌漑水」の存在に気づいた。現在では、昔と違って吉野川（下流は紀ノ川）からの導水路があり、かつての干害も激減したが、それがなかった当時は、「景行さんの水」は貴重なものだったに違いないと、はるか昔を偲んだことがあった。

十二代景行天皇は「垂仁段」では磯城（師木）、「垂仁紀」では纏向にあったとされる宮（どちらも近距離である）で生まれ育った。地元豪族の子ではあるが、先の天皇崇神の長子の下（十一代垂仁天皇）で、その氏人の同居人（氏人ならば、イリビコが付くはずだが、彼には無い）として育つという古い風習によったものであろう。さらに驚くことには、この宮にはこれも渡来人と思われるホムチワケが加わる。これについては、第二話で詳しく検討するので、ここでは省く。しかしこのホムチワケは別の複雑な事情のために丹波（現京都府）で育てられるので、景行と出会うこともなく終わったが、その子孫が対抗しあう運命をもっていることだけは予告しておきたい。

大和の水利灌漑のリーダーという形式しかもたず、渡来者で開発事業の責任者でしかなかった垂仁のもとに、地元有力豪族の子弟や能力に優れた外来移住者が複数集まったと思われる纏向の宮は、どんな役割をもっていたのかについての説明は難しいが、現代風に割り切っていえば開発事業を担える大和の人材をつくりだすという、いわば養成機関とでもいえるものではなかったか。やがて次の天皇となる地元最有力者の家で出生し垂仁の下で養われた景行がオオタラシヒコを名乗ったということは、他にもその養成機関で育った多くのタラシ名の人物がいたということである。「オオ」がつけられるのは、一段と格の高い地位ができたということである。事実、「垂仁段」はオオタラシヒコ以外に三人のタラシ名の王子（みこ）を列挙している。「垂仁紀」でも同じだが、うち一人は山代（大和に接した京都府）の姫の子であり、五十（い）と紛れて確認できないが伊賀（大和の東隣）と推定できるタラシもいて、タラシ系の勢力が大和を超えた範囲に広がっていることが判る。私は崇神、垂仁を含めてタラシ名をもつ人々をまとめて「タラシ族」と名づけておきたい。タラシ族は灌漑をはじめ、開発にかかわる技術に長けた集団を意味し、垂仁を継いだ十二代天皇・景行（オオタラシヒコ）を頂点に開発行政に優れた能力を発揮した支配者として、近江から瀬戸内、北九州にまでの主に西国に勢力を伸ばした。（こうしたことからの類推ではあるが、「タラシ」とは、韓風の着衣に特別な帯を締めて端をたらしつつ活動したことに因んだ名称だと断じたてもいいのではないか。漢字の「帯」をタラシと読ませているのは『古事記』だけで、『日本書紀』は同じ人名はすべて漢字「足」を当てているが、これは後の第六話で解説しよう。）

『古事記』が「帯」をタラシと訓じた「意味」については判らないながら、その「理由」は編者の大安萬侶が「序」のなかで述べていて、明快である。「序」の彼の言によれば、漢字を使って和訓の音で意味を伝えることは困難なことで苦労を重ねたと書いた後、「於姓日下、謂玖沙訶、於名帯字謂多羅斯」（姓において日下の字を「クサカ」と言い、名において帯の字を「タラシ」と言う）と述べていることから推定して、当時の特殊用語として、その字を用いることがあらかじめ決められていたと考えてよいのではないか。『古事記』編纂を始めて提起した天武天皇があらかじめ決めていたに違いない。（日下（クサカ）は第三話に出てくるが、これも同種の特殊用語であろう。帯は根本を意味する帯と同字という別の推論もありうる。）

「景行紀」の書くところでは、景行天皇は八十人の子供をもうけたなかで、ヤマトタケルを含めて三人の太子以外は、七十七人の御子をすべて各地に派遣してそこを治めさせたという。「景行紀」に記載されているものを拾ってみると、列挙順に、讃岐、播磨、伊予、日向、火国（肥ノ国）で、さらに吉備を字名とする皇子もいる。すべて西国で、しかも多くは降水量の少ない瀬戸内の地方であり、そうした地方の灌漑水利施設を造り、整備して、大和の影響下に置いたと思われる。また「景行段」や「景行紀」に書かれている説話、伝承では、近江、美濃、尾張のものが多くあり、当然、鉄の確保の重要な経由拠点として筑紫もこれに加えられるであろう。その中心にあったのは大和の「天皇」である景行だが、彼が天皇に選ばれる場面での「垂仁紀」の記述は、景行が纏向の豪族の子であったことを暗示するようで面白い。垂仁が次子（長子はホムチワケで後の歴史に出てくる）の五十瓊敷（いにしき）、三子の大足彦（おおたらしひこ）の二人を呼んで、将来の望みを聞いたところ、兄は「弓矢を得んと思う」といって、鍛冶部とその長を願ったのに対して、弟は「皇位を得んと思う」と述べて、「汝は必ず朕が位を継げ」といわれたと伝えられている。景行が垂仁を継ぐというよりは、大和の土地の豪族が灌漑技術の指導者となる力をつけてきて、政治統括も含めて真の指導者としての天皇・景行の出現を周囲が認めるようになったということである。

その景行の在位期間は他よりも長かったように思う。『記・紀』からは編纂意図の歪みで年代特定が困難なことは先に述べたが、『古事記』には何人かの人物について、崩御年が注記されている。長い記紀研究の成果のお蔭であろうか、判明したいくつかのケースを注として付け加えられたものと思われるが、十代崇神は戊寅、十三代成務が乙卯、十四代仲哀が壬戌の歳と、かなり連続してその注記がある。それらが西暦で何年かについて意見は一致していないが、私は考古学の成果などをもとに、三〇八年、三五五年、三六二年だと判断している。これで計算すると、一代の長さは十一代天皇垂仁から第十三代成務までの三天皇の平均在位は一二・三年、十四代天皇仲哀は七年となる。このうち景行の晩年と成務は同じ宮にともに暮らしたので、成務はごく短期間で（「成務紀」の事績記述期間は五年にすぎない）その分だけ景行が長寿だったと推定できる。また、まったく当てにはならないが、実質的な事績が書かれていない部分を削除して補正した『日本書紀』の各天皇の在位年を算出すると、垂仁が三九年景行が六〇年、そして成務と仲哀が五年、七年となる。景行の在位が長いという私の印象はあながち当たっていないわけではないように思う。垂仁には天皇と呼べる支配者の政治的性格はないので除外すると、景行の在位期間だけが異常に長い。あるいは、景行と呼ばれた天皇は二〜三世あったのかもしれない。さきに、三人の太子がいたことを紹介したが、大和以外には東西に一人ずつ統括者を置いたのかもしれない。にもかかわらず、「景行段」にも「景行紀」にも共に景行自身の事績についてはほとんど書かれていない。大和の進んだ稲作技術を各地に広げることがその主たる任務であったとすれば当然である。「景行紀」を読むと景行在位期の最大部分はヤマトタケルに関する話題である。ヤマトタケルの役割は拡大を目指すタラシ族の支配地の最先端での武力による圧力、つまり「東への睨み」である。すでに幼少の時から九州の熊襲タケル退治、その帰途には出雲のタケルに打ち勝ち、休むも暇なく靡かぬ東国の数多くの猛る者どもの制圧の先頭役を担わされる（タケルの意味は勇者を意味する者であろう、大和のタケルは出雲、球磨、東国のタケルを打ち負かした最高の勇者である）。「景行段」では弟に殺され、「景行紀」では美濃あたりでのんびり暮らす兄（大碓）とは違って、まさに「西奔東走」の生涯を強いられるが、東国の壁は厚かった。「景行紀」は「景行段」に比べて東国深くにまで平定を進め、さらには「蝦夷」地内にさえも足を踏み入れる活躍ぶりを書いているが、両書をよくよく読み込むと、東への進出範囲は意外に狭いと考えるべきである。あまりにも有名な「草薙剣」が活躍する場面は、「景行段」では相模の焼遺（やきず）だが、「景行紀」では駿河の焼津（やいづ）で、このもっとも際立った戦いの地が全く違っていることを重視すると、行動範囲はせいぜい駿河湾当たりのどこかということになる。

両書のどちらにも書かれていないが、この東への遠征で水軍の長として重要な役割を果たしたかに信じられている尾張氏の祖タケイナダが駿河湾で不慮の死を遂げ、「うつつなれや」と最高勇者タケルを嘆かせたという伝承や、さらにはるか後の持統上皇の時、タケイナダの水死体が西に逆流して三河の海に漂着した（と伝えられる）のを悼み、その霊を三河の幡豆の丘に祀るという名目で、最晩年の持統の長旅にかかわる秘話（拙著『天武の夢　はるか』参照）などを総合すれば成り立つ話である。尾張を根拠に東国ににらみを利かせていた英雄ヤマトタケルが「伊吹山麓」の戦いで敗れ、傷つきながら懐かしくも美くしきふるさと大和を目指し足を引きずって帰る途中伊勢で命絶え、白鳥となって空高く舞い、ふるさとの護り神となるという「景行段」の伝承は、『古事記』のなかでも出色の名場面で、もっとも心惹かれるくだりである。が「景行紀」での彼の最後は、死にあたって命じられた役割を果たせなかったことを天皇に詫びる手紙をしたため、捕虜の処置など、永い戦いで残した任務を懸命に果たす忠義一途の姿が長々と語られる。「記」と「紀」の違いが際立つ叙述である。両書の数少ない一致点のなかで重要なのは、ヤマトタケルが伊勢で宝剣を受け取り、最後に敗戦しながらやっと伊勢のクニにたどり着いてそこで死を迎えることで責任を果たしたという結幕である。

「景行紀」の最後は、景行が南近江の高穴穂宮で三年過ごして崩御したことである。つづく五年後、十三代天皇成務（ワカタラシヒコ）も同じ宮の地で、後継の子をもつことなく生を終えタラシ族統轄者の血縁はそこで絶える。しかし「記・紀」はヤマトタケルの子として北九州のナカツタラシヒコを後継として十四代天皇仲哀を描くが、彼も熊襲に撃たれて死亡し、その後三四代天皇舒明（オキナガタラシヒヒロヌカ）までの長期にわたって、特別の意味をもつ神功皇后（オキナガタラシヒメ）を除いて、タラシの名が「記・紀」から消える。つまり倭の地ではじめて生みだされたタラシ系の政治統括者（天皇）系統はここで断絶したことになる。この断絶を避けるための工夫が神功皇后（オキナガタラシヒメ）であるが、それは最後まで保留しておきたい。

熊襲とタラシ族の対立抗争の真実

第二話では、このタラシ系のヤマトタケルと仲哀を打ち負かした新たな支配者が登場する。タラシ族が倭國を支配できた時期は比較的短かった。その理由も含めて、後継の支配者の問題を解明しなければならないが、その前に、それまでの『記・紀』の叙述の歪みを訂正しておかねばならない。「景行紀」や「仲哀・神功紀」で大和勢力と抗争を繰り返す南九州の「蛮族」熊襲とはどんな氏族であろうか。「景行紀」では景行自ら出陣し、支配を受け入れぬ蛮族として征伐の対象となった首領が殺され、その後すぐまだ幼いヤマトタケルが派遣されてさらに首領が打ち取られたにもかかわらず、「仲哀紀」になると仲哀を敗死させるほどの勢いをもったという記述は矛盾するとまでは言えないまでも素直には理解できない。豊前・豊後に勢力をもっていた仲哀（タラシ族の西の守り役）を敗死させた熊襲の強大な勢力は北部九州まで広がっていた。にもかかわらず、神功皇后の遣わした軍に簡単に短時日で降伏しており、その後『記・紀』には現れない。突然消えたことになる。その実態はまったく把握されていないということになる。そのためか一般には放縦極まりない蛮族として片づけられている。しかし他では邪馬壱国の卑弥呼と争った狗奴國とのかかわりを指摘する史家もあり、十分な検討が必要とされる種族である。

「景行紀」には十二年から十八年の長きにわたって、天皇の対熊襲行動が記述されている。最初に日向の地に遠征し「襲國（ソのくに）」の首領で熊襲の首領の一人でもある勇者を策略を使って殺して翌年襲国を平定した後、治安のためか六年もの間日向に留まったと書かれている。ここですでに事前に説明しておいたように、百済から南下して曽於（ソオ）（現鹿児島県東北部）の地に植民したソ（牛）族のことを思い出してほしい。まずソを滅ぼしたという記述だが、ソ族の首長は神武東征に同行し、大和の葛城山系の東麓で大きな勢力を誇った氏族で、葛城襲津彦はその族長である。彼の名ソツヒコの「ツ」は現代的にいえば「ノ」であり、ソのクニの（代表）男という意味を込めて、代々使われた名前であろう。神功皇后の命で、南朝鮮の伽耶地方の権益をめぐる交渉の代表者である。

景行一八年に九州から大和に帰る景行は、途中で筑紫（現福岡県）から熊県（くまのあがた）に至り、大和に従わぬものを討った後、葦北（現熊本県水俣付近）に泊まって不知火を見てから高来（たかき、現島原半島付近）の土族を平らげ、一九年になって大和に帰ったというのが「景行紀」の叙述である。ここで熊本の賊とされているのは、前述と同じくかつての南下百済の勢力で球磨地方を植民したクマ（大馬）族に違いない。年代的にいえば、景行は四世紀前半の人物で、他方クマ族とソ族はどちらも植民し始めたと思われる一世紀前半からは三百年を経ており、その間に北九州の女王の支配した「邪馬壱国」に従わずに争い続けた勢力がクマ族のクニで、魏書の「倭人伝」でいう狗奴國と書かれている種族と同じだという蓋然性が高い。渡来し植民して長い歴史をもつクマもソもそれぞれに倭人（少なくとも百済系倭人）と呼ばれるべき人々である。彼らはすでのその地を植民、平定したうえで神性をもつジンムに統率されて大和に移り、倭国建設のための活動を続けてきていると前に書かれているのに、その同じ勢力に属する景行がそれを征伐するはずはない。「景行紀」に書かれた景行天皇が九州の治安の行動を長期にわたって行なったという『記・紀』の記述はどうにも理に合わない。

もしありうるとすれば、神武東征の後の残存者たちが反大和勢力化したということだがそれはありうるか。それはあり得ない。クマ族はその後も九州の地を根拠として、主として対中国交易で栄えた。とくに南朝の宋との交易で、彼の地の貴重な鍍金鏡を手にして倭にもちこんでいることが考古学の権威故森浩一さんの指摘で確認できる。そのクマ族の海人の根拠としたのは葦北の港で、陸地の条件の悪い球磨地方でのクマ族の活動の中心となった。この海運力を中心とするクマ族は、百済との交易以外に、しばしば訪れた中国長江流域で大規模な河川灌漑による稲作技術を習得し、それを倭に伝え各地に広めた。その先頭にいたのが次の章で扱う応神で、小規模な溜池灌漑を主とする稲作技術を圧倒することになる。熊本の球磨地域は四世紀半ば以降、本格的な河川灌漑の始まりの地であり、その後もその地で活動を続けた。それが『日本書紀』で明らかにされるのは、六世紀後半の「敏達紀」の記述である。それは、一二年・その歳条に書かれた「火（肥）葦北國造刑部靫部阿利斯登の子についての記録である。葦北は現在の水俣に近い港町であるが、その土地の國造刑部靫部の子の日羅が百済に渡り彼の地で達率という高官を務めたが、敏達天皇の再度にわたる要請で帰国しておこなった陳述についての記述である。その内容は第七話で述べるが、ここで強調したいことは日羅の父の名が阿利斯登だというのである。

　そのはるか祖先が「垂仁紀」の記録で、大加羅の人で阿羅斯等とよばれる皇子が崇神天皇の徳を慕って倭に渡ったが、すでに死亡されていて、垂仁期に三年間天皇に仕えたて国に帰るとの申し出があり、許したことが一書によるとして注記されている。その後のことは書かれていないが、垂仁は彼の子供を預かり、長子として育てたのがホムチワケで、長じても言葉を発せなかった。異国人の子だから当然だが、大和では大騒ぎとなり、出雲の神の祟りだと知って謝罪して言葉が出るようにはなる。しかし反垂仁の騒乱があり、そのためにそれに関わった后が死ぬ前の遺言で、丹波の知り合いの女性に育てられ成人するが、その後は『記・紀』の記述にはない。しかしそれが応神の和風諱（呼び名といってもいい）であるホムタに関係することは、複雑な全後関係をたどれば明らかとなるが、次の主題なのでそれに譲ることにする。ここではホムタを生みだす「みなもと」が、かつての百済系南下勢力が熊本の球磨地方を植民したクマ族であり、その一族が六世紀後半の敏達代でも依然として葦北の地に国造として定住し続けていることを確認すれば十分である。

しかし以上のことを『記・紀』でそのまま語るわけにはいかない。というのはすぐ前で蛮族として征伐の対象とされてきた熊襲が東征し大和の中心氏族となり、征伐する側となって熊襲を討つわけで、話がまとまりのつかない矛盾だらけのものになってしまうからである。もちろんまとまりつつあったこの国の政治統括者としてのタラシ族の指導者が、新たなホムタの勢力に打倒されたとは素直に書けるはずがない。しかしホムタ（応神の諡号）の歴史的事績は、灌漑の技術的進歩を導入したことで、稲作の生産性を大きく高めたことである。それは天の神アマテラスがニニギに託した大八洲の無窮の繁栄を実現することであり、神の御心にかなうものである。にもかかわらずそのままでは万世一系の皇孫の手でその偉業を実現せよというそもそもの神命に反することとならざるをえない。この二つの命題を矛盾なく解く方法は一つしかない。神が改めてホムタを皇孫として派遣することである。まさに天命がタラシからホムタに移る「革命」が必要なわけだが、それをタラシとホムタという人と人の争い結果としてではなく、神と人の交わりのなかでなさねばならない。神の言葉を理解し、神の子を宿し、生み育てる人物の存在が不可欠となる。神功皇后（オキナガタラシヒメ）にまつわる神話がそれである。『古事記』のなかでそれを構想することがおそらく最大困難の課題として発案者の天武をもっとも悩ませた問題に違いない。それがどのような形でなされていったかを知ることはもちろん絶対に不可能であるが、タラシヒメが北近江の古い豪族息長氏の姫という出自をもつことなどを通じて想定することはできる。それについては本書の最後で示したい。ここでとりあえずタラシに代わるホムタ、和風諡号で応神と呼ばれる天皇の人物像についての話に移っていきたい。

第二話　応神（ホムタ）天皇の素顔を覗く

ホムタとはどんな人物か

このテーマに入る前に、ホムタが出現する時代の「東夷圏」状況の変化について検討しておく必要がある。最大の変化は、朝鮮半島で高句麗と百済の二者対抗が主軸だった状況が、新羅の急速な強大化で、高句麗、百済、新羅の三国鼎立時代に変わったということである。『魏書』の「東夷伝」によれば、新羅は辰韓十二ヵ国の一つ、斯盧國（しろこく）で、言い伝えではかつて秦の始皇帝の重圧に耐えられず南下した人々を、後の百済の中心となる伯済國が馬韓の一部を割いて居住させたことに始まるといわれる（百済の新羅観が顕わすぎて信じがたいところもある）。中国の漢や魏が朝鮮半島の一部を領有して郡県制を敷き、設けた楽浪の地の中にその国があったとされる。中国の支配が弱まり再び韓人がそこに流入して、次第に勢力を伸ばすなかで斯盧国も拡張するが、本格的な国家形成は四世紀の中から末期で、とくに北の高句麗との交流で勢力を伸ばし、やがて魏に代わった西晋王朝には単独で使者を送るほどに成長し、国名を鶏林（しらぎ）と改め東方に勢力を拡大して日本海側に領域を広げ、国名をさらに新羅と変えた。これら改名はそれぞれ国勢拡大の証である。「垂仁紀」において我が国で初出するが、その内容はもっぱら倭と任那の交流を妨害するという悪役であった。この登場の仕方には明瞭な悪意を感じる。「応神段」に登場する天之日矛は新羅人だが、『書紀』ではなぜか「垂仁紀」に移されており、「応神段」にはない持参宝物の小刀紛失がこと細かに書き加えられているのもこの流れかもしれない。最後まで武器を捨てないことを意味するともとれるからである。これが神功皇后の「新羅征伐」につながるという見方は、その悪意の上塗りだろうか。それはともかく、四世紀後半には、三国鼎立時代へと移っていくことになる。そしてこれを踏まえた倭の政策の在り方が問われるのである。

さて、応神は実在したことが明らかな初めての天皇だという意見は学界でも主流のようである。私は『古事記』の巻の分け方に早くから齟齬を感じ続けていた。というのは『記』では巻を三つに分け、「上つ巻」の記述の大部分が神代を扱い、「中つ巻」は神武から応神で人と神が交流しながら時代をつくる話である。そして「下つ巻」が仁徳から最後の推古であるが、「中つ巻」に比べて「下つ巻」の分量がはるかに少ない。もし時代を画す意味で巻が分けられたとすると、この応神の位置づけにはなにがしか判然としないという思いが、私にはずっとあったが、今は違う。諡号に神の字が使われる神武、崇神、応神三人（加えて、神功皇后がある）の共通した意味の重要性を基準にした区分だと理解できるようになったからである。その意義があるから平安時代の淡海三船はそれにふさわしく謚号を選んだのであろう。神が古代日本づくりに大きくかかわった時期ともっぱら人が歴史をつくった時期の中間に神と人とが共同して歴史をつくった時期が記述されるのが中の巻なのである。つまり、応神代はまだ神が大きく歴史を動かすことがあった時代だったというのが、今の私の『古事記』理解である（蛇足だが、この区分理解は記述の特徴であり、そこに編者の主張を読みとるという意味である）。こうしたことを前置きとして、第二話を始めよう。

応神は『記・紀』の記述としてではあるが、生まれた年と死亡の年の両方が『古事記』で判る初めての人物である。前代の仲哀の崩御は壬戌歳で西暦三六二年だから、その歳に生まれたことになっている応神は同じ三六二年で、死亡は甲午歳で三九四年である。天皇の在位年の記述はないが、「応神段」に百済の王、近肖古（クンチョコ）から馬を贈られたという記述があり、王の死亡が三七五年だから、それ以前で、その贈り物が天皇位就任を祝うものだったとすれば、その年か直前で、就任年齢は十二か十三歳、少々若すぎる。そして在位期間は二十年そこそことなる。しかしこれらの年齢は、ホムタ（記述ではホムチワケとして出てくる）が垂仁の実子だとしての計算の結果であり、先にも述べたように、有力氏に子供を預けて成長させる当時の有力者たちの風習を顧慮すれば、十年程度の誤差は十分にありうるので、異常なことではない（後の第七話で初めて明らかになるが、「崇神紀」の最末期に敦賀の地名説話として登場するツヌガノアラシトと名乗る任那（大加羅）の人が垂仁時代になって倭に定着する説話があり、ホムタはその子供であり、垂仁の下で育つようである。もっともこの「垂仁紀」では違った出自が語られている。なおホムタは偉大な人物なので天皇就任前に二世、三世と代々引き継がれたかもしれない)。彼の和風諱はホムタだが、おそらく字名(生前の呼び名)も同じであろう。埋葬の古墳(応神御陵)は大阪にあり、誉田(コンダ)山古墳と呼ばれている。ホムタはおそらくハングルではコンダで、倭人にはホムタと聞こえた音であったことは間違いない。コンダのコンは漢字では金であり、呉音ではコンである。韓の出自だと推定できる。そこで初めて上述のアリシトの子孫であることが、違った意味をもって明かされる。

ここで想起されるのは、すでに「まえがき」でふれたが、高句麗の南下圧力で朝鮮半島の南部に移動した百済の人々のうち、さらに南下し、球磨地方に植民し、隣接する卑弥呼の女王國と争いを続けた狗奴國の統率者で、おそらく争いに生き残り、鹿児島の曽於地方に植民した「ソ」族(ハングルで牛)とあわせて熊襲と呼ばれた人々と同族であろう(第八話で確認される)。景行時代にタラシ族の勢力と争いを繰り返したが、主力は球磨の海人族として隆盛し、遠く中国の長江下流の国家、いわゆる南朝との交易で富を得て、大陸で学んだ進んだ治水・灌漑施設の築造技術も保有するなどして、九州で力を伸ばしただけでなく、倭の各地に進出して先住の倭人と混血し和人化してきた勢力である。垂仁天皇のところでほんの少々触れたが、彼の第一子のホムチワケはこうしたなかの一人であろう。彼は垂仁最初の后、北大和の豪族佐保氏の姫の子とされた。この姫の兄が垂仁に謀反し、強要されて夫の殺害を試み、実行できないうちに察知され、コトを自白して許しを得たが、首謀の兄は謀反を理由に殺された。佐保姫はホムチワケを胎中にしたまま戦さ場に飛び込み、そして自殺した。その時出生児だけが火中から助け出され、母の遺言で、丹波の女性のもとで養育された。成人して天皇の寵愛を受けたがまったく言葉を発せず、たまたま空飛ぶ鳥を見て声を出したので後を追わせて捕らえ、占いの結果成長の不具合は出雲の神の祟りだとわかり、出雲神への参拝で呪いが解かれたという長い物語が「垂仁段」で語られる（しかし事実は第八話で違った系譜でつながる）。当時の人々の神への畏れや、地霊のもつ恐ろしさがさまざまに語られていて興味深い。「垂仁紀」もほぼ同じ話が載せられるが、単に事実経過を語るだけで、きわめて対照的である。いずれにしても両書がホムチワケを取り上げるのはそれだけで、応神が登場するや冒頭にその和風諱である（「ホムタワケ」『記』は品陀和気、『紀』は誉田天皇）の文字が突如として現れることになる。この間の世代の離れ方は少ないので、何らかのつながりを『記・紀』の同時代の記述に求めたが、それを結ぶ人物は見当たらない。つながりの糸口ははるかあとの「敏達紀」の中の記述であった。ホムチワケのその後とホムタ（応神）の母、神功皇后の素顔探しは最後までつづく。

新羅王子・天之日矛の渡来とホムタ

天之日矛（あめのひぼこ）は十五代天皇にかかわる「応神段」と第十一代天皇を記述する「垂仁紀」と出場面が両書で異なるが、語られる内容はほぼ同じである。大きな違いは後者にはツヌガノアラシトという別の任那人が登場するところと前述した小刀をめぐる話題だけである。話のあらすじは、新羅の王子であった天之日矛が、王位を譲って倭にきたのは、不思議な美女を追い求めてである。かの国の伝説で、女性が太陽に温められて赤い球を生んだ（韓族では古くからの出生伝説）。その球を手にした王子が家に持ち帰ると夜半、美女が現れた。王子は彼女を愛したが、たまたまの不和がもとで彼女は倭へ帰ってしまった。それを追って淡路島まで来たが、会うことを許されず、遍歴して但馬に着きそこに住み続けて水難に悩むその地域の人びとを救済し、やがて但馬の指導者となるが、家系に田道間守がおり、その子孫に葛城高額姫が存在するという「昔」で始まる長い物語である。水難救済を書き記した但馬一之宮の文書では昔でなく、十代天皇崇神時代のこととされているが、ここで重要なのは常時水難の救済話である。但馬を流れる現在の円山川は河口が湾曲していて流れが滞り、ために民の苦難が絶えなかった。天之日矛はその湾曲した部分の岩石を打ち砕き、流水を円滑にしたため排水が容易になり流域に耕地が増した。いまも、河口一帯の地は気比（けい）と呼ばれているが、気はハングルで開（ケ）で、堅固な岩山を砕いた跡を敬い崇め、地名として残しているわけである。その気比が位置する豊岡市の出石（いずし）にある但馬一之宮（出石神社）に残された文書には「国中郡里郷湛海水漫々…然間、以所持御剣峨々巌両瀬戸切開…河水流通草木作林諸人成市…」（文書が書かれたのは大永四年＝一五二四年）とあり、関係地を観察した私の河口の現情景はそれを思わせるものがある。

　その実地を観察して、私は「一之宮文書」の内容に一片の真実を感じ考察を進め、天之日矛はこの地の困難を打開できる道具、例えば堅い岩山（実態は風化が進んだ玄武岩）も切り開くだけの強靭な鉄製の刃物を使用したのではないかと推定した。但馬はホムチワケが育てられた丹波に接しており、かつては同じ郡だったので、応神に関する情報も期待しつつ探したが見出せず、応神については語られたこともないという出石の古老の言が耳に残っている。しかし『播磨風土記』には、応神天皇と天之日矛が相携えて、播磨に行幸（侵入）したとする記事（時代の違いで、同道はありえないが）もあり、ホムタが新羅伝来の優れた道具とその技術を天之日矛から伝えられていたに違いないという推定は捨て難い。事実、ホムタは丹波に隣接する若狭で開発を幅広く実行したと思われる。若狭湾沿岸の各地に気比の名称をもつ神社がいくつもある。若狭自体がハングルで「行き来」と読めるそうだが、その若狭の敦賀（「垂仁紀」につぬが：都怒我の文字がある）の気比神社の大神から夢で名前の交換を願われ、承諾のお礼として湾一面に血のついたイルカ（すぐに食べられることの象徴）を贈られたという説話が『記・紀』ともに語られている。気比の大神イザホワケ神は食の神といわれるので、若狭の食はホムタに任せるという意味をもった話である。

この流れはさらに北の高志（越の国）に広がり、気比と同意味の気多の社が今もいくつか存在する。さらに話を進めれば、古北陸道を経由して美濃山間部から濃尾の平野に出たあたり、揖斐、・根尾川の合流地域（現揖斐郡大野町）にある野古墳群から、日本に三つしか見つかっていない中国南北時代の長江流域の江南製の鍍金鏡（重文）が出土（写真）したことで証明できるホムタの足跡が発見されていることで、濃尾へも広がったことがわかる。タラシのヤマトタケルが伊吹山麓でたたかった相手はこのホムタ勢力であった。先に述べた但馬から播磨へのホムタの進出、さらには仲哀天皇が熊襲に敗れて死亡したことと軌を一にした動きである。四世紀半ば前後の倭国内の大状況が明らかになる。タラシ族からホムタ族への交代である。タラシを代表するのが十二代天皇景行ならば、ホムタ族の創始者は第十五代天皇応神であり、どう展開するかが次の問題である。

野古墳群から出土した鍍金鏡

岐阜県揖斐郡大野町にある野古墳群のなかの一つ、城塚古墳から出土した中国製の鏡で、現在は東京五島美術館所有の「重文・鍍金四霊三端獣帯鏡」と呼ばれる。森浩一さんの『古代史おさらい帖』によれば、同型のものとしては熊本県あさぎり町の才園古墳と福岡県二丈町の一貴山銚子塚古墳から発掘されたものとあわせて三つだけの名品で、四世紀末のものと推定されている。当時知られた名工「尚方」作の文字もはっきり見える。当時中国江南の地と深い関係のある人物が入手して持ち帰ったもので、ホムタ一族の手によってもたらされたものであろう。大野町は美濃の濃尾平野西北端近くの地で、開田事業に携わった集団のリーダー格の人物が所持していたものであろう。河川灌漑の技術に長けたホムタ勢力が、若狭、越に広がり、さらに南下して越美山塊をこえて拡大してきたことを示す貴重な歴史遺産である。

町の好事家らがつくる記録によれば、明治二年新政府の時代になり、それまで古墳に手をかけることを禁じられてきたが、新時代となったとして新道路づくりの必要から一部を損壊した際出土したもので、鮮やかな金メッキの鏡に仰天した作業者たちが村役宅に運びこみ、京都の富者の手を経て五島美術館に移されたもようである。当然ながら発掘の際の科学的な調査もなく、正確な発掘時の記録はない。岐阜大学の中井正幸さんの「野古墳群の研究」によれば城塚古墳は四世紀後半につくられたとみられる前方後円墳で、全長八七メートル、後円部径五八メートル、同高七・三メートルの中型墳であるが、村人の言い伝えでは古墳群のなかでは一番大切なものだとされてきたと伝えられている。古墳群の前方（南部）には揖斐川と根尾川がつくった緩やかな扇状地が広がり、ほぼ全面に条里制の跡を思わせる道路が東西に交叉して走り、五之里など当時を思わせる地名もいくつか散見できる。

ホムタ勢力の飛鳥入り

ホムタの先祖がかつて女王國のヒメコと戦った狗奴國人で、同時代に朝鮮半島から南下してきた曽於人（ソの人びと）や球磨地方の海人部の大活動を支える球磨の山岳地方を住みかとし「はじかみ」（生姜）などを食み粗食にも耐える勇ましい久米の戦びと（神武東征で、「みつみつし久米の子」と歌われた）やそれを指揮する大伴氏らが、力を得て支配した吉備（岡山県）で待機するホムタと合流するために東方移動を始める。その状況は「神武東征」そのものである。というよりは「神武東征」はこの状況を「神話」として叙述したというのが正しいかもしれない。途中豊前の宇佐の神に成功を祈って立ち寄り、「神武紀」ではそこで中臣の祖を共に加える。いずれも後の日本の歴史で活躍し、大きな事件で目立った役割を演じることになる（中臣氏は藤原氏となり、また和気清麻呂の宇佐八幡詣でのこともある）。安芸を経て瀬戸内海を進み、吉備で長い滞留（『古事記』は八年、『日本書紀』は三年）があるが、この地がタラシ族の西の拠点であり、ヤマトタケルの東征に同行した吉備武彦の支配する地であった。『記・紀』ではホムタと吉備の対抗は伝えられていないが、播磨風土記には散見できる。尾張はいち早く大規模河川灌漑の技術を求めてホムタ勢力に加わった。それはヤマトタケルを敗北させたことに繋がると思われる。（この二つの地方豪族のホムタ支持は大きな意味をもつので、あとで述べたい）。

吉備を出発するとき囮船（喪船）を使い二艘に分けて進むなどして難波の海に到って、相手を幻惑して上陸し、妨害しようとしたタラシ残党を宇治から近江に追い詰めて滅ぼしたとする「仲哀段」に対して、「神功紀」では難波沖で天照大神や事代主、さらには住吉の神に導かれ、紀ノ川をへて飛鳥入りを果たしたことが詳細に書かれている。この紀ノ川ルートは以前のホムチワケの出雲参詣に使った道で、父の垂仁天皇がその沿道各地に品遅部（ホムチ部）を造らせたと書かれたなじみの道である。ホムタ（応神）が飛鳥に入ったときに神の導きがあったというテーマは、神功皇后が神懸って仲哀に熊襲征伐をやめて新羅を撃つべしと告げ、天皇がそれに背き、神を罵った罰で死んだとき、神功に仕える建内宿禰の問いに対して、「この国は神功の御腹にいる男の子のもの」という神の答と同じである。その神が指示する新羅征伐が始まり、大勝利で帰還後生まれた応神が無事に飛鳥に着くまで見届ける神の支援は一貫している。それではこの神功皇后による新羅征伐とは何だったたにかについて検討したい。

神功皇后は実在の人物か

神功皇后が実在の人物であることに否定的な学者は多いが、同じ時期に倭が海を渡って侵入し、新羅などを臣下としたと書かれた広開土王を顕彰する碑の存在などを根拠に肯定する学者も少なくない。それではその広開土王碑に書かれている碑文の真偽性を検証してみよう（好太王碑ともいわれたが、それは王の美称で、王の諱の広開土王碑と呼ぶべきである）。碑は四四五年鴨緑江に近い丘陵地に建てられ巨大な石碑の四面にわたって、王の功績を賛美する事項が刻まれ、読解不能部分もあって、その意味内容についての関係史学会の論争が続き、不確定な部分も少なくない。日本で神功皇后の足跡と思われる部分については幸いにもほとんど解読できる。

広開土王碑　部分

必要な部分のみを抜き出して掲げて見よう。「倭以辛卯年来渡□破百残□□□羅以為臣民以丙申王躬卒□軍討滅残國軍□□首攻取壹八城…」がその核心部分である。最後の三つの不明文字は読解不能だが、前四つはおそらく、海、加、羅、新であろう。その意味は、倭が辛卯の歳（三九一年）に海を渡ってやってきて、（それに援けられて）百済（百残は百済の蔑称）が加羅、新羅を隷属した。（それで五年後の三九六年）丙申の歳に王（広開土王）自ら□軍を卒いて百済を討ち滅ぼし（□□首は解不能だが王の首を刎ねか）百八の城攻め取る…といった内容ではないか。他の面には広開土王が率いた高句麗が百済の首都京城を攻め、百済王以下王族の主だった人物の多くを捕え、奴客となることを約束させた高句麗、百済の戦いの模様が詳細に書かれている。問題は辛卯歳に倭が百済を援けるために海を渡って朝鮮半島に兵を進めたのは本当かどうかである。

年次を明示している「仲哀紀」と「神功紀」には倭の新羅入りが四回ある。始めは①仲哀九年のいわゆる「神功の新羅征伐」で、年次は三六二年である。次は②神功五年（六年後の三六八年）で、新羅の人質の交代をめぐる新羅の怪しげな策動に怒って、神功が葛城襲津彦（南九州の曽於からホムタとともに大和入りした旧熊襲の将軍）を新羅に派遣し、城を一つ奪って威嚇した事件、③三度目は神功四九年（ありえない年次、前回記事との間に『魏書』の引用で、ヒメコの使者派遣などを注記）で、百済の要請により加羅（倭では任那と呼び、一般には伽耶が正しいとされ加羅はその中の一小国）に派兵し、いくつもの国を占領して百済に与え、また新羅を攻撃したという記述である。④最後は神功六二年で、約束の朝貢がないので、襲津彦（沙至比跪：ソツヒコと表記）に新羅を討たせたものだが、美女で惑わせる新羅の謀略により逆に隣の加羅を討ち、敗北して新羅に逃げ帰り、倭に帰えることもできず、不明となるというもので、事実性は薄い。③と④はどちらも『百済記』からの引用記事で、百済暦との違いから二運（一二〇年）繰り下げられ、三六九年と三八二年の事件とされる。②と④は①の関連事件とみられないこともないが、当時の新羅は、高句麗、百済の鼎立関係で連合対抗を繰り返し、倭もその中に巻き込まれ、百済、新羅の友好・対抗関係が複雑に競われていたこと、加えて「百済記」の内容に信憑性が欠けることもあり、とくに④は「神功の新羅征伐」とは関係なさそうである。しかし③は百済が倭と協力して加羅に圧力をかけ、新羅を攻める記事で、鉄の確保のためにそこに強い関心をもっていた当時の倭の状況とも合致していて、事実性が高い。「神功紀」に書かれている兵を率いた荒田別、鹿我別の素性は不明だが、途中で新羅の兵力に比べて劣るので援軍を要請して兵をとどめるなど、かなり具体的である。ただ年次の神功四九年はあり得ず、ヒメコ注記を意識した造作年次と思われ、事実はそれより以前の三六〇年代後半ではなかったか。そして先に書いた百済、高句麗と新羅の複雑な共立・抗争関係を史実に沿って記述する『三国史記』などに、この時期の倭の大規模な侵攻記事を欠くなどを合わせ考えると、三六九年の百済・新羅抗争に加わった倭の行動を誇大に仕立て造られたのが、①の「神功皇后の新羅征伐」ではなかったかというのが私の結論となる。

それを前提にして、この倭の独自の進攻というフィクションに関わる歴史問題を、三つだけ取り上げて説明したい。第一に、神功皇后がオキナガタラシヒメとして登場してくる背景である。オキナガ（息長）という北近江の古い豪族の姫が登場するのは、この氏がとくに近江や美濃にひろく勢力をもったタラシ族だったからであろう。『古事記』編纂の最大の目的は、「帝紀」などの乱れを糺し、神の子が派遣されたこの国の統治が一貫連綿と継続されてきたことを明らかにするということだとすれば、タラシ系からホムタ系への変換はあってはならない出来事である。しかしそれが事実とすれば、それについての合理的な説明が必要となる。タラシが連綿として続いていくためには、タラシ系の女性（息長帯姫）が同じタラシ系である仲哀（ナカツタラシヒコ）を父として生んだ応神はタラシ系の正統な一員であり、神の意思に適うこととなる。その子を生むためには無意味な熊襲を撃つのではなく新羅を征伐しなければならないというのが神の意思ならば、それを拒む仲哀には死以外の道はなかったのである。それでも、なぜ数多くのタラシ系の姫があるなかで「息長の姫」だったのかという問題は残る。それはここでは措き、最後に種明ししたい。ただ、ここで注意してほしいことがある。オキナガタラシヒメを生んだのは葛城の高額の地の媛であり、その高額媛（タカヌカ）はそこの有力者の葛城襲津彦の子だということである。『古事記』では「開化段」、「景行段」の系譜説明で、ともに「葛城高額比売」と書いているが、『日本書紀』ではただ一か所「神功紀」でタラシヒメの母の名は「葛城高額媛」と紹介している。高額は葛城地方の地名で、その名をとって襲津彦が同音の高額媛と名づけたのではないか。オキナガタラシヒメの権威付けがなされていると考えたい。新羅との事件に深くかかわった襲津彦の子として、ひそかにここで登場させる『書紀』編者の思惑は容易に想定できるであろうが、第七話でさらに深く理解していただけるはずである。

第二に、③の戦いで倭を率いた荒田別・鹿我別が新羅軍に比べて百済・倭の連合軍の弱体さを知って、改めて援軍を要請した件である。その援軍は、「神功紀」では百済側と書かれているが、その将の木羅斤資（モクラコンシ）は百済の名門の高位人物で、支援の役に任じられるはずはないのではないか。私の思いつく筋書きでは、援軍に加わったのは特別な倭人たちであり、すでに先の②の事件の情報などを得て、かつて球磨や曽於地方に植民し大和に移動したなか、九州各地に残った人々のなかで再び旧地に帰り旧指導者（応神、さらに襲津彦）を援けたいと願う一部が百済南部の馬韓の地に渡り、そこを根城に加羅地方の戦に加わったのではないかということである。そう考えるのは、今韓国全羅南道の各地に十数基にのぼる前方後円墳と考えられる墳墓が存在するからである。写真で見る前方後円墳はヤマト独特の墳墓で、九州南部にも大和勢力が浸透してきたあかしとして多数存在する。その風習を体した人々が築造した史蹟ではないかというのが、実地を見学した私の心証であったが、韓国古代史の研究者で、前方後円墳所在地が武寧王時代（今の話題のさらに一世紀ほど後）のものとの判断もあることを耳にした記憶とつながって得た判断である。古墳をつくるにはその埋葬者を慕う多くの働き手が必要で、それが可能となるのには百年程度の時の経過が必要である。いずれにしろその存在は第四話の継体時代の出来事ともかかわるので、そこで再考したい。しかしこれが事実ならば、高句麗が「倭来渡海」と判断したのはそのことを表現したといえるのかもしれない。そうであれば広開土王碑のいう「倭渡海来」は事実だったともいえる。新羅はこ

光州広域市の前方後円墳（光州月桂洞古墳群）

れを機に高句麗に接近し体制の挽回を図る一方、百済は近肖古王時代の短い隆盛時代を迎え、応神に馬を贈り謝意を表すことにもつながったのだろう。「倭渡海来」は辛卯歳（三九一年）の特定年ではなく、六〇年代から続く一連の出来事であって、辛卯の歳と特定されているのは、百済優位、新羅沈滞状況を打開したかった新羅の要請を高句麗がやっと実行した年だったからである。高句麗、新羅、百済三国の鼎立抗争はさらに後年まで続く。それに介入したことでその後の倭の政治は大きく影響を受けることになる。

最後になるが、この戦いで倭の得たものは何であったかは、どこにも書かれていない。『記・紀』ともに神功皇后の「新羅征伐」を史実として大勝利をし、新羅を倭の屯倉とし、百済や高句麗も従属したと書かれているが、具体的な記述は何もない。しかしもし事実が私の説のようであったとすれば、あらためてそれを考えねばならない。ただそこで問題となるのは、この戦いに加わった倭人をどう見るかである。もし高句麗や新羅が理解したように百済系の「倭人」だとすれば、倭は何らかの戦果を要求することができるが、逆に倭系の「百済人」と理解すれば、そして百済がそうした理解を強調すれば、倭のうるものはほとんどない。倭からすれば単なる外国の戦に、有志が協力したに過ぎないことになるからである。こうした観点で『記・紀』を見てそのことに何も触れていないのは、百済的な観点で書かれていると判断するのが自然であろう。とすれば倭が任那に残したものは旧来の継続の確認、つまり鉄取得における合法的諸権利だけである。かつてそれは倭にとって極めて重要であったので大きな意味を持ったが、自国内で砂鉄利用の「たたら製法」で十分な鉄が自給できるようになったこの時代ではさして重要な意味をもつものではなくなっていた。『記・紀』が何も触れなかったのはそのためであろう。ただ、その「任那利権」は倭の任那における漠然とした植民地権利を意味し、それ自体は存続するので、その後も倭が任那問題を入口とした三韓（百済・高句麗・新羅）関係に深く関わりあうことの根拠となる。その後とくに継体期、そして敏達期に大きな問題が表面化する。

第二話の最後として、先の第一話の終わりで約束していた歴史問題―なぜタラシ族は短い繁栄後の短期間に消え去ってしまったかの私なりの回答を書いておこう。タラシ族最後の仲哀天皇（ナカツタラシヒコ）は熊襲を討つことにこだわり、神が神功皇后を介して新羅を討つべしとの教えを無視して怒りをかって死んだ。そのことを第二話で検討してきたことを通して整理し直すと、仲哀はあくまで倭内部のことだけに集中して行動したのにたいして、神は周辺の「東夷圏」動向に合わせた適切な政策を進めよと強く指摘した。しかしそれを理解できなかった仲哀、つまりタラシ支配者は消滅せざるを得なかった。それに代わって神の指摘を信じ「東夷圏」に介入した神功皇后（オキナガタラシヒメ）という国際性豊富な人物が生み育てた応神（ホムタ）が指導者として倭国を統治することになった。彼は神の意に適った人物なのである。その応神は新羅をどのように扱ったかに興味がわく。「応神段」の最後は新羅の王子、天之日矛で締めくくられる。但馬にとどまり、子孫を残し、その末裔に葛城高額媛の名を挙げ、大和神話の山彦、海彦と同じテーマを兄の「秋山の下氷壮夫（アキヤマノシタビオトコ）と弟の「春山の霞壮夫（ハルヤマノカスミオトコ）が出石の女神を取り合い、弟の側につく母の機転で嘘つきの兄を懲らす話で、潮の満ち干を招く呪文を閉じ込めた包みが使われるくだり、つまり水をコントロールする知恵を入れ込んでもいる。そこには「垂仁紀」のような宝の小刀の詮索といった武力の話はなく、出石の郷を豊かにする出石神社所蔵の文書とまったく同じ新羅の王子の地域貢献話で幕が引かれる。その天之日矛の子孫が神功皇后につながり、新羅を攻め落とすことになる話題に係わってくる。逆に新羅の王子が地域を富ます話題もあり、どちらも含んでいるのが面白い。その後倭はどちらを使って、海外諸国と交わっていくのかを、『古事記』を読む人に問うているような気分になる「中の巻」の幕引きである。

第三話　応神・仁徳の河内開発と新たな社会

応神時代の後始末とその後の新事業

「応神段」は分量も多く内容も豊かだが、前に「神功紀」をもっている「応神紀」は朝鮮半島諸国との関係をすでに書き終えていることもあって、かなり簡略であり、その後始末とも思える記述と新たな開発事業の開始を意味するかのような池づくりが目立つ。どちらも新たな社会づくりの準備を意識した内容である。そう判断して「後始末」と「新事業」として、考察を進めよう。「応神段」で応神が甲午の歳三九四年に崩御と書いていて、「応神紀」では応神三年「百済の辰斯王立つ」とし、その辰斯王（シンシオウ）は百済の資料では三八五年に王位についているので、応神天皇はその九年後には死亡して、応神代は終わるが始まりの記録はない。「応神紀」の記事は四一年まで続くがそれが天皇在位年の根拠となるか否かは断定できない。「応神紀」では太歳は庚寅歳だが誕生年の三六二年以降その年は存在しない。その間の事績が次の仁徳天皇のものかどうかは『日本書紀』だけでは判断できない。「応神・仁徳時代」として理解しておくことにしよう。

まずは「後始末」だが、辰斯王が倭に対して無礼だったために、紀角宿禰(きのつのすくね)ら三人の宿禰を派遣して百済を叱責したので百済は彼を殺して謝罪した。そして新たに阿花王(アカオウ)（百済では阿莘王：アシンオウ）を立てさせて帰国した。『三国史記』にも辰斯王は失政で王位を奪われたと書かれている。が、倭がこの王位交代に強く介入したかどうか、またその阿花王も「礼無し」だったことで反発して枕弥多礼（トムタレと読み済州島のこと）、東韓（不明だが現全羅道地方か）などを奪ったので、百済は改めて修好の意を伝え、王の子直支(トキ)（ただし百済では腆支(トキ)）を質子として倭に置かせたという一連の百済関係記述が「応神紀」にある。百済は三九一年、三九六年と続けて高句麗に攻められて敗退したことはすでに先に述べたが、その動揺で倭との関係を断ったことへの倭の反発と受け止められる。

しかし高句麗の記録はまったく異なる。例の広開土王碑の続きがある。文字不明が多く意味は取りにくいが、「倭」の文字と干支年次を注意深く探していくと、己亥（三九九年）、庚子（四〇〇年）、甲辰（四〇四年）、丁未（四〇七年）、庚戌（四一〇年）と連続して記事がある。前の二つ、後の三つはそれぞれ一続きの事件と思われる。規模の大きいのは後の事件であり、倭の主導でなされたようで、「連船」、「平壌」などの文字から、百済と倭の連合船隊が大挙高句麗の都・平壌近くまで進攻し、かつての中国王朝魏の植民地の帯方郡境まで進出した。結局倭寇が大敗し、無数の兵が殺戮されたなどが書かれているように思われる。これについて『記・

紀』はまったく触れていないが、四〇四年の甲辰の衝突とみられる。これにたいする高句麗の反撃が丁未にあり、遠く百済南部の扶余にまで侵入した高句麗の歩騎五万の兵による攻勢についての関連として、「応神紀」一六年（四〇五年）に、質子直支を帰國させ、かつて奪った「東韓の地を賜う」が対応するかもしれない。前の事件は、碑文から新羅、加羅に関するもので、新羅城下に倭が満ちみちたのを、高句麗軍が撃退させ、加羅の南の任那まで急追したとしている。『応神紀』一四年（四〇四年）、中国の人・弓月が「己の国の人夫一二〇県を率いて帰化」したが、新羅に妨害されて加羅にとどまったので葛城襲津彦を派遣したにもかかわらず三年間そこにとどまり、一六年（四〇六年）に新たに加羅に出兵し新羅を排除して、皆帰国したというのが関係記述かもしれない。

一連の記事の事実はどれだろうかと詮索する意図はない。証明不能だからである。それぞれ己が属しているほうが勝ちだと思われたい以上、それにふさわしい書き物を残す。それを踏まえて判断せざるを得ない以上、答えは出ないまま以外にはない。しかし明らかなことがひとつあるとすれば、倭の指導者（応神か仁徳かどちらか）が三九六年の百済の大敗北の仕返しとして、百済側に加担して膨大な兵力と過大な資金を投じて、高句麗の都を攻めたが、大きな成果はなかった。その強引で無謀な戦いの犠牲には百済系倭人、あるいは倭系百済人がどれほど含まれているか、どこまでが百済・高句麗の韓民族の間の争いか、そしてそれに加担して倭が韓土にさらなる利権を得ようとしたのか、歴史として問うべきことはあり、より広い観点から検討し答えを出す学問的必要はある。私が指摘するのは莫大な犠牲を払った結果、倭はたいへん貧しくなったということでしかない。これが後始末の結果として残った負の遺産であった。応神・仁徳朝はまず大きな借財を残したようである。

新しい事業のほうはどうであろうか。応神は生前に新たな政治体制を提起していた。手許にいた兄大山守、大鷦鷯（オオササギ）の二人を呼んで、子供は可愛いかと聞き、二人が可愛いと答える、すぐ長（ひととなれる）と少（わかき）とはどちらが尤（すぐれて）いるかの問に兄は「長」だと答えたがオオササギは「少」だと答えた。仁徳（オオササギ）は応神が心中では最末子の宇遅能和紀郎子（うじのわきいらつこ）（『紀』では菟道稚郎子）を後継者にしたいと願っていることを感じていたからである。そこで宇遅能和紀を天皇に、オオササギをその輔弼者として国事執行者に、大山守を山川林野の管理者となるように告げた。その後の姓（かばね）でいえば、天皇が大臣（おおおみ）でもあってすべてを照覧し、オオササギが大連（おおむらじ）、大山守が連（むらじ）といった格であろうか。一般的な相続制度でいえば、末子相続で、富をもたない貧者の場合にはこれは通常である。長子が成人して独り立ちすれば、家をはなれ、残るものの負担を軽くしながら家を持続させる知恵である。神武も崇神も垂仁もそうであったし、海彦・山彦でもそうであった。ゆとりのない貧しい社会はすべてそうだとすれば、応神の場合もそれによったのだとしたい。（あわせていえば、仁徳以後のホムタ系五天皇の継承順はすべて出生順であり、継承はすべて長子制に依っている）。しかしホムタには優れた能力があった。中国の長江流域の先進的な灌漑稲作技術とそのための河川管理システムづくりである。それによって彼は大和はもちろん、大河川をもった他地方の人々の支持を得て、その地の支配勢力を味方にしてきた。尾張（愛知）も吉備（岡山）も高志（福井）も大河の洪水に悩まされ続けたが、彼の技術を吸収して富を蓄積したといっていい。併せて、どちらも海人部として各地の貴重な製品を運び、売買し、そのための多くの富に加えて豊富な知識をため込んでいた。

応神（ホムタ）が目指した新しい事業とは、難波の海を整備し、河内に道路、掘割をつくり灌漑設備を整備して、全国支配を可能にする権力をもつことで、これまでの政治支配の経験のある大和と河内を結びつけるという国づくりであった。そしてこの計画の実践に取り組もうとしていたと思われるが、内容豊富な「応神段」にはその記述がない。逆に内容乏しい「応神紀」の七年に「高麗人（高句麗人のこと）・百済人・任那人・新羅人、並び来朝す」記事がある。武内宿禰が指揮して彼らを使い、池を造らせたと書いている。この年は三九六年にあたるので、応神の死後のこととなるかもしれないが、高句麗との闘いの最中でもあるのでこの時期の高麗人の渡来はありそうにない記録である。「書紀編者」の妄想であろうか、むなしい願望であろうか。高句麗による百済の都への侵入に合わせたせめてもの慰めかもしれない。応神の国造りは構想にとどまり、実行はほとんどもっぱら仁徳天皇に託され、その最大の事業となる。

まず、まだ粗末な難波高津宮の北に広がる湿地を掘り、港をつくり、南東の大和川河口の広大な湿地を開拓するために、北に向けて流れる河口を西の海に直接導く掘削で改修を行った。

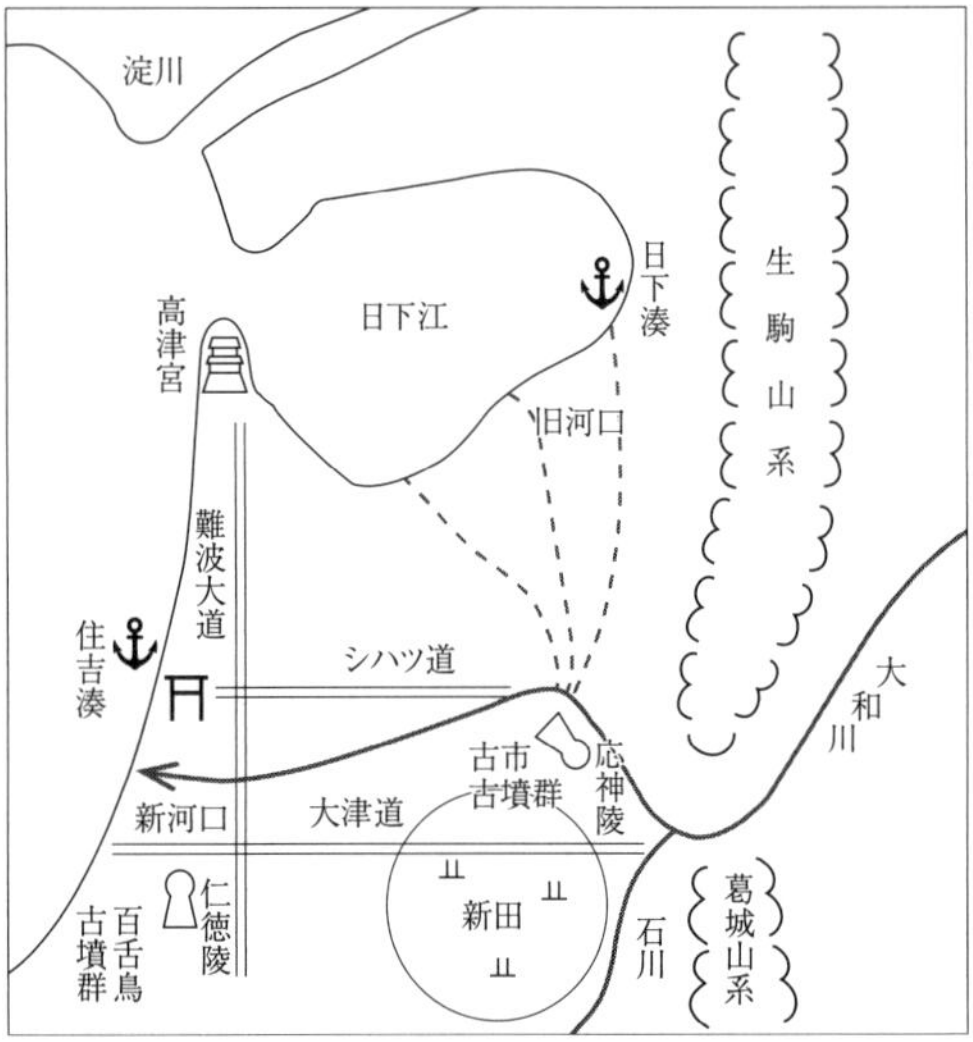

図6　仁徳～雄略期の難波都づくり

また山代（山城）から海にそそぐ巨大な淀川の乱流を防ぐために現枚方から現寝屋川にかけておよそ七里にわたって堅固な茨田堤を築いた。難工事であったことをしめす人柱の記事もある。高津宮から真南の丹比まで、まっすぐな大道を通して、それを基準にいくつもの水路を掘り大和川の水を引いて水田をつくった。また南から大和川に流れこむ支流石川の水を引く灌漑水路をつくり、感玖（現南河内郡）一帯の水田化も実現した。そこだけでも四万余頃（現在では二百町歩ほど）と書いている。

それだけではない、南河内の丘陵地に大小いくつもの溜池を掘り進めた。そして最後に、難波の海の守り神をまつる住吉社の近くに住吉津を築造して、これまで入江の奥深く、大船が利用しにくい難波津、日下津に代えた。交易活動にも目を配っていたわけである。付言すれば、尾張氏もこの建設事業に参加した。というよりは参加してその技術を習得したというべきであろう。尾張氏の系図のタケイナダの孫にあたる重要人物に「添え書」があり、仁徳朝寵臣とつけ加えられていることでわかる。仁徳の兄は応神の裁定を守らず、不満の末に宇遅能和紀を殺そうとしたが失敗して殺され、弟の宇遅能和紀が天皇の重責に堪えないと悩みつつ死んだ（『記・紀』では互譲の徳として違う物語だが）ため、ひとりすべての役を担ったのは、「オオサザキ」の和風諱をもつ仁徳であった。

仁徳天皇は高徳の人か、稀代の恐妻家か

これは記紀読みにとってはどうしても知りたい問である。高徳な人であり恐妻家でもあると『記・紀』のどちらにもきちんと記録しているからである。「仁徳段」には「国のなかに烟たたず。国みな貧し。故今より三年に至るまで事ごと民の課役を除せ」とのり賜ったと書かれる一方、こんな記述もある。「大后磐之媛、いと多く嫉妬みたまいき」として、天皇が吉備の海部直の女、名を黒姫という女性を「その容姿麗しと聞こしめして喚上使いたまいき。しかるにその大后の嫉みを畏みて、本つ国に逃げ下りき。」とある。そのあと、天皇と大后の歌がいくつも交わされる。最後は、気丈な黒姫が「倭方（やまとへ）に　行くは誰が夫　隠水の　下よ延べつつ　行くは誰が夫」と恋いつつ嘆く歌で終わる。そしてその通りとなることが次でわかる。この文学書風の趣が強い『古事記』と比べると、歴史書『書紀』は徳についてては重厚、嫉妬については執拗である。民の烟の話では、三年がたち「百姓富寛を見て、后が宮の修復を勧めたのに対して、天皇は天の君を立はつるは是百姓の為なり。然れば君は百姓をもって本とす。古

の聖王は一人も飢えるときは顧みて身を責む。今百姓貧しきは朕が貧しきなり。百姓富めるは朕が富めるなり。未だあらじ、百姓とみて、君貧しきとは。」とのたまい、さらに七年の間宮の修理をしなかったと書いている。その徳至高の天皇が后の嫉妬に辟易するさまもいちだんと尾ひれがつく。自殺した宇遅能和紀の妹、八田をめぐる逸話だけかいつまんで書いてみたい。まず、仁徳が后に八田姫を妃としたいと相談すると、后の磐之姫が承知しない。その后が紀州にミツナカシワという縁起物の植物を採るために出かけた留守中に、仁徳が八田姫を褥に招き入れた。それを知った后は怒りの末に難波の宮に帰らず、宇治川をさかのぼって山代の筒城(つつき)（現京都府綴喜郡）に宮室を立てて籠った。困った仁徳は使者の臣（臣は重臣である）を送り謝罪したが許さず、降る雨の中一昼夜ひざまずく苦難を無視した。たまたま后の従者に臣の妹がいてその兄の苦境に堪えられず、后に涙ながらに許しを訴えた。それを聞いた后は「汝が兄に告げて速やかに還らしめよ。我は遂に返らじ」とのたまった。それを聴いた天皇は自ら筒城に出向き、后に会おうとしたが会えず、歌を贈ると、陛下は八田皇女を召し入れて后にしたいのであろうと答え、遂に会わなかった。「天皇、皇后の大きに怒りたまうことを恨みたまう」。天皇の恨みの深さは「猶恋(なおしの)び思わすことまします」。八田姫は自殺した宇遅能和紀の妹であり、彼女を深く恋する天皇の心は、磐之姫には全く通じなかったが、この后の思いは現代でも首をかしげる人があるに違いない。天皇が妃を求めることが全く通常であった当時の話とすれば、后のそれへの反応は異常ともいえるものであったといえよう。「仁徳紀」三五年、磐之姫は筒城宮で死んだ。その三年後に八田姫は后となった。

さて、長い物語の紹介を終えて、最初の問いに返ろう。最後まですっきりしない話を「なるほどそうか」と納得いただけるたった一つのことがまだ隠されてきた。それは磐之姫が葛城襲津彦家系の姫だということである。葛城襲津彦はすでに数回にわたって登場しているので、衆知の人物である（二世か三世かはわからない）が、あらためて言えば、ホムタとともに九州から大和に移動し、ホムタの片腕として活躍してきた人物の子孫で、いまや大和第一の実力者である。当然強い権勢を誇り、多くの富力をもっていた。仁徳が貧窮化した大和を受け継ぎ（その責任の一端は彼、仁徳にもある）その復興の責任を担わざるを得なかったとき、そのために必要な財の力をどうするか、それなくして責任が果たせないとするならば、磐之姫の父の力を借る以外にはなかった。だから、自殺を聞いて駆け付け体をさすって生き返らせ、生死を超えて言葉を交わした（当時はそれが可能と信じられていた）異母弟の妹八田姫を妃としたかった思いも放棄せざるを得なかった。そうした事情を知ったとすれば、いくらかは仁徳天皇の行為は理解されよう。ここで后の磐之姫についても深い嫉妬の真の意味があることも触れなければならない。

応神・仁徳の河内開発に対して古いヤマトの豪族たちは決して賛成できるものではなかった。大和の地位が一段と高いことで倭のなかでの大和の価値を示すことができる。河内が開発されて、相対的に地位を低下させたくないという想いは、古くからの有力諸豪族に共通のものであり、当然葛城のものでもあったであろう。彼らは河内開発を極力小さな規模にとどめたかった。だが、その規模は予想以上に大きかった。今は普通に使われている「遠つ飛鳥（大和）」にたいする「近つ飛鳥」の語は、何時頃から使われたかは知らないが、この開発が成ったころからに違いない。河内にも飛鳥川という小流があり、大和の飛鳥に対して新たに都の置かれた難波に近い飛鳥が大和の飛鳥に対抗するものとなったことを言い表したに呼び名であろう。開発の成果は仁徳陵である大山古墳の壮大さに現れている。堺市百舌鳥地区に築かれたこの古墳は、隣接する履中陵や近く羽曳野市古市地区の応神陵をはるかに超える我が国最大の古墳で、両地区併せて世界文化遺産に認定された誇るべき遺産として残された。そのために使役した地域の農民たちはその労働にどんな思いを込めたであろうか？　そこにつくられる御陵のまわりの水濠の水が、耕作し育てる稲の灌漑水として利用されたかどうかで、喜び溢れる作業か、苦役のそれかが別れたと思う。前者ならば、仁徳大王は高徳の人として歓迎された。後者ならば苦役のみをもたらす支配者に過ぎなかったのではないか。考古学がその判定を決める時代が待たれる。一方、「古い飛鳥（大和）」が新たに栄える「近つ飛鳥（河内）」のためにレベル・ダウンとならないことを願う大和の豪族の女である磐之姫にたいして、最大限の圧力をかけた強力な古い豪族集団の圧力が陰で控えていた。それが彼女の強気な行動を支えた。さて、こうした事情を踏まえて先の問いにたいする答えはすべて読者に任せたい。磐之姫の嫉妬が注目されるなかながら、仁徳との間では子宝にめぐまれ四人の皇子をもった。八田媛の間には子がなかったが、黒姫（『書紀』では日向の髪長姫で、一説を引いて日向の諸縣君牛の子、つまり百済由来のソ族の女かもしれない）は一人の皇子と一人の姫を生んだ。大日下皇子と幡梭姫（はたびひめ）である。この二人の住む館は河内の日下（くさか）にあった。

『万葉集』が描く磐之姫

最後まで八田姫を嫌った磐之姫は仁徳三一年、淀川支流の木津川のほとり、大和の生家により近い山城の筒城（現地名、綴喜）の宮で生涯を終えたが、歴史的にいうと、もう一度素晴らしい名を後世に残すことになった。『万葉集』ではよく知られた話題だが、紹介しておきたい。全部で約五二〇〇首を数え、多様な階層の人々の和歌を集大成した『万葉集』は「雑歌」「挽歌」「相聞」の三つのジャンルに分けられるが、日常のさまざまな場で詠われる「雑歌」、人との別れなどの「悲しみ」を詠う「挽歌」に対して「相聞」は詠い手の心を伝えて感情を通わせ合う奥深かさをもっている。前二者が「公的」な意味をもつのに対して「私的な情」を伝える歌である。『万葉』の最初の相聞歌は巻第二の最初の磐之姫の「天皇を思う」と題された一まとまりの連作四首である。始めにすべて掲げておこう。

八五番　「君が行き　日長くなりぬ　山尋ね　迎へか行かむ　待ちにか待たむ」

八六番　「かくばかり　恋つつあらずば　高山の　岩根しまきて　死なましものを」

八七番　「ありつつも　君をば待たむ　うち靡く　我が黒髪に　霜の置くまで」

八八番「秋の田の　穂の上に　霧らふ　朝霞　いつへの方に　我が恋やまむ」

である。このうち最初の一首についてだけは注が付いていて、「右の一首の歌は山上憶良臣が類聚歌林に載す」とされている。

全十一巻に及ぶすぐれた万葉研究者伊藤博著作『萬葉集釋注』のなかでこの四首を評して八五番を迎えに行くか待とうかという煩悶の歌、八六番をその苦しさでいっそ死のうかという興奮の歌、八七番を黒髪が白くなるまで待ち続けようという反省の歌、そして八八番をそれでも消えない嘆息の歌ととらえ、煩悶→興奮→反省→嘆息という心の展開を託した「組歌」ととらえ、この時代に完成した定型短歌四つが漢詩に見られる起承転結に託する高度な技法が存在するはずがないので、陰の「埋もれた作者」の存在を指摘しているがそれが誰かは不明だと書いている。明快な評価だと思うが、驥尾に付していえば、その「結」が嘆息であればまた「起」に戻らざるを得ない繰り返しという「相聞」ならぬ「自問」の深みも併せて掴むべきだと思う。

この一団のまとまりにつづいて万葉編者と思われる人物のやや長い注釈があり、四首のうちの類歌を二つ、八九番と九〇番を掲げ、とくに九〇番について関連すると思われる後者についての『日本書紀』の内容を検討し、両者（八五番と九〇番）は時代も状況も全く異なり、歌の意味も異なると結論づけている。念のために九〇番の歌を掲げてみよう。「君が行き　日長くなりぬ　山たづの　迎へに行かむ　待つには待たじ」で一見すると同歌とも読みかねないものである。が、歌の意味は全く異なり、ある意味では真逆でさえある。八五番は山上憶良の類聚歌林の掲載歌とされるが、その文献は現在はすべて散逸して不明であり、当時の言を信じる以外にないが、後者は「允恭紀」に記載されたものであり、事情も明らか（次節で詳論する）で、許されぬ同母兄妹の不倫のゆえに都を追われる兄を慕い、追ってともに死ぬ説話に出てくる妹の歌である。先の伊藤博の見解とかかり合わせて理解するならば、待つことなく共に行くという決断の歌である。起承転結の結が決断であればこそ悲劇は嘆息とは違って一段と美しい。八五番についてだけ言えば優柔不断を感じさせて共感しかねるが、それを含めて四首を組み合わせてみれば高貴な后の心情として優美にして毅然たる理想の女性像が浮かんできて、「陰の名手」の並々でない能力に驚嘆せざるを得ない。

その名手は誰かについて諸説あり、柿本人麻呂、山上憶良らの名が挙げられるなか、私は万葉編者の一人で和歌の達人でもあり、また律令初期の優れた行政官でもあった大伴家持の名を支持したい。その主張者は飛鳥朝に対して河内朝の重要さを強調されたすぐれた古代史学者直木孝次郎さんによれば彼家持のもつ、優れた歌人であるとともに、没落豪族の子孫でしかも律令官吏間の確執などによる不安定な立場にあって、時の最高実力者藤原不比等がもっとも希求していた娘宮子の「立皇后」の願望を叶える道が広がるように、かつて非皇族ながら后となり、勘気で天皇を悩ませたとの評の高かった磐之姫の美化を図るための努力が結実したものという論は、万葉編者という彼の立場とも合致しており、ありうべき「陰の名手」の最有力者として納得できる。「稀代の恐妻家」として名高い仁徳天皇を苦しませたとも伝えられる「悪妻」が実は優美可憐にして毅然とした判断力を持つ理想の后であったと万葉に馴染んだ人々の心を変えたとすれば、律令官人としての生涯の安泰ともつながる業績に違いない。後世の人は歴史の事実を変え得ないが、その事実をどう理解し表現するかで歴史の意味を変えることはできる。この書のなかでそれを幾つも意識して書いたし、これ以後もそうだが、それだけに変えられない歴史事実の確認こそが、さらに追及されねばならないことを痛感する。

衣通姫と眉輪王の二つの悲劇を生んだ社会

仁徳は最初の皇子去来穂別（いざほわけ）を後継者に選び、壬生部（みぶべ）（皇太子所領）を置いた。だから仁徳が開発で手に入れた土地の最大の相続者となった。つまり長子相続を採用した。末子相続の前代までとはまったく違った方法を採ったのである。それだけ社会が豊かになり、より安定して大きな権力を発揮できる社会が生まれてきたともいえる。相続にはとかくもめごとが絶えないのは人の常で、仁徳の兄（大山守）の例もあった。さらに、年老いてからの子の故か、愛する妃の子だったためか、多分どちらでもあったが、黒姫が生んだ大日下（オオクサカ）皇子と皇女幡梭（ハタビ）媛にもそれぞれ名代を設けた。（第一話でクサカを日下の字で表すことは決まっていたと『古事記』編者大安萬侶の序にあることを想起されたい。『書紀』では草加と表記される。日下は地名で、難波の北の大きな入り江で、神武東征軍が最初に上陸した場所でもある）。黒姫にはこの日下に宮をもうけて暮らさせたという。その後その宮に先の二人の皇子、皇女が住み続けたので、大日下が姓として使われたわけである。ついでながら、仁徳朝寵臣の添字が系図に残された尾張の氏長の住まいもやはり日下であった。後に天皇となる安閑、宣化の生母であった「目の子姫」の父（尾張連草加）はこの仁徳朝寵臣の数代後の尾張氏長である。日下は難波の宮に近い湊であるとともに、こうした有力な政治勢力の集住地でもあった。さらなる仁徳天皇による名代設定の記録は他にはないが、長子相続ならば無いのが当然である。あったとしても権力を振るえるほどの基盤たりえなかったであろう。そうした社会変化に合わせてか、『書紀』にもそれを示す政治体制状況が記述されるようになってきた。

まず「履中紀」から天皇のほかに、国事執行者が記載されるようになった。履中代は平群、蘇我、物部、円（葛城）の名が挙げられた。もっとも詳しい研究ではこの制度が確立したのは、允恭代の「氏姓の混乱の整理」を実行した以後のようで、大臣、大連としてそれが新天皇即位にあわせて明記される雄略代に本格的に始まったとすべきであろう。「允恭紀」に記述された新興勢力の尾張連「吾襲（あそ）」が古い大豪族葛城系の玉田宿禰の不正を暴き殺害されたのを厳しく追及され、宿禰自身も殺された事件は社会の変化をひしひしと感じさせる。蘇我、尾張（さらには吉備）のような新興氏族の登場が始まり、旧勢力との交代が進みはじめたという時代の変化をしっかりと読むべきであろう。そしてその変化を促進させたのが、この時代の諸天皇が中国・南朝の宋に使者を送り、彼の国の政治の在り方を見聞したいわゆる「五代倭王遣使」で、それがなにがしか社会変化に影響したのではないかと思う。これまで「倭王遣使」はもっぱら朝鮮半島での優位を確保するための行動とみられがちであったが、それが倭国内での変化を促進したという新たな観点が必要ではないか。当然のことだが、この倭の社会変化に伴う新しい文明が芽生え、これまでになかった人間関係が展開する。それを『記・紀』がそれぞれ語っている。その中で衣通姫と眉輪王を代表させて取り上げ紹介したい。そこに新しい倭が見えてくるはずである。その際『古事記』と『日本書紀』の取り上げ方の差異にも注意したい。そこに両書の性格が特徴的に現れているからである。

衣通姫の悲劇

「允恭段」が描く衣通姫をめぐる記述は『下つ巻』の白眉となる物語だと思う。まずはその概略を紹介しよう。允恭天皇は四皇子、五皇女をもった。長子は軽王、次代を継ぐ太子である。次女が衣通郎女で、その名で呼ばれるのは身の光衣より通り出る美人だったからである。その魅力に強く惹かれた太子は祖父反正天皇の喪が明けていなかったなか、衣通姫への熱烈な思いを、いくつもの歌に込めて贈った。長歌なので一部だけだが、「我が妹を　下泣きに　我が泣く妻を　今夜こそは　安く肌触れ」や「人はか（離）ゆとも　うるわ（愛）しと　さ寝しき寝ては　刈り薦の　乱れば乱れ　さ寝しさ寝ては」などの句が詠いこまれ、熱愛の激しさが思われる。当然、人の知るところとなり、天下の人びとは太子を離れ、次弟の穴穂皇子に集まる。太子は大前（物部）大臣の家に逃げて反撃を企図したが穴穂軍に囲まれる。巧みな歌をあわせながら大臣と穴穂の交渉がつづき、大臣が太子を差し出す。恋人の悲しみを想い「いた泣かば人知りぬべし」と慰め、偲び泣くように勧める歌をうたう太子は、人倫に反した罪で「伊予の湯」に流されることが決まる。そして出発の時の「大君を島に放らば　船余り　い帰り来むぞ　我が畳ゆめ（精進してくれ）　言をこそ　畳と言わめ　我妻はゆめ」の歌を愛する人に残して去る。衣通姫は去り行く太子に「夏草の　あいねの浜の　蠣貝に　足踏ますな　あかしてとおれ」と返歌する。しかし姫は太子を忘れられず、恋の偲びに堪えきれずに太子を追う。その時の歌、「君が往き　け長くなりぬ　山たづの　迎えを育かむ　待つには待たじ」は『万葉集』にも採録された名歌でもある。やがて二人は出会うが、そこで長々とかつての初瀬川の渓谷で過ごした思い出を交わし、「我が思う妻　ありと言わばこそに　家にも行かず　国をも偲ばめ」と歌い収めて「ともに自ら死にたまいき」で結ばれる人倫に反するが純粋で熱烈な恋愛物語を終える。ここでの他の解説は不要であろうが、人と人が深い愛を吐露できるような文化の存在をこの社会（もちろん古事記編纂時期の社会である。念のため）のなかで示したことは、歴史的に見てそれが存在し、それを鑑賞できるだけの人間の能力が育ち始めたということであろうか。『古事記』はそれをそのまま記録した。

「允恭紀」にも衣通姫の話は出てくる。しかし内容は全く異なっている。衣通姫は允恭天皇の子ではなく、その后の妹である。ある宴で、后が舞った。一つの舞が終わってもいつもならさらに后の舞が続くのだが、座長が次の姫を舞わせようとした。それを天皇にとがめられて、「私の妹が舞う」と告げられ、優れた容貌の姫が現れた。それが衣通姫である。彼女は近江の坂田に母とともに住んでいたので天皇は近くに侍らせたかったが、姫は姉が喜ばないのを感じて拒んだ。大和在住を願う天皇が派遣した仲介の臣の死をちらつかせての願いでやむなく少し離れた大和の藤原の里につくられた御殿に移った。たまたま天皇が藤原の郷へ出向いた時、后は第五子（後の雄略）を出産する日だったので、天皇の行為を非難し、天皇も謝った。近くて頻繁な逢引なので不興の后を想い、姫はより遠い河内の地に移るが、結局后に諌められて姫を諦めた天皇が、藤原に彼女の名代をもうけて万事解決したというものである。軽い嫉妬話で、当時としてはむしろほほえましい話でしかない。しかし、不倫事件は並行して別にある。「允恭紀」に「允恭段」とまったく同じの同母兄・妹の許されない恋愛話で、同じ歌が書かれる、あの「我が泣く妻　今夜こそ　安く肌触れ」の歌である。それが天皇の食事の異変（羹が凍る）でわかり、罪に問われるが、男は太子であって、次期天皇を罰することはできないので、妹を伊予に移して幕となった。こちらも当時の理を前面にした話で「允恭段」のそれに比べれば、愛の悲しさ、嬉しさで読者の血を沸かせるものではない。妹皇女が伊予に送られる時太子はまた歌を詠んだ、「大君を　島に放り」のあの歌である。送られる姫ではなく、見送る太子の歌である。だがこれが同じ歌だとすると少々奇妙である。送る・送られるが男女逆になるからで、送られる皇女が自分のことを「大君」というはずがない。間違いであり、ある研究者もそれを指摘している。そこで確認のため「允恭段」としっかり比較してみて、初めて気づいたのだが、最後の句に一字違いがあった。「段」では「我が妻はゆめ」であったが、『紀』では「我が妻を斎め」である。念のため原文の漢字は前が波で後は烏であって確かに間違いではない。「大君」の言葉がそれらとの関係で存在しうるケースを考えてみると、一つだけある。罪を許された太子が姫を見送りながら、もし自分が船に乗っているならば、人が多すぎて乗れないので「我が妻を潔済し（罪をなくし）帰るだろうに」と想像した歌の場合で、つまり太子ならば、そしてすぐに天皇となれば実現できるというケースである。「紀」による事件の年次は允恭二四年のことで、允恭天皇の崩御は十八年後の四二年である。その時二人は同じ思いのままでいるであろうか。次の「安康紀」にその後の続きが書かれている。允恭の葬礼が終わった時、太子（つまり軽皇子）がまた「婦女に淫け給う」たので非難され、反撃して戦おうとしたが、支持少なく、大臣の家に逃げ込み、自殺したというので、結末としてはまったくあっけなく、前半の愛の交換は何だったのかと首をかしげたい。せっかくの美しくも悲しい恋愛話は、まったくの愚劣きわまる浮気男の太子の話で終わるわけで、『記』と比較する資格もない。『日本書紀』は軽太子をそこまで見果てた人物として描きたかったのであろうか。そんなはずはないと思うのだが、読者はどう思われるであろうか。

安康天皇の時に起こった「眉輪」事件は恋愛話とは真逆の男の醜いばかりの権力争いであり、不幸にも巻き込まれた余りにも多くの皇子が殺され、その究極に、たった一人の強き英雄・雄略が生き残り、天皇となる物語である。「安康段」はその複雑な話をまとめて一気に書いてい

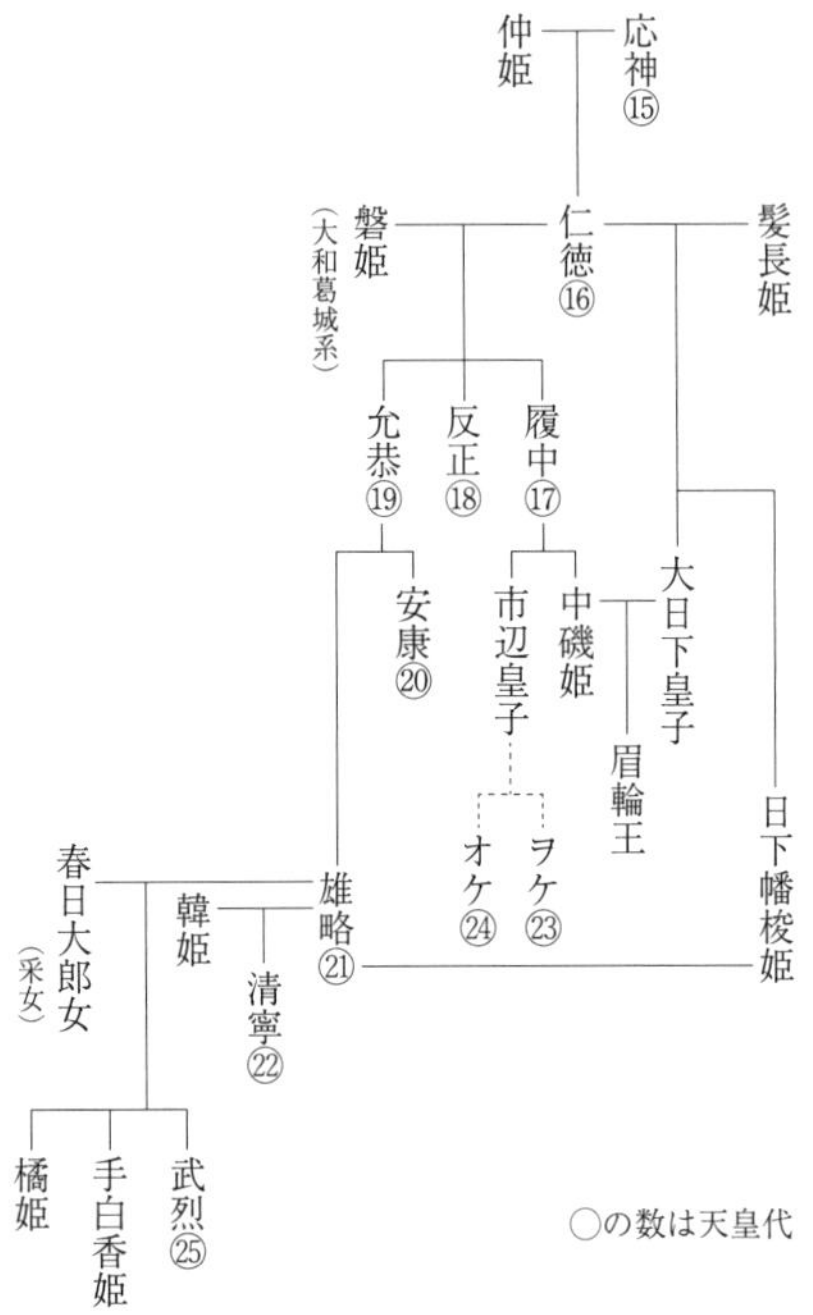

応神⑮
仲姫
仁徳⑯
磐姫（大和葛城系）
髪長姫
履中⑰
反正⑱
允恭⑲
大日下皇子
日下幡梭姫
中磯姫
市辺皇子
安康⑳
眉輪王
ヲケ㉓
オケ㉔
雄略㉑
韓姫
清寧㉒
春日大郎女（采女）
武烈㉕
手白香姫
橘姫
○の数は天皇代

図7　クサカ系天皇系図

るが、『書紀』は「安康紀」と「雄略紀前紀」に残虐さ丸出しで繰り返しての記述の上に、その最終決着を雄略一四年に置いているので、一段と混乱していてなかなか全体像が浮かばない。考えようでは奥深い話かもしれないので、分かりやすくまとめて語り、その深いと思われる意味を考察したい。この話を「日本のハムレット」と言いたいという文人もいるからだ。

安康天皇は即位すると他の天皇の場合と違って、自分の后探しよりも早く弟皇子、大泊瀬皇子（後の雄略天皇）の后探しを始める。彼雄略の性格が乱暴で、兄弟の皇女たちから嫌われているのを心配したと読める。そこで大日下皇子の妹、幡梭姫（はたびひめ）に目を付けた。二人は仁徳の子供であり、大泊瀬は仁徳の孫であり、かつ最末弟であって、年齢的にはまったく釣り合わない。その交渉を依頼された河内の古い豪族根之臣が、姫の兄の大日下皇子の賛同と承諾を得てその証しに媛の宝物の珠蔓（たまかずら）の飾り物を渡したが、それを横取りしたくなった根之臣の「不承知だった」という虚言に激怒した安康天皇が大日下皇子を殺害し、その妻の中磯（なかし）姫を子供の眉輪王ともども都に連れ帰り、后と王子とした。数年後、安康は夫妻の寝物語で「眉輪が自分の父殺しだと知られるのが恐ろしい」という会話を耳にした年少の眉輪に寝首をとられて殺された。彼少年はすぐ円（つぶら）大臣の家に逃げたのを追ったのは大泊瀬のみだった。年若の彼は兄の白彦、黒彦に加わるよう督促したが、二人の行動は鈍かった。そこで激怒した大泊瀬は二人を殺し、兵を率いて円大臣（葛城系）の家を囲んだ。そして娘も家も広大な土地も献上するという大臣の懇願を拒み、人も家も焼き払った。そして姫だけは自分のものとした。これが眉輪事件である。

しかし大泊瀬皇子はそこでコトを収めなかった。次は中磯姫の兄の市辺皇子殺しである。履中天皇の皇子で有力な天皇候補であった彼を、狩りを名目で誘い出して殺害し、その子二人の殺害をも従者に命じた。二人の子供は播磨に逃れ、牛飼いとして身を隠した。その後二人は天皇の後継者がいなくなって対応に困っていた都の事情を知り、たまたま視察で訪れた役人に自分の身元を明かし、受け入れられて京に迎え入れられ、二人とも皇位を継ぐことになる。これが眉輪事件の全貌であるが、後に根之臣の悪事が露見して、彼が殺されるという結幕があり、それについてだけは散漫さを避けるためと、事件の意味づけとかかわらせて次の章に譲ろう。

この事件をどう見るか、安康天皇に関する部分は先述のように「安康紀」と「雄略紀」に二重にくりかえされ、むしろ「安康紀」は「雄略紀」の一部であるかのように編集されている異常さは、比較的最近の言語学的研究で、『日本書紀』が「雄略紀」から書き始められ、それ以前の「紀」は別の史びとによる後からの筆になったものであることが解明されやっと納得できた。しかしこうした執筆の経過の故か、眉輪事件そのものの意味を解明するという課題は未解決のまま残されているように思える（結末は次章で紹介する）。この事件の社会的意味づけをしてみたい。

この話題の冒頭で、眉輪事件は男の有力者どうしの醜いまでの権力争いだと書いたが、そうだとしても何も説明したことにはならない。争われたのは権力の基盤をめぐる争いと言いなおしたらどうであろうか。権力を支えるのは武力であり、武力は財力に基礎づけられねばならない。以前の古い社会の氏族共同体の関係が崩れ、血縁的な氏族が支配的になり、基盤の相続が長子制に変わってくると、兄弟間のいさかいも生じてくる。先の応神の後継争いがそうであった。仁徳はそれに学んで長子を後継者とする仕組みを採用し、履中に権力基盤を渡した。しかしそれだけでなく、今後権力に関われないいと察してか、熱愛していた妃の黒（髪）媛の皇子大日下皇子と皇女の幡梭姫にも名代を残した。古い形の資産相続も、当然ながら根強く残っていた。履中天皇の資産は多く市辺皇子に譲られた。履中が早世したので皇位は弟の反正天皇に後継され、一部の履中資産を得た（反正が長兄・履中の暗殺を狙った次兄・仲皇子を排除した功績もあったため）が、多くは履中の皇子に移された。その反正も市辺の十分な成長を待たず死亡したので、次弟のヲアサヅマワクゴノスクネ・允恭が位を継ぐことになる。その時允恭は、病身を理由に固辞し続けたという記述があるが、それは新羅の医師を招いて治癒したとも書かれているので、別の理由があったと思う。彼には権力を支えるだけの資力を欠いていたからではないかという理由である。幸いにも彼は大中姫という后を得た。大中姫は十一代垂仁天皇の皇子、景行の兄とされ、河内の鍛冶部を得た五十瓊敷（いにしき）を祖とする物部氏族系の女性で、「オオホト」（大鍛治を意味する）を名乗る祖父の存在でわかるように、大和の都に近い忍坂を基盤として、あらたに大連の姓をもつ氏族の姫であった。その資力が允恭を支えた。

これは古い妻問婚の形式である。しかしそれが継続されるのは后としての大中姫が生存していてはじめて成り立つ形式でもある。大中姫がいつまで生存したかは記載なく不明である。おそらく眉輪事件に絡む安康の頓死で記載の場がなったに違いない。少なくとも、末子の雄略の成人する時期以前であることは間違いない。雄略は幡梭姫を后としたが、もちろん年齢のアンバランスからいって子はなかった。それでも彼女が后であり続けたのは、そうでなければ雄略は彼女の資産権を自分のものとしえなかったからであろう。その後雄略は市辺皇子の資産も、さらに眉輪事件のなかに巻き込まれ、雄略に滅ぼされた古い豪族葛城氏の資産もすべて自分のものとすることになった。その葛城氏の姫が彼の妃だったからである（この資産の土地の所有問題は、後に蘇我の全盛期にもう一度話題となるが第九話で扱う）。雄略はさらに履中―市辺にかかわる資産も奪ったわけで、まさに巨大な権力基盤を一身に集めることになったというのが、眉輪事件の最後の結果でもあり、そこで生まれた天皇雄略という巨大な英雄が、仁徳天皇が始めた古い社会の改革を本格的に促進させ、允恭天皇が手掛けた姓氏整備などとあわせて、親子を軸とする単系の氏族がつくられ、次の時代を担っていくということになる。蘇我、吉備、尾張などの新興勢力が相争う時代に向かって動いていく。

眉輪事件を追いながら感じることは、この時代の女性の生きざまはいかにも弱い。権力基盤という、いわばモノの「付きもの」でしかない高貴女性の姿がこの事件のもう一つの面である。この話のなかで眉輪王子の母は、まったく自分の役割をもっていない。ハムレットに比定するなら彼女はガートルード役だが、一度は夫の王の弟との不倫に流されながら、ハムレットの生きざまから再び母の心を取り戻して行動する程の人間味を見せるが、中磯媛には全くその生き方はない。そのことも許されなかったというべきであり、これがこの時代の実態であろう。そのなかで人がもっとも人らしく生きた衣通姫事件は確かに存在しえただろうか。社会のほんの片隅に悲しくもひっそり咲いた悲しい花一輪として消え失せてしまうのであろうか。後世への一縷のつながりがある。衣通姫が伊予に流された後を追ってさまよいつつ詠ったとされる「君が行き　け長くなりぬ山たづの　迎へを行かむ　待つには待たじ」の歌は、『万葉集』巻一の九〇番におさめられている。その前書きに『古事記』に曰く、「軽太子、軽太郎女（亦の名衣通姫）に奸く。かれ、その太子を伊予に流す。この時、**衣通王、恋慕に堪えずして追い往く時に**歌いて曰く」とある。ゴチックは採録者の思いである。そして歌の後、「右の一首の歌は、古事記と類聚歌林というところ同じからず、歌の主もまた異なり」としてさらに『書紀』の関係部分を検討し、「そこにこの歌はない」ことを確認したとしている。その確認だけでこれは実話ではないという判断には賛成しかねるが、採録したその文化的高さを評価した『万葉集』編者の見識のすばらしさがそれであり、まさに敬服に値する（が、愛の美しさや悲しさをそれと同じ重さで評価しなかった。その女性のもつ文化性が政治の上でも現れるのはいつであろうか）。

第四話　雄略天皇が『万葉集』の冒頭歌人のわけ

前話は『万葉集』で終わったが、この話でまた『万葉』が出てくることを許してほしい。雄略天皇が並外れた人物であると思われていることをはっきり示すのに、万葉の冒頭歌、つまり五千二百首以上ある歌集の一番が雄略天皇の御製歌であることをあげることが一番適していると思うが故である。取りあえずその歌を示そう。

籠もよ　み籠持ち　掘串（ふぐし）よ　み掘串持ち　この岡に　菜摘ます子
家告（の）らせ　名告らさね　そらみつ　大和の国は　押しなべて
我こそ居れ　しきなべて　我こそ座せ　我こそは　告らめ　家をも名をも

（訳）籠よ、見事な籠をもち、箆よ、立派な箆をもって、この岡で菜を摘んでおいでのお嬢さん、あなたの家柄をお名乗りなさい。名前をおっしゃい。大和の国は、すべて私が

支配しているのだ。すっかり私が治めているのだ。私こそ明らかにしよう。家柄も名前も。（万葉集全解』Ⅰ　多田一臣　訳注）

この歌を詠んで、心に思い浮かぶ情景はどんなだろうか。私はこんな風だ。「ある早春の昼下がり、多忙な政治を離れてゆっくり岡を散歩していると、立派な籠と土掘り棒をもって若菜を摘んでいる乙女に出会ったので思わず声をかけたくなった。「娘さんよ、あなたの家柄と名前を教えてくれないか、まず私が名乗ろうかな。ここ大和のクニはみんな私のものなのだよ、私がいてこのクニがあるのだ。家柄も名前ももうわかるだろう。だからお前も教えておくれ」。そう言いつつ、久しぶりにこの娘がとてもいとおしく思えてきた。のんびりした日常の何気ない、しかしいかにも人間味あふれた情景である。そしてさらにこの恋はきっと成就したに違いない。この当時、出会った男女二人が家柄と名前を名乗りあったということは、女が男の思いを受け入れたことを意味するのだから。いわずもがなの雑音も、やはり日常なのだ。もちろんとりたてての歌人ではない雄略天皇が、こんな歌を詠むはずはない。万葉の冒頭を飾るに相応しい歌を万葉編者が後世の「名ある歌人」に頼んでつくったものに違いない。山上憶良ではないか。上で引用した訳注者は、「白鳳から奈良時代の人々にとって雄略天皇は古代を代表する偉大な帝王であった」と補いの文を付している。そしてその時代の人、万葉編者も、「名ある歌人」もまた同じ思いであったろう。だからこそ冒頭歌は逆にありふれた日常の、あるがままの生きざまを歌に込めたに違いない。雄略天皇の偉大さは、すでに前話で述べた。厳しい競争相手を次々に、情け容赦なく打倒し、最後に残ったただ一人の英雄であった。その全貌を『記・紀』はどのように書き記しているのであろうか。じっくりと紹介しよう。

　これまで歴史書と文学書という、いくらかジャンルの違いを踏まえながらも『古事記』の「段」と『日本書紀』の「紀」を読み比べてきて、多くの場合「段」の記述が「紀」に勝るという感想を述べてきた。しかし「雄略段」と比べて「雄略紀」ははるかに勝っている。それは当然かもしれない。「雄略紀」を書いたのは当時倭に二人しかいなかった音博士の一人、続守言で、とくに北方系の漢音と南方系の呉音の両方に通じ、漢字で倭音を表記しつつ漢の文法に従って文章を綴るという難しい『書紀』の記述に関しては、もっともすぐれた能力をもつ渡来人として著名（後に出てくる百済と唐・新羅の戦いで百済の捕虜になり、その後倭国に贈り物の捕虜として移ったことが「斉明紀」の最後に紹介されている）であった。とくに中国・南朝の宋との交渉が大きな意味をもった雄略時代を記述する役割を与えられたが、前述のようにそれが『日本書紀』の記述始めでもあった。文体の正確さだけでなく（私にそれを判断する能力はない）、学者としての史料の読み方やそれを理解し正確に記述する真摯さは、えてして倭についてのいらざる忖度を加える態度が文章の中で感じられることが多い中で、全くそれがないすっきりした文章が、私には好ましい。

　倭国初の覇権者・雄略は大泊瀬幼武（おおはつせのわかたけ）と呼ばれ、粗暴で誤って人を殺すことしばしばで、「はなはだ悪しくましします」と誹られたと書かれている。感情が激しく即断実行型の性格だったようである。即位し権力を得て、国内では彼への不敬、悪評判は許さず、厳格に処分し、まわりの人々（后であっても）から恐れられた。有力な天皇候補であった履中天皇の皇子市辺王を狩りに誘いだし謀殺して、皇位に就いた。そのことが「安康段」に記述されているのはいささか奇妙というほかない。雄略の暴虐さの記述を分散させて、その印象を薄めようとした編者の意図さえ感じる。「雄略段」には葛城の山でこの地を鎮護する「一言主の神」に会い、ねんごろに会話を交わし、見送りまた見送られる仲になった話もその強者の象徴として書かれている。もちろん強者ぶりは大和に次いで統治することになった河内のクニの古い豪族に対しても容赦なく振り回された。同じ「雄略段」に河内の日下に行く途中、麗々しく堅魚（千木）を屋根に乗せた豪華な豪族の館を見て、「奴や、己が家を天皇の御舎に似せて造れり」と激怒して切り殺そうとしたが、それまでふんぞり返っていた頭を地につけて謝罪し、大事にしていた宝を差し出したので許し、その宝を訪問先に与えた逸話が紹介されている。彼の偉大さを象徴する話である。

その威力・武力が大和・河内からさらに広く倭の西国から東国にまで広がったことは、現埼玉の稲荷山古墳と現熊本の江田船山古墳から金と銀の象嵌文字で「ワカタケル」と書かれた刀が発掘されたことで考古学的にも確認されているが、それについての記述は『記・紀』にはまったくない。しかしたとえばヤマトタケルが東征の際に通ったとされる相模の古道は地元ではワカタケル道と呼ばれ、雄略指揮下の兵士たちが闊歩したことが推定できる。もっと広く、『常陸風土記』に出てくるヤマトタケルの各地巡行も、蝦夷地にまで進攻し、多くの捕虜まで得たという、ありえない話題を除けばほとんどワカタケル勢力の残したものだと推定していい。私が確認できるのはその一部で、雄略の指揮の下で行われた東国遠征で尾張氏の水軍も加わり、相模湾から江戸の海（現東京湾）に入り、旧利根川（下流は現江戸川となる）を遡航し、上野（現群馬県）の中流に尾張郷（現みどり市）の地を開拓し、さらに碓氷峠を超え、信濃の佐久に小治の地名をのこし、千曲の川を下って現長野市内に尾張部神社と尾張姓霊殿を残すなど、一連の行跡を確認したが、当然尾張氏の単独行動であるはずはなく、ワカタケル軍の行動範囲の広がりとして推定すべきであろう。まさに「自昔祖禰　躬擐甲冑　跋渉山川」で始まる美辞麗句を並べた名文として名高い宋皇帝にささげられた雄略からの国書の文面そっくりの状況が、倭国の西の端（熊本）から東の果の地・武蔵野（埼玉）にわたって展開したことを彷彿とさせる思いである。

念のため、権威者の監訳になる『倭国伝』）から関係部分の和文を書き添えよう。「昔から我が祖先は自ら鎧・兜を身に着け、山野を越え、川を渡って歩き回り、落ち着くひまもなかった。東方では毛人の五十五ヵ国を征服し、西方では衆夷の六十六ヵ国を服属させ、海を渡っては北の九十五ヵ国を平定した。皇帝の徳はゆきわたり、領土は遠くひろがった」（藤堂明保ら訳『倭国伝』講談社学術文庫）である。

これこそ「倭の国は押しなべて我こそ居れ、しきなべて我こそ座せ」と名乗った何気ない日常ではなく、倭でただ一人だけの英雄の凛々しい天皇・雄略を中国皇帝に示そうとした名乗り方である。

対外政策の行き詰まり

しかしこの強さの自信と誇りは、国外ではほとんど通用しなかった。「雄略紀」のページをめくっていこう。吉備の臣田狭が美女を妻にしたとみんなに自慢しているのを耳にした雄略は、彼を任那の司に任命し即座に現地に派遣して、留守に彼の妻を奪った。それを知った田狭臣は倭と対抗している新羅に逃げて、そこで働いた。暴君を裏切ったのである。当時新羅は長らく倭に朝貢せず、倭との対立を強めていた。その国に逃げこんだのは、明らかな反逆である。怒った天皇はその子、田狭弟臣らに命じて新羅と父を討てと命じたが、彼は直接ではなく百済をまわり、そこで援軍をえて行くことを申し立てて許された。しかしあまりに道が遠いのであきらめ、結局田狭を討たないままとなった。そのことを知った田狭臣は喜んで、弟臣に使いを送り、「お前が日本に帰れば殺される、大和へ帰るな、我は任那にとどまって、日本（やまと）にはいかない。」と連絡した。部下は帰国して復命したが、病死者も多かったのでそれ以上の追求はしなかった。これは雄略七年のひとまとまりの話だが、倭国に対する海向こうの新羅、百済、任那の国々の描かれ方が全く違っているところが興味深い。これまでの『書紀』は一貫して倭、任那、百済を一団として、新羅、高句麗に対抗する構図で描いていた（「雄略紀」が『書紀』の書かれ始めとすれば、この表現は適当ではないが、とりあえずはそうしておく）が、ここではその逆で、倭の外では新羅も任那も百済さえも、さらに彼の国に渡った倭人すらも相互にかなりの交流があり、敵対しながらも、交流しあう国々として紹介されている。そしてこれが実情だったに違いない。まさにその通りであろうことをさらに感じさせる記述がつづく雄略八年である。その年の出来事を私の理解で述べていこう。

　即位して八年、この間に新羅からの修好・貢納の使者はまったくなかった。しかし新羅も内心では気にしていた（ここで原文を当たると、新羅が中国の心を懼れていたという一行があり、中国の文字が出てくる。その中国を『紀』ではみかどと読ませて天皇と解釈させているが、倭の大国主義に対する新羅の懼れだとわかる。『書紀』の新羅蔑視の一例である）。新羅が対外的に必要な限りで、倭へ貢納した時期もあったが今は違う。新羅は高句麗と友好関係を強めてきてた。高句麗は精鋭百人を送って、新羅を守らせた。しばらくしてそのうちの一人が帰国するにあたって新羅人典馬（うまかい）を雇った。その典馬に対して婉曲に「新羅は我が国の馬飼い」だと言った。帰国後それが新羅王の耳に入り、高句麗人が幾人も殺された。そこで高句麗王は戦を発して、城一つを奪った。更なる進出を恐れた新羅王は任那の王に、「日本府（やまとのみこともち）の将軍に救助を頼んでほしい」と懇願した。そこで「任那の王、膳臣斑鳩（かしわでのおみいかるが）は吉備臣小梨（きびのおみおなし）、難波吉士赤目子（なにわのきしあかめこ）を新羅に派遣した。膳臣は自らも参加して高句麗と十日余対峙し、策を使って高句麗軍をおびき出し、撃破した。膳臣は新羅王に対して、「官軍救わざらましかば、必ず乗れなまし（帝の軍隊が救援しなかったならばもみくちゃにされたであろう）。今より後、豈、天長（みかど）に背きたてまつらむや」といった。ここまで読めば、任那にいた倭の将軍が侵入した高句麗を破ったのだと理解する。この戦の流れは研究によれば、『魏志』「武帝紀」の記述そのものであり、「三国志」の話がここに移された可能性が高い。膳臣、吉備小梨、難波吉赤目子の存在は確認できない。その昔の「欠史八代」時代の人物の子孫という指摘もあるが、実在性は確認できない。我が国でいう任那府はこの膳臣のような強力な軍事力をもった存在ではなく、比喩的にいえば外国商館といったもので、交易の出先機関だという日韓の研究もある（私の単なる憶測にすぎないが、ここに出てくる膳臣とは現韓国の全氏集団の首長ではないか。金、李、朴などの大氏族集団ではないが、それに次ぐ勢力をもち、本願の地は現慶尚南道で、旧任那域内である）。八年の話は雄略天皇の国外での武威を高めるための造作の可能性が高い。この八年の記述はなかったとすれば、新羅をめぐる朝鮮半島の動向は、倭には頼ることの必要がない新羅の自力膨張がじわじわと進んでいくということであろう。

新たな対中国政策

雄略天皇にとってはまったく満足できないその状況を把握したに違いない。怒る天皇は九年三月、自ら新羅討伐を計画したが、「神」からの「な往しそ（行くな）」の戒めで中止した。それに代わって紀小弓宿禰、蘇我韓子宿禰、大伴談連、小鹿火宿禰に、新羅の行動を止めさせて倭への貢献を絶やしたことのない百済を救えと命じた。しかしこの四人の渡航後の行動の規律はまったく無く、ばらばらで統一されておらず、総指揮者紀小弓の猪突的攻撃により、同行した大伴談(おおともかたり)は討ち死し、敗戦で退却するなかで紀小弓が病死した。二カ月の後、小弓の子紀大磐宿禰が戦いに加わったが、総指揮者となった小鹿火宿禰に合流せず独自行動し、仲違いした蘇我韓子宿禰に後ろから射られたのを逆に射返して殺した。倭軍のこれほどの敗北をこれほど詳細に記述したことはきわめて稀だが、この戦の状況を『漢書』の勝ち戦の模様を借りて描写するなどもあり、注意して読まねば全貌を把握しにくい。しかし戦病死した小弓宿禰の妻の大連への要請もあり、小弓の遺体を紀ノ国に近い河内の地に埋葬し天皇のねんごろな弔辞もえてその文まで記述する扱いは理に叶い、心打つものがある。彼がただの暴君ではないという配慮の見える記述である。ただ一人帰国できた小鹿火宿禰は喪に加わったのち、都を離れて石見の角(都濃か)にとどまったという記述も情に感じさせることでは同じであって納得しやすい。その後の天皇は、自己の偉大さをもっぱら外交で、とくに中国皇帝から授けられた官職、なかでも朝鮮半島南部すべての国々での軍事行動権の授与を求めることに目標を転じ、騒動の発生した地へ自らが指揮する出兵によってその乱れを制圧できる権限をもつことを願って、従来から進められている中国南朝の宋への陳情行動を飛躍的に強化した。

倭王が中国南朝の宋などに遣使し、存在を高めようとした、いわゆる「倭五王の中国遣使」

はよく知られているが、この中国南北朝時代に遣使が南朝に限られたこと、さらにその遣使がほとんど倭単独のものではなく、多くは百済の驥尾に附した類のものであったことは意外に知られていない。数度にわたって国書を持参するこの重要な外交行為の主体である「倭王某」がどの天皇に当たるかについての論議が後世の長きにわたって継続されねばならないようになったのは何故か。その理由としては『書紀』がそれに関する記述を雄略天皇の場合以外はすべて欠落させ、『古事記』にいたっては交流そのものの記述がいっさいないからである。倭王として他国に頭を下げ、麾下に加えてもらう封冊要請などは、倭にとって許されない恥辱と判断したからではないか。神から与えられたこの国の支配を異国の帝王から許されることへの忸怩さからかもしれない。しかし、「東夷圏」にあって、中国の存在が圧倒的なことはすでに熟知されていたはずであり、そのことを「神」として実感していたのは雄略天皇であった。『書紀』の史人である続守言が「雄略紀」を書いた時、天皇みずから新羅を討つことを諌めた「神」とはなにを意味したのかをここで明らかにしたい。それは暴君の雄略がもっとも信頼しその判断を委ねた百済生まれの中国事情に通じた帰化人で、倭国の史部として働いていた身狭村主青（むさのすぐりあお）と檜隈民使博徳（ひのくまのたみのつかいはかとこ）で、どちらにも天皇は深い信頼を寄せていた。「大だ（はなはだ）悪しくまします天皇なり」と謗った人々が「ただ愛寵（めぐみ）給うのは二人のみ」といったと「雄略紀」は書いているほどである。その二人は天皇の指示でしばしば中国南朝を訪れ、もっとも有効な皇帝への接近の仕方を詳しく調べていた。天皇はそれを使って前からの倭王たちが求め続けてきた朝鮮半島南部の支配強化のための軍事行動を承認する権利（役職）、具体的にいえば「使持節、都督倭・新羅・任那・加羅・百済・秦韓・慕韓七国諸軍事」執行権を持つ役職への就任を実現することが、倭の対外状況を好転させる道であることをはっきり認識していた青や博徳らの進言を「神」と表現したに違いない。そして彼らの努力で雄略一四年、遂にその時が来た。宋の皇帝が雄略の送った国書（もちろん書いたのは青と博徳である）に感じてか、倭の実情を把握するために使者を送ってくることになったのである。倭にとっては有史以来の出来事であり、中国にとってもめったにないことである。その準備のために難波の港から大和川までの道（しはつ道）がわざわざ造られ、呉坂と名づけられた峠越えの都に通じる「王道」の整備も進んだ。ここで「王道」とは私の表現だが、来訪する呉の使者の都入りのための特別の道という意味である。

中国皇帝の心を動かした国書の一部はすでに一部紹介した。この機会に、先の文献から和訳文ですべてを紹介したい。できれば四六駢儷（しろくべんれい）形式と呼ばれる四字・六字を主とする語句が規則的に並び、皇帝の徳を繰り返し称える美辞がいかにも目立つ原文を示したいが、難解すぎてここでは不可能と考えたためで、実感をつうじて示せないのが残念だが、容易に理解いただける訳文としたことを許してほしい（興味ある読者は先に紹介した本に原文が掲載されているのでぜひ参考されたい）。当時の倭が新羅、高句麗、百済をどのように見ていたかの一片は理解いただけるであろう。

「我が国は遠く辺地にあって、中国の藩屏となっている。昔から…国内全部（前出文参照）…

を平定した。皇帝の徳はゆきわたり、領土は遠くひろがった。代々中国をあがめて入朝するのに毎年時節をはずしたことはない。わたくし武は愚か者ではあるが、ありがたくも先祖の偉業をつぎ、自分の統治下にある人々を率い励まして中国の天子をあがめ従おうとし、道は百済を経由しようとして船の準備も行った。ところが高句麗は無体にも百済を併呑しよう考え、国境の人民をかすめ捕らえられ、殺害してやめようとしない。中国へ入朝する途は滞ってままならず、中国に忠誠を尽くす美風を失わされた。船を進めようとしても時には通じ時には通じなかった。わたくし武の亡父斉はかたき高句麗が中国への往来の路を妨害していることを憤り、弓矢をもった兵士百万も正義の声をあげて奮い立ち、大挙して高句麗とたたかおうとしたが、その時思いもよらず、父斉と兄興を喪い、今一息で成るはずの功業も最後の一押しがならなかった。父と兄の喪中は軍隊を動かさず、そのために事を起こさず、兵を休めていたので未だ高句麗に勝っていない。しかし今は喪があけたので、武器をととのえ兵士を訓練して父と兄の志を果たそうと思う。義士も勇士も、文官も武官も力を出しつくし、白刃が眼前で交叉してもそれを恐れたりはしない。もし中国の皇帝の徳をもて我らをかばい支えられるならば、この強敵高句麗を打ち破り、地方の乱れをしずめてかつての功業に見劣りすることはないであろう。かってながら自分に開府儀同三司を、帯方郡を介して任命され、部下の諸将にもみなそれぞれ官爵を、郡を介して授けていただき、よって私が忠節をはげみたい」。

しかし美文の国書に感じ、使いまで送って実情を探らせた宋の順帝が武に与えた官職は従来と同じく、百済が除かれ、使持節・都督倭新羅任那加羅秦韓暮韓六国諸軍事・安東大将軍にとどまった。期待した開府儀同三司はなかった。それなくしては高句麗への圧力とはならない。わざわざ「王道」まで造って歓迎したにもかかわらず、得られた成果はごく微少なものにとどまった。この中国南北朝の時代では、中国（南朝のみ）ともっとも親密に交流したのは百済であり、その国を下に位置付けなければ、雄略の半島南部政策は進まなかったことは明らかだったが、しかし中国が百済をはずしては政策遂行の可能性はない。すでに宋皇帝は百済王に安東大将軍をはるかに上回る寧東大将軍を与えていたので、それを上回る措置はやはりありえないことだった。そしてさらに、そうした南朝皇帝の官職はまったく意味を失う歴史が展開することになる、北朝の隋による中国統一で南朝が消滅したことである。

眉輪事件の最後決着

雄略一四年の南宋の使節の難波入りは結局直接的には成果をあげることなく終わったが、思いもかけない国内の大問題を解決するきっかけをつくった。使節を迎える接待役に選ばれた根之臣（根使主）は、河内の古い豪族であり、難波の港をもつ土地を代表するという意味では当然の選出だった。この晴れがましい場にふさわしい飾りをつけようと根之臣はかつて日下の姫から虚言によって手に入れた玉蔓の飾りを身に着けていた。それは期待どおりまわりの人々の注目を浴びて評判になった。接待の会場になった都に近い大和の石上の広場でも彼の飾りは際立っており、天皇も是非との要望でご覧に入れた。当然、その時天皇と並んだ席にいたはずの后の目にも留まることになった。そして突然后は涙を流し深い悲しみを表された。皇后とは言うまでもなくかつての日下の姫であり、自分の愛用していた髪飾りを忘れるはずはなかった。その事情を聴いた天皇は驚き怒り責めた。根之臣はその場を逃れて河内の南端の日根で追手と戦い殺された。その子の小根臣も反抗したが同じく殺されて、根之臣の所領は没収され大日下の部民と皇后に二分された。「紀」の記述はそれで終わり、この眉輪事件の最後の落着としたようだが、私の読後感ではなにか割り切れぬものが残る。なにか。

もし根之臣が自分の欲望だけで宝物を奪い取ろうとして、虚言を穴穂天皇（安康）に告げたとすれば、その盗品を広く人目につく場で人々に見せびらかすであろうか、ということである。今も昔も人の性に大きな違いがないとすれば、それはあり得ない。敢えてそれをしたのは、穴穂天皇と根之臣の間に（あるいは大泊瀬もふくめて）何らかの合意があったからである。当時穴穂皇子は天皇位を得たが、まだ后はなかった。自分の后探しの前に大泊瀬の姫探しをしていたことを記憶されているであろうか。穴穂天皇は資産の土地をもつ大日下の殺害とその妻の略奪をはじめから決めていて、その企てのなかに根之臣を加えていたのではないかという疑いが残る。

まえにそうした長子相続の資産を奪い合う新たな社会のことを述べたが、この場合がもし事実とすれば、その大掛かりな争いを、改めてここで確認することができる。加えて古い豪族根之臣の没落もその古い社会崩壊の一環でもあった。この「雄略紀」には、さらに伊勢・伊賀にまたがる旧勢力の朝日郎が雄略指揮下の物部の軍によって滅ぼされた話もある。やはり時代は動いているのではあるが、古いあるいは弱いものが排除され消えていくのである。

百済、高句麗の侵攻で危機

雄略の外交の不成功と機を一にするように、北辺の争いに一区切りつけた高句麗が、再び南下して百済に侵攻した。雄略二〇年、『百済記』を引用して「蓋鹵王の冬、狛（高句麗のこと）の大軍来たりて、大城を攻めること七日七夜。王城降陥れて、遂に王と王族すべてを失う」と記した。ただ、王子の一人逃れて熊津に入って文周王となったがすぐに死んだ。ここ熊津は南の百済の拠点であるが、雄略は久麻那利を与えて再建のテコ入れをしたと書かれている。久麻那利とは倭による熊津の倭訓表記である。もっとも注があり、それは誤りで、久麻那利はさらに南の任那地内の土地だと指摘している。確かに倭国が熊津周辺を所領したという事実は存在しない。ここは百済の古くからの勢力を広げてきていた馬韓の土地であり、この時代は任那の西部地域である。その久麻那利を百済に与えたという記述は雄略が強く百済を支援したことを強調する意図で史人が書かされたのであろうが、すぐ注で否定されていることになる。

しかしほぼ事実に近いと思われる「雄略紀」の記述もある。はるか以前の雄略五年に、王族の数人・妊娠していた王妃、王の弟軍君と五人の王子、王女らの倭国入りの記事である。その船が倭に渡ったいきさつも詳しく語られている。以前から雄略天皇に気に入られて百済女性が、雄略二年に采女として百済から倭國入りした途中で不倫があったとして怒る雄略に焼き殺されたという事件の後始末として、百済王がその謝罪に王室の人々を倭国入りさせたと書かれているが、事実は政情不安な百済を避けて王族要人を倭国に移した行動である。ところが倭の筑紫沖の島で妃が出産を迎え、出発時の王意に従って、母とともに百済に帰り無事に育ち、後に志麻王とも呼ばれた武寧王となる。残る人々は都につき雄略に迎えられるが、情勢の急変で翌年、急遽帰国した軍君を除いて成人した五人の王子・王女のうちの一人の末多王が崩壊直前となった熊津百済を立て直すために、倭兵五百人に守られて百済入りして王位についた。末多王は東城王として二十年以上国を維持し、その後を武寧王が継ぐことで、百済再興が成った。これもほぼ事実として考えると、雄略の粗暴という性格は偶然にもある歴史的意味をもちえたということになり、「歴史の面白さ」として特筆できるかも知れない。

雄略の最後の憂い

この事件の二年後、雄略天皇は重い病に倒れた。この最後の雄略の最大の憂いは己の死後を継ぐに足る肉親がいないことであった。改めて彼の縁者を見ると、后の幡梭媛はすでに高齢で子なく、妃の円大臣の姫韓媛は一男一女を生んだが、皇子は生まれつき虚弱で幼時からすでに白髪だったために「白髪の君」と呼ばれた体質で、子も得られなかった。同じく妃である吉備の豪族の稚媛が生んで成人した二人の皇子が彼の望める数少ない後継者たる資質をもっていた。磐城皇子と星川皇子である。そのほか、采女に付き添った童女だった春日大郎女（かすがのおおいらつめ）は後の天皇仁賢との間で一男六女を生んだが、それは彼の死のはるか後であった。こうしたなかで、彼が後継者として選ばざるを得なかったのは白髪皇子だけであった。そうせざるを得なかった事情が彼の遺言で縷々述べられている。その一部を「雄略紀」から引用しよう。ただ、読者の難読の労を思って私なりの平易な文に書き換えている。

「思いもしなかったが重き病で死ぬことになったことは残念だが、人の世の常の事なので致し方ないことである。ただ国内のくらしがまだ豊かにできないことが心残りである。教化、政刑がまだ十分でないままのことだ。今、年を重ねてもはや若くはなく、筋力や精神が一挙に萎えてしまった。このようにいうのは、自分の為ではない、ただ百姓の安養を想うためである。そのために今遺言している。子孫の誰にこの思いを託したらよいかを決めたい。天下のためには心情を度外視することである。」

ここまでは幾らか回りくどい想いが述べられてきたわけが、以下続く明言ですべてわかる。がそれは私の言葉で語るほうがよさそうである。「今状況を見ていると、星川皇子は心に悪事を抱いており、行いがすべて兄弟、仲間にたいして愛情に欠けている。世間でいうように子を知るには親が一番だが、もし星川が目的を達して後継者となれば、まったく恥ずかしい政治しかできなくて、臣や連ら多くの為政者をひどく苦しめることになり、その悪い影響がすべての民に及ぶに違いない。悪い子供は人びとに嫌われ、よい子供は立派な仕事をするのは誰でも考えることで、星川のことは天皇家の事と庇うことなく処断してほしい。私の死後に彼がたとえどうなっても恨むことはない」である。

　これほどに遺言された星川皇子は、父の死後直ちに母の助言に従って難波の宮にあった大蔵を奪って門を固めた。兄の磐城皇子は止めたが聴くことなく、不当に官物を使いつくして、鎮圧に駆け付けた大伴大連と対決した。大連は遺言に沿って宮に火をつけ焼き殺したと「清寧紀」に書かれている。母も星川と同じ運命を背負ったが、磐城皇子は許されたという。この星川の蜂起は皇子単独ではなく、母の故郷の吉備では、軍船四十隻が港を出たが、途中で星川が焼き殺されたことを知って引き返したという。即位した清寧天皇は后もなく、四年あまりで死んだ。後継として履中の孫姫飯豊王女がとりあえず皇位を継いだとの説もあり、「顕宗前紀」には同女による臨朝秉政（短期間の朝政）もあるが、詳細は不明である（清寧紀にある次の一文もこれに関係する。飯豊皇女が角刺宮で一夜与夫同床（まぐあい）した。そのことを人に語って次のように言った。「一女の道を知りぬ。また安（いずく）んぞ異なるべけん。終（つい）に男に交（あ）はむこと願（ほう）せじ」である。これは天皇就位の儀式なのであろうか）。いずれにしろ後継者のないことに困っていたこの時、播磨で現れた市辺皇子の遺児を名乗る二人（オケ、ヲケ）が事実と認められて皇位を継ぎ、顕宗、仁賢の二天皇となるが、この二人が履中の孫か否かは判らない。あの執拗かつ残忍な雄略が容易に生存を許したとは思えない。が、いずれにしろこれらの天皇紀にまとまった事績はほとんどない。ただ、仁賢（オケ）天皇が唯一の雄略の血を受け継ぐ大春日郎女を后として、一男六女を生んだこと、そして次代の継体の時まで生存した二人の皇女が、やがて重要な人物として取り上げられることになる。ただ一人の皇子も天皇位を継いだかどうかは明らかではない。妃と自称する女はいたがその素性は明確ではなく、もちろん子はなかった。『日本書紀』はほとんどすべての「天皇紀」の冒頭でおきまりの賛辞を呈しているが、この「紀」にはそれがない。代って「頻に諸悪を造たまう。一も答を脩めたまわず」の文字が並ぶ。一説ではその残虐行為の多くは雄略のものともいわれる。白髪天皇こと清寧天皇のあとの三代は、天皇としての実在性が問われる存在で、むしろ長い天皇空白時代かと評する見解もある。雄略天皇は国内では批判を許さず、「裸の王様」然とした存在として威を誇り、万葉の編者もそれを信じたが、海外の壁に突き当たってその実力をいくらかは認識したに違いない。しかし彼天皇雄略は結局のところ自己の業績やそれが招いた事態を深くつかむことなく、孤独の悲しみの中で生涯を終へて、対応課題を後世に残すこととなった。彼の行った殺戮の傷は深く、適した人材を欠く無為な数十年が続いたというべきであろうか。そのなかで蘇我、そして尾張のような新たな社会を認識できる勢力も次第に実力を付けてきた。新たな展開は次の第五話で語られる。

私はここで、応神（ホムタ）で始まり、仁徳とその子孫で受け継がれてきて、雄略天皇で絶頂期をむかえた諸天皇をクサカ系と呼びたい。この時代の最大の成果は河内を筆頭に大規模な開発で支配基盤を強め、大和とその周辺、東は伊勢、尾張、そして武蔵の多く、北は丹波、山城、さらに若狭、高志（越）西は吉備、出雲と、瀬戸内沿岸地方、そしてもっとも古い開発の先進地の九州諸地方を統括して、その頂点に天皇をいただく倭国の支配者の存在を広く知らしめたことでもある。その最大の権力基盤は仁徳天皇が残し履中天皇をはじめ長子に継がれ、また大日下皇子とその妹幡梭姫の所領地を主とする河内領域の経済力であったことに由来して、日下(くさか)を姓とした人々をこの名称を根拠にしたい。偶然かどうか、『古事記』の序にあるように、タラシを帯で、クサカを日下と表記すべきことは『古事記』発案者の天武天皇の意思であったが、それぞれ異なった天皇系譜の存在を顯わにすることになった。しかしその国土の支配、統轄の仕組みはあいまいで確とした制度は今だしであり、蘇我が勢力を増してきた大和を筆頭に尾張、吉備など古い大和周辺の地方勢力は天皇位を争う力をもち続けていた。絶対の頂点に位置づけられる地位が天皇だとするならば、まだ基礎となる制度の不備で、天皇の地位が確立したとは言えない。しかしタラシ族支配時代と比べて、次第に大きな倭国をつくりあげてきたのは間違いなくクサカ系である。

第五話　継体天皇をめぐる蘇我・尾張の抗争

雄略が残した新たな社会変化や朝鮮半島南部の状況に対応できる倭の新勢力はつくられつつあった。その有力な一つだった吉備氏族は、雄略の新羅政策の実行を背負わされた疲弊と星川事件によって大きな打撃を受けてほとんど独自に行動できる力を失った。残るのは尾張氏と新たに大和で指導的位置に立つことになった蘇我氏である。尾張氏はすでに仁徳の時代から氏の根拠を尾張から河内の日下に移して、海部族の伝統の力をさらに広げ、雄略の東西にわたる全国制覇の軍事行動に合わせて行動し、勢力を増していた。しかしもっとも強大化したのは蘇我氏であった。

その蘇我氏は長く大臣の座を維持し続け、雄略天皇の成功と失敗の教訓をじっくりふまえて行動した。雄略から学んだ強大化の一つとしては、広い知識をもった帰化人を数多く受け入れ、その知識、技術、意見をくみ上げる積極的対応をおこなったことである。そして失敗の教訓としては、蘇我氏を大和氏族集団の共同体的な緩い結束ではなく、血縁の強い関係に変えていくことであった。そして仁徳後の血族間の醜いまでの資産（所領）争奪の傷の大きさに学び、氏族長を中心として血縁親族の結束をいかに高めるかに腐心し、まずは本宗家の太い幹づくりを優先した。その血統の重要さはもちろん渡来人から学んだものである。そして大和の古い豪族が前時代につくってきた新たな姓制度に充分対応しえない間隙を利用して勢力を蓄積し、とりわけ前代社会がその場限りで錯雑につくってきた名代制度の整備に力を注ぎ、とくに雄略政権の弱体化で十分に機能しなくなっていた屯倉制度や政権崩壊の直接的な引き金となった財務管理のための大蔵の制度の改革を目指し、雄略が獲得した全国各地の諸領、いわば天皇領の管理の仕組みなど、内政の刷新に取り組んだ。雄略以後の長い天皇空白状態がもたらした混乱期の整備をみすえて、それに対応できる制度づくりと、その中での役割が果たせる蘇我氏づくり、すなわち氏族の内部的な「血のつながりの重視」があった。そのため対外関係にはとりあえず自制して加わらず、臣（おみ）としての内政の立て直しを重視する姿勢を貫き、とくに最初は吉備に、そしてのちには九州・磐井に対する懲罰的な所領整備に最大の力を注ぎ、その中で自己の意図をおりこみつつ勢力を強めた。もう一つ強化を図ったのは社会に進歩がもたらす物資の輸送の増加受容に応える陸路の整備、とりわけ内陸河川輸送の重視で、大和南部、纏向を含む大和川上流域やその支流の現曽我川、葛城川と紀ノ川をつなぐ交通の要衝を抑えて大和の物資輸送の実権を握って、大和の諸氏族のなかに一段と高い地位を築き、新たな社会での経済的優位の確立にも腐心して、その実効を吸収していった。蘇我は大和を中心としてあくまで内政に力を注いだと特徴づけられる。

尾張氏による継体天皇擁立

それに対して雄略天皇の旗のもとに加わり、とりわけ東海道・東山道を通じての関東や信濃、越など、東部・北部への植民や交易で利益を蓄積して勢力を強めて、河内の日下を根拠地とする尾張連はまったく違った対応を模索した。簡単に言えば、雄略が追求し結局は失敗に終わった南朝鮮政策を立て直し、それによる交易活動の拡大を図る道を軸に、その政策を実現しうる天皇探しに意を注いだ。つまり外部への進出である。そして海部族としての広い各地の情報をもとに目を付けたのは、やがて継体天皇となる越の国の三国にいたヲホドあった。

この越の三国地方は朝鮮半島から東の海を越えて倭に至る渡航者たちがもっとも集中しやすい能登の半島の付け根に位置しており、高句麗、新羅、百済、伽耶など半島各国の

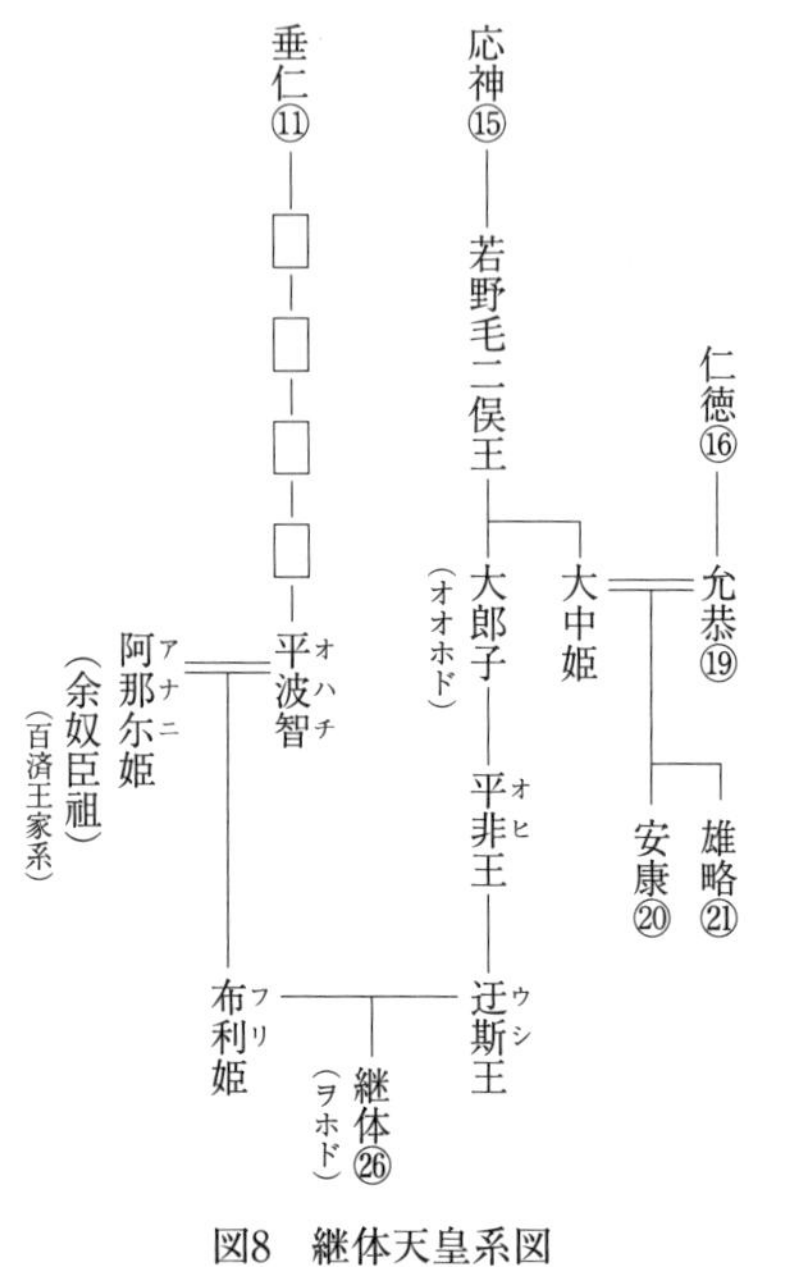

図8　継体天皇系図

人々が、競いつつ、また協力しつつさまざまな情報を持ち合いまさに渡来韓人らの坩堝ともいえる土地柄で、倭の海人も含めて出入りも激しく新たな事情が入手できる場であり、尾張氏も当然のことに気づき早くから綿密な情報収集を展開した。オホドのあざ名から推測するに、父親は地元の有力な鍛治を業とする人物だった。北近江から父親の死亡で母振姫とともに母の生地三国に移り住んだヲホドがとりわけ新羅、百済の対抗関係についての新情報に詳しいという評判を得て、尾張氏はいち早く新天皇擁立の活動計画の具体化に向けての動きを開始した。ヲホドにはすでに北近江の三尾の女との間に一男一女の子があったが、尾張連草加は自分の娘の目の子を彼と娶せ、二人の男子をもうけさせた。

そして長子を大和橿原の勾（まがり）の、二歳違いの次子を南大和の檜隈の有力氏のなかで生育させ、どちらも大和びととして成人させた。新天皇の擁立を機に次期天皇位を確保し、大和に不動の勢力を根づかせるという遠大なものである。それを実現するための大和勢力の支持を容易にするための準備工作も積極的に進めた。

朝鮮半島では新たな状況が生まれつつあった。高句麗軍のために手痛い打撃を受け、崩壊寸前だった百済で武寧王が王位に就くや（五〇一年）再び勢力を盛り返し、かつて馬韓の地の任那領域での活動を活発化した。この武寧王はかつて雄略時代に倭に避難した王族の一人、王の后が北九州沖の加羅島で生誕させ、母とともに百済に帰った王子で、そのことに因んでシマ王とも呼ばれた人物である。旧馬韓の地の開発では一〜二世紀にかけて南進し倭人化した百済のクマ族やソ族の一部が高句麗や新興の新羅に対抗するために四～五世紀にかけての騒乱期に再び南朝鮮半島に移った百済系倭人（百済側からいえば倭系百済人）の果たした力が大きく、武寧百済に反感をもつ勢力を分断するような武寧王による再配置政策の先兵ともなった。そのことに関する韓の史家の論文もあるという。その証が、今全羅南道に十数個分散する疑似和風古墳（前方後円墳）の分布状態にも現れているという分析もある。それが百済勢力の回復に大きく貢献した。その動向はやがて東進に変わり、勢力を増した新羅に靡き始めた伽倻諸国との衝突にも至る状況を生みだしていた。こうした状況によって倭との関係が比較的良好だった伽耶（いつからか任那と呼ばれ始めている）が百済・新羅のはざまで動揺し始める。倭の支配層はその情況に対して新たな対応を迫られる事態になっていた。しかし倭の旧勢力はそうした状況に対応する力をなくしていた。

大和の旧勢力で構成される大臣、大連らが企てた丹波の倭彦（中津帯彦：十四代天皇の五世孫）の引き出しが失敗に終わるや、動いたのは河内の日下に居を移していた尾張連（「紀」では草香連）で、ヲホドとは知己の河内馬飼首の荒籠（応神が百済王より寄贈された馬の飼育担当責任者で淀川流域の荒れ地がその所領地）やヲホドの出生地、北近江の有力氏族で、琵琶湖海運のリーダーの息長氏らと示し合わせて大和政権に強い影響力をもつ物部に、新情勢に詳しい人物を天皇とする計画の実現を要請した。ヲホドの系譜は『記・紀』にも書き込まれていて追跡可能で、すでに明らかだが、父方は応神五世の孫、母方は垂仁七世の孫（どちらも実質的にはほとんど無関係に近い他人だが、始めに皇位就任の打診を受けた丹波の倭彦と比べれば、むしろ血縁は濃い）とされるが、その父方のなかにオオホド（允恭后の兄で大和の鍛冶部の首長、前出）がおり、その縁を頼ったと思われる。大臣は旧勢力の平群真鳥だったが、内紛で大伴金村大連に殺害されており不在で、行き詰まった後継探しに苦労する責任者大伴大連（天皇護衛の責任者）を動かし、河内に移動していたヲホドは天皇就任要請のために差し出された鏡・剣の爾符を受け、皇位に就いた。西暦五〇一年のことである。奇しくも武寧王位と継体天皇位就任の歳が一致していた。

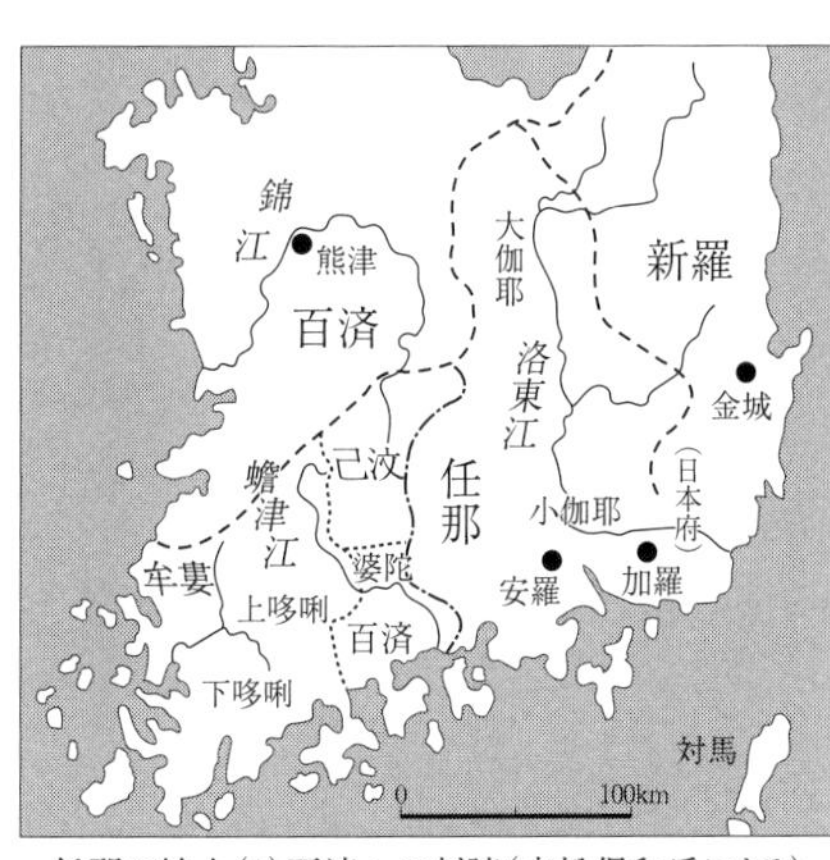

任那の縮小(1)百済への割譲（末松保和氏による）
- - - - - - - - - - 475年ごろの任那
・・・・・・・・・・ 512年に割譲した４県
－・－・－・－・－ 513年に割譲した２県

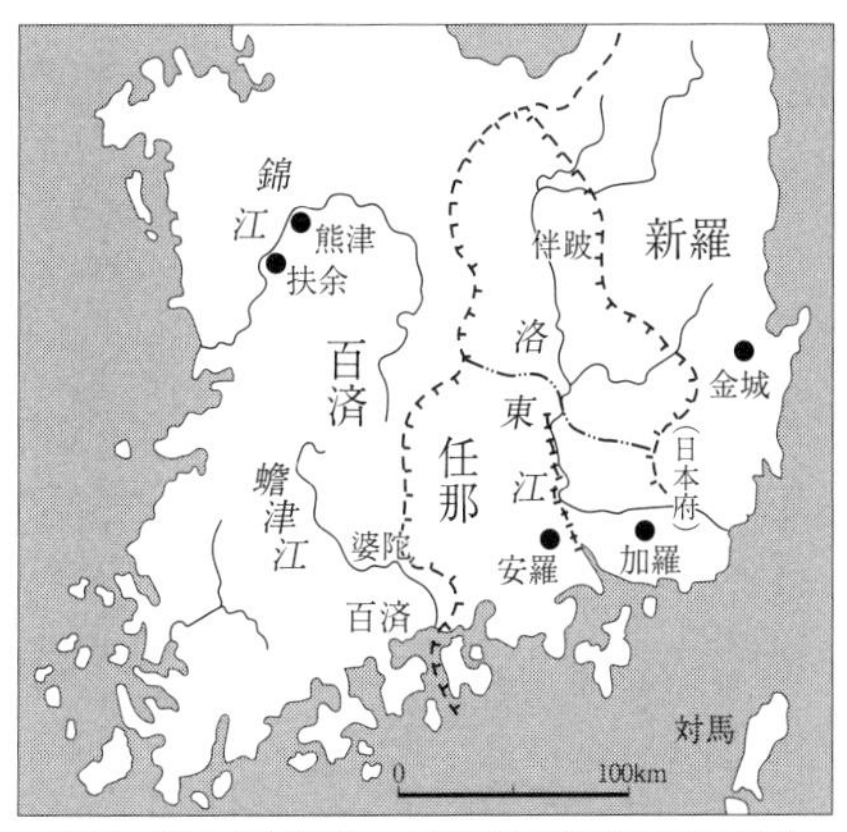

任那の縮小(2)新羅への侵略（末松保和氏による）
513年ごろの任那
520年ごろ以前に略取された地
532年ごろまでに略取された地

図9　任那の縮小化（継体～欽明代初め）

偶然の悪戯であろうか。

このやや唐突な天皇出現には、とくに大和南部の諸氏族は批判的で、同じ慎重な蘇我と意見を一つにしたが、受諾後七年に実現したヲホドの長子の勾王子と和珥氏系の春日山田姫との婚約の成立を機に、蘇我を除く大部分の賛同を得た（こうした経緯から、ヲホドの即位年、果ては死亡、誕生年の齟齬が大きく、実像把握はきわめて困難であるが、まえがきにある拙著の一つ、『古代尾張氏とヤマト政権』で解明しえたと密かに思っている。）。この大和勢力の支持を得るために尾張氏は多大な資金を費やした。今も和歌山県橋本市の隅田神社ほかに十数個残されている白銅製の人物画像鏡はその証拠である。この鏡には四十八の文字が残され、解読不定だが斯麻（武寧）王からの天皇就任への祝いを匂わせ、あわせて允恭天皇の后大中姫ゆかりの忍坂宮やその兄オオホドなどの文字も見える意味不明の和製漢文であり、製造の質の低さなどから銘品とは言いかねるが、ヲホドが大和に深く馴染んだ人物で武寧王とも知己のすぐれた人物であることを強調したヤマト有力者あての贈り物と思われる（図10）。製作は癸未（五〇三年）で、こうした特別の品を配布して支持の拡大を図ったものと考えてよさそうであるが、それはもっぱら尾張氏が負担したと見ていい。

図10　隅田八幡神社人物画像鏡
（銘文）
癸未年八月日十大王年男弟王在意柴
沙加宮時斯麻念長寿遣開中費直穢人
今州利二人等取白上同二百旱作此竟

その効果かどうか、製作年の三年後、勾皇子と春日山田姫との結婚があった。大和でのヲホドの地位が固まるきっかけとなったことは間違いない。

ヲホド天皇の最大の政策は新羅の勢力の四囲への広がりが引き起こしている問題の解決のために百済を強化して新羅を抑え、倭国の任那での権益を拡大することであった。当時は百済が高句麗の侵入で混乱し対外圧力を低下させたことを機に、勢いを増した新羅は南下して洛東江をこえ、倭のもっとも重要としていた金官伽耶（コンカンカヤ）を滅ぼし（五二九年）、さらに海に沿って安羅にむけて西進していた。危機を感じた安羅は倭に救援を求めたが、出動した近江毛臣率いる軍もそれを抑えかねる事態が続き、安羅の求めに応じた百済の進出で、ようやく均衡を得て辛うじて一時的な収拾をする状態であり、いわば反転攻勢への大きな転換であった。それは以前の倭・百済・伽耶（任那）の協調による倭国の任那政策の放棄、倭と百済共同による新羅抑制政策ともいえる内容を主としたものであった。それは第四話でふれた百済系倭人の半島南部進出で得た様々な成果、利権の放棄にも通じかねない転換でもあった。倭国内に強い批判のなか、その政策を推し進めえたのは継体天皇の強い指導力があったからである。そのためこれまで旧馬韓の最南部で、任那域内とみられてきた上下哆唎（タリ）、娑陀（サタ）、牟婁（ムロ）地域の百済支配の承認、任那各地に定着した百済系倭人の多くを上記四県に強制移住させ、百済化を促進するというもので、まさに大転換だった（図9）。

天皇の命に最も忠実であることが任務の大伴大連はただちにその実行に着手したが、物部は強く反対し、皇太子勾皇子もそれに同調して百済使節に直接反対を申し入れるなどの不一致を生んだが、ヲホドは意見を変えなかった。それは一時は高句麗侵攻での打撃に喘いでいた百済を立て直した武寧王への強い信頼で、その力で新羅を押しとどめることに成功すれば、任那における倭の利権恢復、そしてさらに拡大すら実現できるという継体天皇の信念にもとづく戦略であり、倭も百済の東進に呼応する新羅攻撃を伴うものでもあった。しかしその出兵は北九州で大きな勢力をもち、新羅との関係の深かった磐井の勢力に阻まれ、その鎮圧に手間取ったためにほとんど実効性はなかった。そうした厳しい政治情勢のなかでも、継体天皇は対外戦略を進めるに適した木津川、淀川水系の適地を選びつつ拠点（都）を山代南部（現京都府南部）において、蘇我の勢力との接触を避けた。この百済優先政策はその時点でのありうる倭の対応の一つではあったが、国内の反対の声を押し切ってまで進めなければならなかったものであったかは、いくらか疑問なしとしない。

が、ひとつ、前に少し触れたがそれを彼が強行する理由と思われる史実がある。それは彼の母方の系譜のなかに、阿那尔比弥（あなにひめ）の名があり、添え書きに「余奴臣祖」と書かれていることである（図8）。余姓は百済王家のものであり、前出した雄略五年の百済王の弟昆軍（こんき）来日の折、同乗していた五人のうちの一人の女性の成人後の姿であると推定できること、しかも同船には百済出発時のいささか理解不能な百済王の指示、懐妊中の王の后も同乗してもし途中で出産するようなことがあれば母子とも送り返せという王の意向どおり、倭の加羅（唐）島から送り返された出生児が後の武寧王で、彼の通称志麻王はそれに因んでいると語られる事情も絡んで、血縁的にも結構近かったかもしれないという秘話もあって、それも加えて「オホド王」の信念がつくられた可能性があることを示唆しておきたい。余奴臣は後に江沼氏となり、越の能登半島海岸部を領したが、ヲホドの生育地・越の三国とはかなり近い位置にある。そうしたなか、尾張氏の期待するヲホドの政略を一瞬にして無為にする事件が起こった。武寧王が継体一七年に新羅支持に転換した伴跛(はえ)（旧大伽耶）との戦いで雑兵に撃たれて死亡したことである。尾張氏としてもっとも期待した朝鮮半島南部の新たな交易の利益獲得の期待も消えた。残る尾張氏の期待は継体の後継の二人の王子の皇位獲得で、尾張系の天皇が実現することに変わった。

尾張氏の「期待外れ」は単なる一氏族の問題にすぎないが、ここでもう一つの重大国際問題が浮上する。倭の「任那利権」の喪失である。「継体紀」二三年四月条に「任那の王己能末多干岐（コノマタカンキ）」が倭の都にきたという記述がある。小国とはいえ国王の来朝ならば華やかな歓迎の行事が付け加わるはずであるが、それは全く書かれていない。彼は大連の大伴金村に「任那」の窮状を訴え救済を要請した。この記述もバランスを欠いており、首をかしげるところだが、ここで注が入る。「己能末多と言うは蓋し阿利斯等(ありしと)なり」という解説で、コノマタカンキは任那王ではなく倭人（ただし百済系倭人）である。当然ながらここで任那と言っているのは「任那利権」に関わる任那のごく一部の地域を指していることが判る。「任那利権」が新羅によって失われようとしているという状況報告のための来朝であった。早速救援の軍が送

表2　任那四村

年次	継体23年	同（一書）	敏達4年	推古8年		注
1	安多	多多羅	多多羅	多多羅	南加羅	＊安羅？
2	金官	須奈羅	須奈羅	素奈羅		
3	背代	費智	発鬼	弗知鬼		
4	委陀	和多	和陀	委陀		
				安羅羅(＊)		

られるが、指揮官（近江毛野臣）の無能で解決することなく空しく月日を過ごし、果ては天皇による百済王・新羅王への事件調整の要請も問題にされず、三カ月の後関係する四つの村すべてが新羅に奪われた（表2）。

これに関してはさらに「敏達紀」で再び登場するが、ここで解説しておきたいことがある。「任那利権」に関わる地域の「王」が何故阿利斯等かについてであるが、『書紀』での説明は皆無である。種々考察して私はこれに触れた文書を見つけた。昭和一一年に日羅公奉賛会が刊行した矢野盛経著『日羅公伝』の記述によれば、日羅の父は雄略天皇の命によって「任那利権」関係地の統治に当たった肥後国の葦北國造の刑部靫部（おさかべのゆけひ）阿利斯等（ありしと）で、その任務を果たすために任那の現地に駐留していた。葦北はかつての球磨族の水運の根拠地で、この地を出発してやがて応神として天皇位を得たクサカ系天皇のホムタの子孫の地である。阿利斯等は崇神期の末に新羅（その当時はまだ斯盧国とよばれた小さなクニ）から倭に渡り、垂仁に子供の養育を頼み、帰国したと書かれているが、葦北に移っていたようであり、恐らくホムタとの血縁のつながりも大きいのではないか。ホムタと並んで登場してきた天之日矛とのかかわりも考えられるが、そのことを裏づけるに足る事実はまだ把握しえていない。最後に、「継体紀」「敏達紀」「推古紀」の記述から作成した表2を解説して、任那権益地の位置などを推定したい。古い邑名なので現存の資料からは推定不可能である。しかし面白いことに、「継体紀」二三年の「四月その月条」にはその名称が並列して二揃え掲げられている。

第一列と第二列の邑名は全く対応していないが、第二列はその後の敏達、推古代の事件に関わった三、四列に掲げられたものとほぼ対応する。このことから推定して、最初の列は新羅支配以前からの邑名と判断してよさそうである。このうちの金官(コンカン)は最も早く新羅に下った邑だが、最も早く倭との関係（倭の求めた鉄の輸送のための湊）のあったところでもある。

漢字の金をコンと読ませるのは南方系の呉音で、その地方との交流がもっとも深かったのが百済だとすれば、そことの交流が盛んだった古い伽耶風の印象が強い。結論的にいえば新羅支配以前の名称ではないか。残る三つは不明だが金官と併記されているので同様に新羅以前の邑名と考えてもよいのではないか。「一書」の四村は当然新羅支配以後の名称ということになる。その支配が続くわけだから敏達以後の二つが同じであるのは当然である。その新羅支配に変わったこと、つまり倭の「任那権益」消失以後のこの問題に対する倭・新羅間の問題展開は以下の章で取り上げたい。

蘇我氏の対応

武寧王死亡の三年後、それまでの方針の変更を迫られた継体天皇は大和南部の磐余に移り、蘇我稲目と和解し、その求めに応じて、仁賢天皇の皇女手白香姫を后とした。天皇に数多く付き添う女性の呼称、その順位などについても、蘇我など内臣らによって制度化が進み、彼女らの母方の地位に順じた地位が決められるようになっていたので、継体天皇最後の女性となった手白香姫が最高位の后と呼ばれた。彼女は母大春日郎女を介して雄略の血をもつ人物であったためであり、蘇我による奇跡に近い雄略血統復活の実行がひそかに進行することになる。

政治統括において、血縁の重要さをしっかり学んだ蘇我氏は、自らの血統をしっかり確立することと合わせて、断絶してしまったとはいえ優れた政治執行の実績が広く認められていた権力者の雄略天皇の血統復活を成し遂げれば、その功績によって大和だけでなく倭国で広く蘇我氏の政治的地位を高めるという思惑があった。手白香姫が継体天皇との間に男子をもうければ、雄略の血は半ば復活する。雄略の血は男子を通じて再現することはすでにあり得なかったが、女系

雄略㉑
春日大郎女（采女）
武烈㉕
手白香姫
継体㉖
目ノ子姫
安閑㉗
宣化㉘
橘姫
欽明㉙
石姫
敏達㉚

図11　蘇我によるクサカ男系の復活

ならば可能であった。もう一人残った同母の橘姫が、可能なれば皇位の男子から女子を出生し、それぞれが娶らされて、さらにそこで男子が出生すれば、それを大きな手柄として、広く存在する雄略に好意をもつ人々の称賛が得られる。さらに生まれる皇子に自らの蘇我の血をもつ女子を娶あわせれば、蘇我の血統の地位はいやがうえにも高まる。その高まった血統をしっかりと確立させ継続させれば、天皇を介して社会を左右できる権力者たりうるし、場合によればそれを上回ることも可能だという夢である。緻密な性格の稲目の心中にはそんな夢のような計画が潜んでいたのではないかと思う。それが、まさに成就するかもしれないと思わせる欽明（彼の生年、幼名、成人してからの字名などはどこにも記載されていない。雄略血統復活がいかに厳しい秘匿状況で進められたかを暗に物語っている）の出生があった。

蘇我の計画が実現していくプロセス

その稲目の野望の実現を阻みかねない事態が一つ残っていた。同時にそのことは計画をより巧みに実現できる機会でもあることを蘇我は見逃さなかった。そしてここで尾張氏との直接的な敵対的な関わりが生じることとなる。欽明皇子がきわめて幼いということを考えれば、連続した二人の尾張系天皇の実現もありえた（そうした弱点を隠すためか、記紀いずれも彼の成年を記していない。それどころか即位時の年齢や死亡時の年齢もすべて若干（そこはく）である。それを示す資料が文を書く史人にさえも隠されたのであろうか）。が、逆に欽明皇子の皇位優先の可能性もなくはなかった。雄略の血を引いているという血統の高さの故である。稲目はどんな方策を取ったか。

継体天皇の後継が決まる経緯

尾張連日下の「目の子」姫は二人の継体の子をもうけた。本来の継体の長子は北近江の三尾の汙斯（名前から鍛治師ではなかったかと思われる）の子の大郎子であったが、継体との関係がより深かった尾張日下の姫の子が長子として、勾王子と呼ばれ、大和南部の勾で成長した。次子も目の子姫が生み、やはり同じ南大和の檜隈で育った檜隈高田王であった。欽明は継体最後の皇子ではあるが、しかし生母の序列でいえばより高位の天皇の皇女だった手白香姫の子という資格をもつので、『紀』では冒頭に（長子として）記載されることになる。欽明がその形式にしたがって継体の天皇位を継ぐことになるのは、父が長生して欽明が成人に達している場合であって、最晩年のヲホドを考慮すればその可能性は薄かった。しかし何よりも継体天皇はすでにはやくから後継を勾王子と決めて太子と呼んでいた。勾皇子の春日山田皇女との婚礼実現が、彼の天皇位確立の決め手となった事実もあり、さらに勾王子には天皇を援ける皇太子としての積極的な活動があった。ある意味で継体天皇の意思実現の最後の願いは勾太子の天皇後継の実現であったかもしれない。継体二五年（異説があり、それが大問題とつながる）がその最後の時であったが、その時には欽明はあまりにも幼く後継たりうる可能性は、常識的にはなかったし、蘇我の強い要求も記録されていない。しかし天皇は欽明を天皇に押し上げたがっている蘇我の知恵の深さと巧みさを恐れていた。継体がとった新たな蘇我対策は勾皇子に「大兄」を名乗らせることであった。その前例はなく、名称考案の継体天皇の強い意志として次期後継は「大兄」でなければならないという主張を、蘇我を含めて近臣に伝えたかったのであろう。そして最後だが、まだ心体まらず死の病床のなかで考えたのが生前譲位である。それは、「安閑紀」の冒頭の「男大迹（をほど）天皇　大兄を立てて天皇とし給う。即日に崩り給う」という文が、事実ならば、まさに生前譲位である（平成天皇が生前譲位されるというニュースが話題になった。そのとき大新聞の掲げた専門家の解説で、最初の生前譲位は大化改新の不祥事で、時の皇極天皇の生前譲位により孝徳天皇に代位した経緯がある」と書かれ、その後なんの訂正文も見たことがない。訂正に値しない程度のニュースとも思えないのだがと、歴史学的見識に疎い私には奇異である。）。

しかしその前に「継体紀」の最後の注記に「後に勘校へむ者、知らむ」が何を問題としているかを知ることは重要である。その注で書き手（続守言）は一書（百済本紀か）が「又聞く。日本の天皇及び太子・皇子倶に崩薨りましぬといへり」があり、その年が継体二五年で、辛亥歳だと確認していることである。そしてそれが事実かどうかについては太子、皇子ともに皇位を得ている事実を知悉しているので、執筆者史人続守言が疑問を呈するはずがない。とすれば疑問は年次であり、具体的には継体の死は、二五年が正しいのかどうかに関係していることは間違いない。たしかにそれが正しいとすると、継体の死は辛亥であり、安閑の即位は甲寅であるから、三年の齟齬が生じる。とすれば継体の死は二八年とすべきであり、注記にも別の一書が二八年と書いているとも指摘している。ただ二五年は『三国史記』にも高句麗国王安蔵が殺された年だとしているので、その記述は正しいし、百済の軍が安羅に到り城を築いたというのもほぼ事実と思われる。つまり、他の歴史叙述が正しいとすると、その同じ年のもう一つの事件(天皇他三人の同時死)だけが異なるわけで、正確さを問うとすればどちらとも判断できないという史家の真理確認の重さを示したかったからの注記だということになる。かつて日本の歴史家が、この三年の誤差をめぐって賑やかな議論を展開した。それがもしある百済史書の事実誤認だけだったとしたら無駄な議論だったことになるが、どうであろうか。その論争のなかで論じられた蘇我、大伴、物部が積極的にかかわったという状況は確認できていない。舞台裏での交渉だったのだろうか。いずれにしても、歴史とは難しいものである。

宣化天皇が皇位を得た状況を探る

しかし、この後の「欽明紀」にも同じ「後勘者知之」が書かれたことはさして学界では問題にはされないようだが、こちらのほうがより重要な検討事項ではないのか。長い『書紀』の叙述のなかでこの種の疑問の提起はこの二か所しかないのであり、検討すべきはこちらだったのではないかと思う。檜隈高田王子は同母兄勾王子より二歳若い弟王子であった。だから彼は、兄とどのような関係をつくっていくかについて、種々考えなければならない立場に置かれていた。檜隈という大和南部の地で育てられたことをどう生かすかが彼の課題だったであろう(以下は私の推測である)。だから早くに河内の豪族の姫を娶って、太子となった兄を見ながら一男一女をもうけて暮らすなかで得た蘇我の誘いはきわめて魅力あるものだったであろう。仁賢天皇の子橘姫を嫡とする思わぬ機会に雀躍したに違いない。この時点では知る由もないが、兄、安閑天皇はわずか二年の在位で没した。そして後継の子はなかった。蘇我が擁立する「欽明皇子」はまだあまりにも幼少である。当然のごとく彼が後継の天皇になった。「宣化紀」の冒頭に「武小広国押楯（タケオヒロクニオシタテ）天皇は、男大迹天皇の第二子なり。勾大兄広国押武金日天皇の同母弟なり」と通常の字句が並ぶ。が、前天皇の后、春日山田媛を大后とする旨の紹介がない、「安閑紀」には「皇后とす」と明記されているのに、である。これがこれから述べる奇妙記事の最初である。そしてその「奇妙」がいくつも現れる。

その第一は、「欽明紀」の「前紀」に、「山田の皇后」の語句が二度出てくる。「欽明紀」であるから、宣化天皇薨去後のことで、「山田皇后」に欽明（もちろん蘇我稲目であろうが）から天皇位就任の打診があり、「山田皇后」の辞退の文言がある。単なる私的で気軽な呼称が出でくる場ではない。ここで「山田皇后」がありうるとすれば、安閑天皇が死に、まだ次期天皇が即位していない場合以外にはない。次いで第二回目の注書き「後勘校者知之」が出てくる。何に対して筆者続守言は疑問に思ったのであろうか、それは欽明天皇の妃の紹介についてである。皇位に就いたとされる宣化天皇は四年の短い在位で崩御し、始めの皇女石姫が欽明の后なるが、そのほかの二人の皇女はどちらも欽明の妃となった。その二人の紹介部分である。「はじめの妃は皇后の弟（年下の兄弟で、女性についても使われる）を稚綾姫皇女と申す」というが、それは前宣化天皇の姫ではないか、どうして姉姫の弟かというわけである。事実に誤りがあるわけではないが、「何故、より高位である天皇の子という言葉が使われないのか」という疑問であろう。第三は第六話で詳述するが、簡単に言えば後の「崇峻紀」の記述で、馬子が「宅部皇子を殺せ」と命じたその「宅部皇子」については、系譜が不明でどこにも見当たらず、それを検討するなかでの注記で、「宅部皇子は檜隈天皇（宣化）の子」としたうえで、「未だ詳ならず」と疑問に付したことである。そしてこの三番目ではっきりしたことは、公的な史書のなかから可能な限り宣化天皇の文字や姿が消されたり、隠されたりしていることである。たしかに日本の古代史で、二十八代天皇宣化（タケヲヒロクニオシタテ天皇）は存在しているが、その生存にかかわる公的記録は、「宣化紀」以外ではほとんど見られない。何らかの事情、だがありていに言えば、蘇我の事情で、特別の人物以外は接触を禁じられる、現代的にいえば厳重に軟禁されていたとしか思えない。特別の人物といったがはっきり言えば、安閑朝で初めて大臣となった蘇我稲目ではないかと思う。その訳は、先に示した蘇我の密かな雄略血統再現の計画の最後でのトラブルを回避することである。まだ安閑が生前の時、檜隈皇子は雄略の血をもつ橘姫と結ばれ、石姫が生まれた。その石姫が成人し、継体の最後の子欽明と結ばれれば欽明の皇子、皇女は女系による雄略血統の完全復活となる。そして蘇我の目的は達成される。それまでの間、檜隈皇子と橘媛が通常に世間に触れて暮らせば、蘇我の秘密の計画が世間に知られ、それを妨害しようとする動きが出かねない。とくに尾張系の人々にたいしては絶対に秘匿せねばならない。そうした事情から二人の軟禁が実行されたのではないか。もちろん生活は普通以上の待遇で継続したであろうが、多分あらゆる肉親、実の子供であっても会うことが許されない、狭い空間でひっそり暮らさなければならない生活とはどんなものであっただろうか。その悲惨さを想わずにはおられない記録が一つある、紹介しておこう。

「宣化紀」の最後は「宣化四年十一月、天皇崩御、大和国の身狭桃花鳥坂上陵の葬りまつる。皇后橘皇女及び其の孺子（わくご）を以て、是の陵に合わせ葬る」。そして注記して「皇后の崩りましし年、伝記に載することなし。孺子は、蓋し未だ成人らずして薨せまするか」で続守言の注である。この孺子は幽閉されている時に生まれた子供で、すぐ幼くして死んだに違いない。そしてまず父親が死に、残された母子の最後はどんなであったろうか。想像するだに落涙を禁じ得ない。とりわけ最後まで、まさに一人だけで過ごさねばならなくなった橘媛への悲しみはひとしおである。

（ここでいくつもの疑問、注を書き、読者に蘇我稲目の冷酷な策略への批判的姿勢をあえて行ったことを抜き出して示した私の想像を一言書かせてほしい。続守言は広く書を照合し、検討熟慮して、宣化天皇とその后（橘姫）についての隠された事実を知った。しかし公式史書の書き手として、それをあからさまに叙述することは許されない。そこでいくつかのポイントに特別の目印を注として書き込み、後世の人がそれを頼ってコトを明らかにしてほしかった。「後勘校者知之」はその呼びかけではなかったか。まさに彼は特別の推理物語を読者に提供した天才的な作家とも思える。そこに推理・パズルが潜んでいることを見つけ出した私も深い幸せを感じて、ますます『記紀』読みが楽しくなったことを自白したい。なお、この部分の詳細は愛知書房刊の拙著を参照されたい。)

かくて、蘇我稲目の思惑は完全に成功した。その宝ともいえる人物は敏達天皇である。が、歴史の皮肉はこの天皇で蘇我の思惑がふいになるきっかけがつくられた。敏達天皇は蘇我全盛の始まりの輝きの星と期待されたが、実際は蘇我衰退の種を撒き、やがて中大兄につながる別の道を開くことになる。それは第七話で語られるはずだが、その前に敗退した尾張側についての若干の付言と、蘇我全盛への道づくりについて語らねばならない。

安閑天皇の憤怒像が語るもの

ともかく、蘇我と競った尾張氏の大和での活動はほとんど消えた。尾張氏が期待した尾張系天皇は、わずか二年在位の安閑天皇だけであった。彼の在位はきわめて短かった。「安閑紀」は享年を七十歳と書いているが、それは『書紀』の歪んだ記述のためで、実際はまだ四十歳代であった。若く、皇太子として父継体を援けて、継体が「己の政治の成果は太子のおかげ」と言わしめたが、その政策個々について、とくに対百済政策には反対を直言し、百済の使節にその旨を告げるなど、積極的な活動が「継体紀」のいたるところに書かれている。天皇在位二年のうちでもっとも意を注いだのは、磐井の反乱鎮圧後の所領地処分で、全国的な範囲で屯倉設置のきっかけをつくったことで、「安閑紀」にはその屯倉の名を三十近く書き連ねており、なかには尾張に関わっても間敷屯倉、入鹿屯倉、上毛(現群馬県)の緑野屯倉があり、自己の支配地を国の屯倉へ編入させていく先頭に立っていたように思える。屯倉制度はとくに磐井の反乱後の所領地の処理で大きな問題となり、大臣の稲目がとくに星川問題で厳しい責任が追及されている吉備に数多く通いながら検討を進めた。それと合わせての国家的制度の土台づくりであり、安閑天皇の政治への積極的な意気込みを「安閑紀」でも感じさせるだけに、急死が惜しまれる。その死が自然死か否かを疑う向きも根深くあるように思える。その証しは蔵王権現の憤怒像である。後世、仏教の普及に伴って、神と佛の一体を説く神仏混淆の思想や、仏道修行者の権現信仰が広まるなかで、飛鳥を見下ろす紀州大峰山の蔵王菩薩権現信仰が流行し全国各地に広まった。その本尊の怒りの形相のものすごさで知られた蔵王権現は安閑天皇の憤怒像だと伝えられている。安閑天皇の和風諡号は広国押楯金日であるがその「ひ」は日ではなく火であり金日（鍛冶神）に通じるが、そこから火が飛び出るかとも思える眼と、火を噴きださんばかりの口との形相で表される憤怒の像を本尊としている。世情、自己の早死をもたらしたものへの憤怒の像ともいわれ、安閑の無念さの象徴でもあるとされる。事実はどうであったろうか。

　尾張氏ではないがもう一つ重要な動きがあった。**大伴氏の衰退**である。大伴氏は天皇直属の近衛勢力でいわば天皇を護り、その意思に一致させる任務をもつ。したがって継体の対百済政策をなんら逆らうことなく現地百済・任那で忠実に実行することを自己の任務として行動した。継体天皇が明確な百済寄りの政策実行を指令し、大連大伴金村はそのまま推進した。それは国内の磐井勢力との戦いを担った物部氏が同じ大連として、権益を与えすぎると批判し継体天皇から一歩離れた位置を保ったのとは反対の対応であった。結果として継体の政策は失敗に終わったことから、大伴氏は責任を負わされた。安閑天皇在位の間はそれほど強烈なものではなかったが、その死亡以後は政権中枢から放逐された。古くからの氏族としては物部氏のみが引き続く地位を確保することとなった最大の原因はここにあった。もっとも伝統に培われた氏の能力は後の律令の時代に大伴旅人や家持の如きすぐれた官人・歌人を生む。

稲目の強固な蘇我血統づくり

稲目は国内事業の中心となる屯倉制度づくりに献身したが、同時に強力堅固な蘇我の血統づくりにも力を注いだ。その中心は自らの努力で成功に導いた雄略系血統の天皇と蘇我の血統を結びつけるだけでなく、強力な蘇我本宗家系統を確立することであった。まず本宗家となる大幹は、稲目、馬子、蝦夷、入鹿と、それぞれの長子をあて、各次子以下とは姓などにより厳密に区別し、実力に応じて適切な任務を与えた。大枝となるのは稲目の生年順の姫と欽明の間の子の系譜で、堅塩姫(きたしひめ)系の長子が大兄となり、成長すれば皇位を継ぐことが期待される。その前に死亡すれば次子がこれに代わる、堅塩系の場合は長子の橘豊日皇子が大兄となった。堅塩姫はこの大兄皇子を含めて七男六女の欽明の子を生んだ。堅塩姫の妹の小姉姫もまた四男一女の欽明の子を生んだが、皇子に大兄はなかった。ただ一女の穴穂部間人皇女は堅塩系の大兄(橘豊日皇子)と結ばれて、聖徳太子を生んでいる。二つの大枝は繋がりながら主幹を形成し、両者が支えあう関係を固めるのが稲目の目指した方向で、序列を明確にしながら完成していった。もっともこの多数の皇子、皇女、王子、王女をそれぞれが思惑をもって記名する「帝王本紀」の記録は複雑で、混乱し、兄弟順序の誤りやその書き換え、書き違いとその訂正などを含めて混乱しており、「今即ち古今を考え、覈りて、其の真正に帰す。一たび識り難きをば暫く一つに依りて選び、其の異なることを注詳す」と、正確さを保つことの難しさを吐露する史人の注記があることで、その複雑という表現の裏にはより良い位置づけをめぐる暗闘が存在していたことを匂わせている。おそらくは事実であろう。こうしたやや踏み込んだ注記を付すのは倭人学者とは考えにくいので、続守言かもう一人の渡来系の音博士であった薩弘恪のどちらかではないか（最初の執筆計画では雄略から舒明までを続が、「大化改新」に関わる皇極以降は薩であったが、続が途中で病により執筆不能となり変更された）。

しかしこの氏族の血統重視の仕組みは大和での蘇我氏の勢力を下から支えるのに大きな効力を発揮したことは、蘇我が頂上の権威を高めたこと以上に重要ではなかったか。大和にはかつて全国を制覇できたひとりの偉大な天皇雄略がいた。そしてほとんど自滅に近い形で消滅した血統を、残された女系を介して復活させ、それを保持する天皇欽明と深く結ばれた複雑な血縁関係を形成させた蘇我氏族は、天皇の下にありながらその他の氏族とはもう一段と高い存在となったのであり、その蘇我系に組みこまれることによる氏の安定感を広い範囲でつくりだすことになる。それまで古い豪族関係を打ち壊して、天皇はただ一人の上位者としてその他の氏族をおしなべて支配するようになった社会（雄略時代）から、さらに天皇と特別に深い血縁で結ばれた大氏族が確立され、いわば天皇を背景として、あるいは天皇と並んで他を支配するという二重の支配者をもった社会関係が成立することになったわけである。しかしこの二重の支配の関係には何の問題もなかったのであろうか。

実際に『書紀』に現れた両者の関係、というよりはむしろ暗闘といったほうがぴったりする事例がある。欽明天皇が父親となる血縁系譜には蘇我系譜だけに限られず、蘇我氏に関わらない后やその妹で妃となった皇女たちの系譜もあり、天皇位の後継争いや蘇我を含めて他の氏族間のいさかいに少なからず影響を及ぼすこともあった。これが原因となる二重の関係の歪み、さらにその間の対抗関係に結果してくる。事実でいえば大きく二つある。まずはその一の事例である。宣化天皇の最年長の皇女石姫は欽明の后であるが、二人の皇子と一王女を生んだ。長子は八田皇子といい、大兄とよばれたが、成人することなく若くして死亡し、次子が渟中倉太珠敷（ヌナクラノフトタマシキ）と呼ばれ、大兄の名は持たなかったが、競争者はなく、欽明の皇位を継いで敏達天皇となった。ここでは継体が始めた大兄制はかなり守られていたようである。しかしこの敏達天皇の代になって、その皇位継承前の渟中倉太珠敷の皇子時期にすでに生まれていた王子に大兄の称号を付けたていた。押坂彦人大兄皇子である。敏達は早くから自己の皇位をその皇子に継がせる意思をはっきり持っていたことになる。一方では、欽明天皇とつながる蘇我堅塩系の長子の皇子にも大兄の名をもつものがいた。橘豊日皇子である（彼には兄がいたが年若く死亡していた)。稲目は明らかに橘豊日を後継者としたいという意思をもっていたであろう。どちらが優先されるか、難しい問題をはらんでいた。これは稲目、欽明が相次いで死亡した後のことで、隠然とした争いに進んだが、馬子大臣の手腕が勝り橘豊日が皇位を得て用明となった。その詳細は次章で話そう。もう一つのケースは、先に触れたが繰り返せば、宣化天皇の皇女で欽明の妃となった媛から生まれたと思われる皇子が蘇我の小姉系の皇子とともに馬子の命令で殺害されたことである。このどちらも馬子大臣によって天皇系に対する蘇我系の優越という状況でことが処理されている。天皇系に対する蘇我系の優位が明確となったことで、稲目とその死後の馬子の対応には断絶があることが判るので、次の第六話に改めて検討したい。

そうした小さな矛盾・対抗を含みながらも、蘇我氏は天皇と並ぶ高位置と並ぶ者のいないほどの富を積み上げた。その蓄積の主な源は、トップに大臣という内政とりわけ屯倉制度を軸としてその管理を統括する立場を確保し続けたことである。全国各地に生じる地方支配氏族の不正や相続をめぐる確執で混乱する場合多くはそれを天皇管理に移行し、それを実効化する権限の大もとを握ったことにより、蘇我への従順を示すための土地の寄進がなされ寄進された土地は、旧来の支配氏に任せる仕組みによって実質取り上げを回避する傾向が全国的に頻発したからである。同様な事態は后や皇女など次時代での生活の確保のために設定される名代、子代の所有権が時を経て終焉したり空洞化したりで不明となるケースもまた全国的に生起し、その処理についても先の手続きで中央と地方の有力氏族とのつながりのなかで処理されることになった。これらは蘇我稲目が継体代以来、吉備、筑紫などの騒乱処理の任に当たるなかで次第に制度化されたもので、多かれ少なかれ蘇我の懐を富ます重要な手段と化すことになった。逆にそれが実現しなかったケースが後の推古代にあるので、そこで示そう。さらに一般化していえば以前は「大化の改新」と教えられ、今は蘇我氏の内紛を意味する「乙巳の変」と呼ばれる政治変化で強調された公民・公田制への改革は大きな部分は上述した蘇我を最大とする「不法」な土地とそこで労働する私民を新たな支配者に移し替える変化であったといってもいいのではないか。

第六話　蘇我に擁立された諸天皇とその周辺

「東夷圏」の新情勢

倭もかかわって南朝鮮半島諸国の勢力拡張・維持をめぐる歴史に大きな変化が生まれた。古くからつづく高句麗、新羅と百済、伽耶に「任那利権」をもつ倭も加えた国々の基本的な対抗関係は、高句麗の百済攻撃を機に始まった新羅の急速な拡大がつくりだした新たな対抗関係である。そして東進を目指す百済と、西進の新羅では、そのはざまで衰退し、滅亡する伽耶諸国と倭の利権喪失がもたらされたが、百済・新羅の新たな連合による高句麗攻撃で、状況が一変し、百済の旧都・京城や高句麗の新都・平壌も百済の手に落ちた。しかしその直後、それらを新羅が奪うという結末に終わった争い（五五一年）で、再び倭との親交を求めた百済王聖（明）の政略再転換が生まれ、我が国の文化史上最も重要ともいえる初の仏教の伝来があった（五五二年）。倭との親交には新たに高句麗が加わる。倭に韓系の三国がすべて使節を送りあうという初めての時代が訪れた。この時期にあたってその新状況をどうとらえてどう対応するかの検討が問題となる。というのは新顔の高句麗は百済・新羅に比べてはるかに中国北朝とのかかわりが深く、それとの間に侵攻と親交を繰り返しつつあった。その北朝の隋はやがて長く続いた中国の二分状態、つまり「南北」時代を終わらせ、統一を達成した。五八九年であり、倭は崇峻時代で仏教受け入れ可否の蘇我・物部の対立の混乱を蘇我の勝利で収拾して政治の全権を掌握した馬子の時代が始まったことと軌を一にすることになった、その経緯を少し詳細に振り返ってみよう。

この新時代に当たって大臣となったばかりの馬子にとって、大きな障害があった。時の天皇は敏達で、「敏達紀」に「仏法を信（う）けたまわず」と記述されており、事実、造営を念じて塔づくりを始めた法興寺を止めさせようとする物部、中臣らの反佛教勢力の意見を入れた天皇の命により、仏像、仏殿などが廃棄されたとき懇願して「汝独り仏法をおこなうべし、余人は断めよ」の許しを受けた馬子は「歓悦」せざるを得なかったほどであった。この天皇には最初の后との間に生まれた押坂大兄がいた。一方で、蘇我血統をもつ皇子、橘豊日の大兄があることはどちらもすでに述べた。しかし、押坂大兄の母は早く死に、蘇我系の多数の臣らの強い要請で、橘豊日皇子と同母の豊御食炊屋媛（トヨミケカシキヤヒメ）を后とせざるを得ず、何人もの蘇我系の異母皇子・皇女をもつこととなり、後継争いでは押坂大兄が不利な状況もあった。ここで馬子大臣は蘇我の圧力でなく、思わぬ妙手で蘇我系の皇子を後継の皇位につかせたように思う。それについての『書紀』の記述にはまったくないが、私の推定である。その根拠は何かを述べよう。馬子と対立しがちの敏達天皇については話題の性格上次章で述べて、その対立がもたらした外交上の大問題としてそこで検討したい。

短期に終わった隋に代わったのは唐であったが、その歴史を記した『新唐書』で倭に関する記述のなかに、歴代の倭天皇名が列記されているが、そこに「用明、亦た目多利思比孤と曰い、隋の開皇末に直たる」の文字がある。その開皇末期（開皇二〇年）のことを、『隋書』（巻八十一東夷）の倭国の段に「倭王の姓は阿毎、字は多利思比孤、号して阿輩鶏弥（おそらくは大君）というもの、使いを遣わして闕に詣らしむ」とあり、倭国王つまり天皇が使者を送ってよこし、隋の政治高官に倭国の情報をいろいろ伝えたことが記されている。もっともこれは奇妙なことに、この隋書が編された時期の天皇は推古で、女性であり、ひこ（彦）と呼ばれるはずはなく、しかも「推古紀」にはその年に遣隋使派遣についての記述がない（隋書によるとこの年は隋の開皇二〇年で、倭では推古八年である）。作り話とも思えないので、後で解明するが、ここでの問題は、天皇の生存中の名前が「たりしひこ」だと語られていることから、かつて『記』で「帯」、『紀』で「足」で表されてきた「たらし」が二百年近くも経って、しかも外国でほぼ正確に伝えられたことに驚きを感じる。「めたりしひこ」の「め」はおそらく用明天皇の嬪の子に多米皇子がおり、それとも混同して伝わったのではないか。そしてそのことを以前隋に伝えたのは馬子との深い関係者の他には考えられないことから類推して、敏達後継の「両大兄争い」を打開するために大臣馬子が持ち出した決め手が古いしきたりの「たらし」だったのではないかと推察する。その時の深刻化しかねない皇位争いを、大臣馬子が蘇我の実勢を駆っての強行手段ではなく、相手を納得させる知恵を駆使した優れた手腕だったとすれば、まさに称賛に値する決定である。「たらしの字（あざな）を大兄に優先させる決定法」である。そしてそれを考え出すにあたって、馬子が倭国の歴史にかなり深い造詣をもっていたことが判り、まさに驚きを禁じ得ない事柄である。これは馬子の一面であるが、また他面もある。武力による強行手法である。

「宅部を殺せ」と馬子が命じた宅部とは誰か

用明天皇が皇位を継ぐにあたって、それに反抗して争ったのは押坂大兄ではなく、小姉系蘇我の皇子穴穂部であった。「用明前紀」によると、彼皇子は敏達天皇の殯（もがり）の場に乱入を企て、その場の責任者を殺した。本来、その場は後継者である皇太子一人を除いて、夜は男子が入ることは禁じられていた。喪主にあたる后の炊屋姫に面会を強要し、「次期天皇は我だ」とわめく暴力的な行動を説得して止めようとしたいさかいに大連の物部守屋も加わる事態となったが、駆けつけた大臣馬子らの調停でその場は収まった。喪がりの場を守った三輪君逆がそこで犠牲者となり命を落とすが、物部大連と穴穂部皇子の共謀による事件の性格がより深刻な意味をもっていたことが後にわかる。もっともその裏に、蘇我堅塩系の小姉系にたいする優先人選（具体的にいえば用明後の天皇位選定）についての不満が引き起こしたものではないかと思われるむきもある。しかし騒動平静化に当たってもっとも意を砕き、沈着に行動したのは、「紀」の記録による限り、馬子であり、彼の行動力に加えて、適切で合理的な判断力の高さが、ここでも事件のひろがりを鎮静化させたともいえる。用明天皇の明らかな仏教支持の意向が、崇佛、排佛両派の間に決定的な断絶をつくりだしたなかでの事件であったので、激昂する物部守屋と比較しての馬子の処置の優越さを痛感させる事件であった。もっとも物部も絶対的な廃仏主義に固まっていたわけでもなく、その基底に最古以来の氏族物部と最新興の蘇我の対立という性格もあったのではないかとも思われ、その対立を避けるための馬子と守屋の妹との婚姻で蘇我蝦夷が生まれるという和解の側面は存在していた。

ところで何故蘇我本宗系に最も近い小姉系の穴穂部皇子が、物部とつながることになったかがいわばこの騒動のポイントとなるが、そこに尾張氏の「悲劇の檜隈天皇」の影があったように思う。そのおおよそは第五話で語られており、尾張の不満はあったがそれ自体大きな問題にはならなかった。しかし処理不十分の残り火があった。それが一挙に燃え上がったのは、用明天皇が二年の短い皇位期間を流行り病（疱瘡か）で終えて、後継は小姉系の泊瀬部皇子に決まったことにあった。蘇我系の団結強化のためになされた大臣馬子の判断に違いない。これにたいして、物部守屋は泊瀬部の兄の穴穂部皇子を強く後継に推して、軍事強行もひそかに計画されたのではないかの憶測も流れた。それを思わせる「謀泄りぬ」（はかりごともりぬ）の文字が「崇峻前紀」に書かれる。この穴穂部・物部連携の裏でコトを謀ったのが「宅部（ヤカベ）皇子」であった。もっともこの皇子の系譜は全く不明である。「皇子」の呼称をもつのだからもちろん欽明が父である。母が誰かは断定できないが、檜隈天皇と橘皇女の生んだ皇女の三人の姫のうち年長姫の石姫が欽明の后となり、残る二人も妃となったその二人のうち、年長の稚綾姫の媛がうんだ石上皇子か、末姫の日影皇女の生んだ倉皇子のいずれかに絞られる。「崇峻紀」に残された注記（「宅部皇子は、檜隈天皇（宣化）の子、上女王（かみつひめおおきみ）の父なり。未だ詳ならず」）の内容からいって、前者と推定したようで、私もそれに従いたい。その判断の根拠は見当たらないと注では書いてはいるが、実は明確である（このことから言って注を書いた史人は続ではない。彼の注はこれほど婉曲ではない）。その根拠は石上の文字の「上」である。石上は古くは大和における物部の本願の地であり、ゆかりの石上神社の所在地でもある。氏族の造刀部がつくった刀千本を治めたという古い言い伝えで、当時の大和の武力の根拠地で知られたこの石上神社は、かつて百済の王が倭に送った七枝刀が収められていることでも有名である。この事件当時物部の根拠地は難波に近い河内に移っており、石上の地は蘇我系の氏族に所領が移っていたようである。そこで育ち、蘇我系のいずれかに系譜付けされたのであろうが、結局小姉系に属し、穴穂部皇子との親交関係もつくられた（注では上の字だけが残されており、氏の名も変わったのであろう）。皇子は成長の過程で、自分の父と母が受けた蘇我の非人道的な軟禁生活の事情をさまざまな人から聞いていたに違いない。もともと物部の領地であった石上には物部に心を寄せる人が根づいて暮らしており、そうした機会は結構数多かったのではないか。成人し、小姉系に組み込まれた上皇子は宅部皇子として暮らすうちに、穴穂部皇子ともっとも近い関係となって交流し思考を深める中で、蘇我本宗系の人々に対する反感の情をさまざまに洩らしあい、それが穴穂部皇子の感情に固まりとなって、物部に好意的な性格を強めていったのではないか。一方で、物部は蘇我に対抗する重要人物として穴穂部を密かにに支援していた。その一つの爆発がさきの穴穂部事件であり、今次は武力による対決となった。物部側の武力行動準備に対して馬子側は機先を制した。用明天皇の薨去後で、また次の崇峻天皇の即位前であるから、馬子が行動を権威づけるために求める裁可の権限は殺された穴穂部皇子とは同母の用明の后・穴穂部間人皇女（あなほべはしひとのひめみこ）（聖徳太子の生母）のはずだが、馬子がそれを求めたのは炊屋姫（敏達の后）であった。蘇我氏の内部でいえば格上だったためか。いわば蘇我の横暴の大きな一つではあった。しかしそれは蘇我にとっては獅子身中の虫退治であって、蘇我をより優位にし、蘇我政治強化に結果した。また蘇我・物部関係の解決を軍事衝突以外にはなくすことにもつながった。

蘇我・物部戦争とその後

この結末を悲しんだ出家尼らは、馬子に対して「百済へ渡り、戒律を学びたい」と願い、来倭の百済使節の帰還に伴われて幾人かが彼の地に渡った、それほどこの社会においての衝撃的事件である。その衝撃以上に広まったのは仏教帰依の流れである。仏教に関わる国外との往来はまずはじまった百済に限らず、僧を送ってきた高句麗、新羅、そしてこの三国が競って封冊していた隋へとひろがっていった。また倭人の男子で、中国に渡り仏法修行を志す者も出てきたほどである。穴穂部・宅部の二人の皇子殺害事件の月が替わった直後、大規模な蘇我・物部戦争が起こり、大臣蘇我馬子と泊瀬部、竹田、厩戸ら皇子、各氏の将軍率いる大軍が守屋邸の少数の守衛兵らと直かに干戈を交わす大規模な戦いが、守屋邸宅のある河内澁河（現東大阪）で行われた。その壮絶な戦ぶりは「崇峻紀」に詳しく書かれている。馬子の妻は守屋の妹で、守屋居宅の模様を熟知した馬子軍は、その弱点を突く奇襲で、守屋側は混乱したが反撃も強烈であった。「崇峻紀」の記述をかかげると「大連、衣摺りの朴の枝間に昇りて、臨み射ること雨のごとし。其の戦、強く盛にして、家に填ち、野に溢れたり。皇子たちの軍と群臣の衆と、怯弱（よわ）くして恐怖（おそ）りて、三廻却還く（みたびしりぞく）」という激戦となった。このなかでもっとも勇敢に戦ったのは厩戸皇子（聖徳太子）で、少年風に結った髪を解き、手製の仏像を額に縛り、「今若し我をして敵に勝たしめ給わば、必ず護世四王の奉為に寺を起立てん」と叫んで、前進したと、そのすさまじさが書かれている。それでついに守屋は打ちころされ、勇気づけられた馬子軍は、後背の守屋の大軍を四散させた。馬子大臣も勝利すれば寺塔を建て、三宝を広めると諸天王・大神王に誓った。法興寺、四天王寺などの縁起に書かれた模様も引用されて語られている。

戦のあと、即位した泊瀬部皇子は崇峻天皇となる。小姉系の彼が皇位についたのは、炊屋媛大后の強い要望もあったが、穴穂部皇子殺害事件で揺らぎかねない蘇我血統の弛緩を防ぐために馬子のとった対応策の一環であったことは間違いない。馬子はさらに弟の摩理勢の存在にも注意を怠らなかった。彼を氏族を束ねる中心として位置づけ、境部臣として重用し、新羅の拡大を抑える大軍を南加羅に送った時（推古八年）には大将軍として、統率させるなど、蘇我系主幹の一部としての地位を保障した（ただこの任那上陸は事実ではないという説が濃厚であり、後述する）。戦ののちに皇位を継いだ崇峻は馬子（むしろ炊屋姫）が望んだほどの期待に副うことはなかった。慣例とは違って、連の大伴から后を娶り、馬子の不興をかった。そして拡大進む仏教崇拝の流れにはさして関心を示すことなく、東山道、東海道、北陸道など地方状況の視察使を送ったり、新羅に滅ぼされた任那復興にことよせて、筑紫に大軍を派遣するなど、独自行動（もっとも最高位者としての当然の行為である）が目立った。おそらく、馬子との心情的な離反があったように思う。その離反をいくらか覗かせた言動をとらえて（猪肉を食した時、近くのものに「朕が嫌しと思うところの人を断らん」と軽口したこと）天皇殺害を図った馬子の行動の真の理由を推測することは、「崇峻紀」の記述からは不可能である。兄弟皇子であった穴穂部皇子殺害の根深い反感を嫌った可能性はある。

しかしこの間の法興寺建設にかかわる記事の多さにはいささか驚かされる。物部との戦に際して、神仏に法興寺建設を誓ったことは前言したが、直後の崇峻元年に早くも雄略天皇代の呉使節ゆかりの飛鳥衣縫造の家を壊して、寺づくりが始まった。その年すでに寺つくりの工人や指導の僧侶を百済などから呼び寄せ、同三年には寺の木材を集め、推古四年には完成させている。この間わずか十年しか経っていない。同じ戦いで建設を約した聖徳太子の四天王寺は、推古元年に建設が始まり、推古最晩年の完成で三十年をかけているのと比べてみれば、そのスピードは驚異的であることは明白であろう。このスピードの差はもちろん政治権力の差である。それは、殺害された天皇崇峻の後継選びにはっきりと表れる。崇峻殺害の時、少年風に結った髪を解いて、額に手製の仏像を結わえて奮戦した聖徳太子は、二十歳そこそこの若者に成長していたと思われる。聡明で知られる厩戸皇子が戦場で目立って奮戦したという記述から、次期天皇の後継という声があったに違いない。先の用明天皇の第二子であり非のない素性と高い能力をもった皇子でもあった。若過ぎるという声もあったかも知れない。しかし後継決定に最大の権限をもつ馬子が亡き父・稲目を継いで大臣となったのはやはり同じ二十歳を過ぎたばかりの若者であった自己の経験を思い出せば、若さゆえの非選択はあり得ないのではないか。そうしたなか、馬子が選んだのはすでに崩御した敏達天皇の后であった炊屋姫である。かつて崇峻を強く推した彼女に後継の責任を取らせたという見解もあるが、崇峻に明確な失策があったわけではない。考えられるのは天皇殺害というショックで多少とも緩みかねない蘇我系氏族の動揺を、しっかりと受け止められる安定性がかわれたということであろう。

その安定性とは、稲目以来の念願だった仏教崇拝の中心となる法興寺(飛鳥寺)の建設も順調であり、仏教に伴う新たな文化の流入も盛んで、その受容をつうじて新たな国づくりを進めて、新羅、百済や高句麗と並んで中国との交わりをもち、倭の旧権益の回復をもとめて新羅への圧力とする願望が実りつつあるという想いを現実のものとすることだったであろう。その完成のために必要なのは国内政治の安定であり、蘇我の結束の維持であったが、それに最もふさわしい人物であり、先の天皇の后の時期も長く、政治にも慣れた炊屋媛以外にはないというのが馬子の判断である。「推古前紀」の冒頭に、恒例の天皇への賛辞として、他に例を見ない「進止軌制」（ふるまいとどのいみだれなし）と書かれているが、それは馬子の願望そのものでもあった。馬子は同時に厩戸皇子を太子とし、政治の援助を期待した。推古天皇と上宮厩戸豊聡耳太子の出現はどちらも目玉であった。推古四年法興寺がそのすぐ後に完成し、高句麗の恵滋、百済の恵聡が来て、「仏教を広めて、並びに三宝の棟梁となる」と記されている。しかし「東夷圏」の状況はそうした内部状況のみで安泰を喜ぶような平穏なものではなかった。

このように万事馬子の意図に沿って事態が進むなか、うまく進まないのが対新羅政策である。推古八年、先に触れた境部臣（蘇我摩理勢）の任那（南加羅）への軍事圧力の記事で、新羅が来貢し、任那への圧力はしないとの誓約があり、軍を引き上げたが、再度の進出があったとの文がある。こうした安易な「つっかけ」で処理できるほどの甘い事態ではなかった。そうした対応に止まらざるをえなかった程度にしか事態を読みとっていなかったというべきであろう。翌九年、来目皇子が兵を率いて任那行きを企てたが、皇子の病で中止された。このことに業を煮やしての馬子が強く求めたのが対隋交渉だったのではないか。それを中心に見ていこう。先走ればこれも見事な「空振り」で、無為な「三振」に終わった。

「不遜国書」問題の処理をめぐって

「日出ずる処の天子、書を日没する処の天子に致す。恙無きや云々」は隋の大業三年倭の王多利子比孤（タリシヒコ）が隋の煬帝に送ったといわれる国書の冒頭の語として知られており、隋と倭の対等な交流を示そうとしたものとして画期的といわれているが、不思議なことに、『日本書紀』にはこの話題は一切ない。大業三年は推古一五年で、この女性天皇が「タリシ彦」であるはずがない。この文はもっぱら『隋書』に依ったものであり、「云々」で終わっている。書面を見て煬帝は「蛮夷の書、無礼なるもの有り復た以て聞する勿かれ」と激怒した状況を『隋書』は詳しく書き記している。

しかし不思議なことにその翌年、隋は国書を携えた使者を送ってよこし、倭国王と会し「冀わくは大國維新の化を聴かん」と問われたので、使者は「以王慕化、故遣行人来此宣諭」と答えた、日本語に変えていえば、「（倭）王が化を慕うのならば、行人（使者）を遣わしてここ（つまり皇帝のもと）に来させれば説諭しよう」と述べ、続けての使者の派遣を促し、帰国のときその使人（小野妹子：中国名蘇因高）を同行させ朝貢させたと書いている。これにたいして「推古紀」の記述では一五年に小野妹子を使者として隋に送り、翌年妹子が隋の使者ら十二人を同行して帰国し、難波の港で飾り船三十艘を出迎えさせ歓待した。使者と会した天皇が隋帝に深く感謝し、「東天皇敬白西皇帝」で始まる挨拶をした。わかりやすくいえば、東の天皇は敬して西の皇帝に挨拶するということで、前の「不遜」な文面問題はまったくない。そして

「(今回の遣使で）長い間の思いが理解できた。皇帝はお元気か、こちらもいつもどおりである。また再び妹子らを派遣させる」と通常の挨拶が交わされているだけである。そして八人の学者、高僧を妹子（「紀」でも彼を蘇因高と呼んでいる）に同行させて派遣したと書き、その段の最後に「是歳新羅人多く化来けり」とあり、この隋との使節交換が新羅の対倭政策に良い影響をもたらしたと書いていることで、馬子の思惑が当たったということのような書きぶりである。

しかし私はこの倭・隋両者円満で満足という幕引きで済ますわけにはいかない。何故なら、中華思想の権化ともいえる中国皇帝が、無礼に怒って次の年に使節派遣をするはずはないので、その裏はなにかあると詮索せざるを得なかった。天皇と会ったはずの隋の使者（裴清世）は日本の天皇が女性であったということを彼の国で口外していないことも不思議の一つになる。何故ならば、『隋書』では「国書無礼」事件の七年前に最初の倭遣使があり、そこで天皇の姓は天、名前（字）はタリシヒコという事情を知っており、ヒコが男であることは承知しているからである。そのことを併記して、なお疑問も呈していないはずがない。さらに小野妹子がわずか一年の隋滞在で隋・倭ともに蘇因高の名で通じ合うこともいささか疑問である。裴世清との意思疎通の良さから考えれば両者の間には長い交流があるはずである。ともかく未解決の疑問が多すぎる。この件について、諸疑問を解いておきたい思いに駆られるのは私一人であろうか。以下は私流に解いた答えである。

まず、「紀」が書かず、「隋」が最初に遣隋の使いがあったとするその使者について、それは誰か、その派遣を指示したのは誰かである。「隋」は派遣を指示したのは、天の姓、多利思比弧の名をもっている倭国の天皇だといっている。しかしその歳は倭で推古八年であり、「比弧」ではあり得ない。天皇を代理する男であろう。馬子以外には考えられない。彼はまえまえから対新羅政策には隋との交流を背景とする倭の「東夷圏」での地位の向上の必要性を認識していた。雄略の事績から学んだことであろう。少なくとも推古即位以前に渡隋して状況を深く把握できる人物をえらび、学僧らとともに送り出していた。推古以前というのは、天皇が男（つまり彦であるという情報）であるといっても不思議ではない人物がそれに該当するからである。同時に「たりしひこ」情報を伝えているので、その名で呼ばれたとされる用明即位以後の時期である、とすれば、それは崇峻時代の外にはない。「崇峻紀」の元年、馬子は法興寺建設を決め、多数の工人・僧侶が入国し、また仏法修行を希望する尼僧、学者の出国のあったことが記録されている。このなかに、馬子の密命を受けて、検討が始まっていた我が国の官位・位階制の習得のため私的な資格で隋に滞在し、とくに鴻臚館（外交担当部署）を中心に倭と隋の諸事情の交換・交流に努めた人物がいたはずである。妹子ではないかと思う。数年のうちに中国に馴染み、蘇因高の中国名をもらっていた。「いもこ」が「因高」に通じるものがあり、説得力はある。そして彼は推古八年、隋では文帝の開皇二十年馬子から帰国を命じられ、公式に帰国許可をえて、倭派遣使者として鴻臚館に記帳された。これが『隋書』のいう第一次遣隋使の実態ではないか。『紀』にその派遣の記録を欠くのは当然である。

次に第二次遣隋使の持参した国書は誰が書いたか、その意味は何かについてである。世情、聖徳太子が書いたという説がある。しかしこの当時の太子は難波の四天王寺の建立にあわせて斑鳩に法隆寺建設の企画も加わって、都を離れることが多く、外交的任務を背負える暇はなかったのではないかと思う。さすればこれもまた馬子以外には考えられない。この年、推古八年には、境部臣が軍を率いて南加羅にわたり橋頭保を築き、新羅を牽制したが、効果はなかった。馬子にとって隋をバックにした外交をいやがうえにも痛感した時でもあった。隋と対等に交流しあっていることは、封冊に甘んじている新羅に対する大きな圧力となるはずである。その意識が国書に直に現れたのだろか、日出は東、日没は西という意味であえて「日出国の天子」「日没国の天子」の意図を簡単に通じ合える関係でないことは明白であったが、筆の走りすぎを抑えきれなかったのであろうか。新羅状況の深刻さの反映であることは間違いない。皇帝の怒りをかうことは明瞭であり、まさに馬子の筆の誤りである。

隋帝・煬帝の怒りが鎮まったのはなぜか。「勿復以聞」の怒りはどうなったのであろうか。もちろん資料を読みながらの推測であるが、この問題に関わった倭の蘇因高と隋の裵清世の親交関係を巧みに利用した馬子が策略を駆使し、それを可能とする知恵と実行力を発現させたお蔭で、隋帝はじめ倭の高官たちを「煙に巻く」はなれ業を演じることができたといえば読者は納得されるだろうか。つまりこうである。まず、清世が帝に強く叱責する国書を送ることをすすめる。怒りで得られる利よりも謝罪を促すことの国益の多さを強調したかもしれない。その使者も清世自らがかって出た。翌年、その謝罪要求の国書を持って因高が帰国する。その途中に仕掛けをした。それが「推古紀」に書かれている。推古一六年六月、一行を乗せた船が難波に到着し、新築した休息の館で出迎えの中臣某にたいして因高（妹子）は帰途百済に立寄った際に預かっていた国書を盗まれたと報告した。群臣が協議し、「夫れ使いたる人は死ると雖も旨を失はず。是の使い何にぞ怠りて、大国の書を失うや」と詰問され、流刑が決められるが、天皇が勅して「妹子、書を失う罪有と雖も、たやすく罪すべからず」。しかも隋の人に知られてもいけないとの指示で、暗黙の裡に許された。大使の清世は、受け入れの式典で、遣使の言葉として文を読み、「わが皇帝は倭の天皇が使の蘇因高たちを遣わし天皇の思いを聞いて、よく理解した。海路遠い道を経て、ねんごろな気持ちを伝えてくれたことを知り「朕嘉することと有り」と了解された。そこで「今回使者を遣わしてその意を述べさせ礼物を送ることにした」と、皇帝の怒りと叱責とはおよそかけ離れた辞を述べた。その後の天皇との会話は前言のごとくで、すべてが満足できる形式がきちんと整えられていた。もっともこの筋書きでは裵世清がそれをすべて了承していることが前提である。多大な賄賂の翳も浮かばないわけではないが、深読みに過ぎるか。

もう一つ、推古天皇は「彦」ではなく女性だということは気づかれなかったかという点が残るが、式と会話の形式はすべて仲立ちがおり、書を庭の中央に置かれた机に置くと、担当役が別に置かれた御座に運び、会話も同じ形式で交わされるので、直接の出会いも、言葉の直接の交換もない。裵世清が真実をどこまで知っていたかどうかは知る由もない。すべては馬子の描いた通りに終わり、後の残ったのは、小野妹子が大禮から特進して大徳に昇格したこと、そして前述のように、新羅への圧力にいくらかの効用になったかもしれないことである。それがたとえ一時の事であったとしても、馬子にとっては「快哉ごと」で終わったというわけである。が、それだけで済む事件かどうか。一つ違えば怒りの爆発で隋の大軍が倭に来寇したかもしれないほどの危機状況だったはずである。「日出ずる倭と日没する隋」の文言に快哉を叫ぶわけにはいかない。この国書問題は、実際は彼馬子の数少ない汚点の一つである。

聖徳太子と馬子

ここでは馬子を中心に話を続けてきた。しかし「推古紀」では、聖徳太子が太子としての政治能力より仏教思想の大きな功績を残し、また貧者に対する慈悲深さについても紙幅を割いて、大いに称賛を得たことが記述されるなど、馬子と並んでその存在の高さを思わせる。前者については推古一四年に、「天皇、皇太子に請せて、勝鬘經を説かしめたまう。三日に説き竟へつ」、「亦法華経を岡本宮に講く」とあり、天皇は感謝して田百町を送った記事が目立つ。前者について、用明の子聖徳太子は經を講じた時天が曼荼羅華を降らしたとわざわざ紹介している。後者では推古二一年、道で出会った飢者を起こし、食物を与えゆっくり休ませたことが、歌を付して紹介されている。その数日後、近習者の確認でその飢者が亡くなってそれを埋葬した土地から遺骸が亡くなり、衣服が畳んで置かれていたことで、時の人々が「聖の聖を知ること、それ実なるかな」と噂したという記事がある。話ができすぎており、太子をたたえる作り話と思えるが、さほどにも慈愛に満ちた人物だったことを強調する話であろう。

太子のもっとも大きな功績として、「憲法十七条」を作成したことが挙げられている。中国伝来の儒教の精神を十七に分けて分かりやすく、推古朝にふさわしく仏教風に説いたこの「憲法」は日本人ならばどこか一部なら誰でも知っているに違いない。だが、その名声にふさわしい内容かどうかについては異論も少なくない。先ず、全文から受ける印象は、内容の高潔さや時代を貫く理念の深遠さは率直に言って伝わってこない。第一に和がかかげられ、家族、近隣に意思の相違があっても、「上和下睦」で事を論じれば、「側事自通」となり、何事もならぬことは無いという論法ではさほどの説得力はない。儒教の親に従え、君に忠たれと何ら変わるところはない。仏法はそれを超えたところを説いているはずである。

すべてを論じるつもりはないが、もうひとつ、六の懲悪勧善でいえば、確かにそれは古来の美風だが、強調されるのはその逆の場合で、善を隠し、悪にへつらい欺くものは国を危うくし、人民を苦しめる剣で、上に向かっては下の誤りを伝え、下に向かっては上の過ちを誇ることは君に忠なく、民に仁なしで、それが乱のもとだという。上位者の善悪判断の正確さを求めるという意味では、一と変わりないが上位者こそが世の安定をつくりだすという志向が一層強い。太子の考えというよりは、大臣の意向という感が強い。「憲法」の制定者が馬子とは断定しないが、その優位の下での太子との合作だという判断ならば誤りとはいえないであろう。官位・位階制が実行し始められる時点での上位位階者への戒めだったのではないか。いずれにしろ、推古代での聖徳太子の役割は高いとは言えない。太子はすでに推古九年に斑鳩に宮（法隆寺か）を作り始めており、飛鳥を遠く離れた土地で暮らす時間も多かったわけで、政治への関心は弱まっていたのではないか。それ程に馬子の権力が大きかったということであろう。蘇我本宗家を過剰に否定的にとらえる『書紀』の性格からいえば、聡明にして高潔な聖徳太子のイメージづくりもまた同書ならではの感がなくもない。

欽明天皇の御陵を改修してその妃だった堅塩媛を埋葬しなおして、改めて蘇我氏本宗家の意向を都に輝かせた推古二〇年、天皇推古は「真蘇我よ　蘇我の子らは　馬ならば日向の駒　太刀ならば　呉の真刀　諾しかも　蘇我の子らを　大君の　使はすらしき」の歌を詠んだと記述されている。最絶頂の馬子時代である。推古二九年、太子、大臣の二人による国の公式記録百八十部を書き終わるという記述がある。しかし推古代晩年の事であり、太子が参画していたかは疑わしい。むしろ馬子の子蝦夷の手によるところが大きいのではないか。もう一人、早く随に渡り、「天皇の姓は阿毎（アメ）、字名は多利思比弧（タリシヒコ）」などを伝えていた小野妹子が深く関わっていたのではないか。その記録は蘇我本宗家に保管されたが、「乙巳の変」（大化改新）の時、焼却された。だが、一部は消失をまぬかれて中大兄皇子の手に渡った。

一方、四天王寺の完成直前にして、聖徳太子は病没した。さらに推古三四年、馬子もまた病没した。たった一つだけ馬子の願いを拒んだことのある（第十話で叙述）推古天皇は、生死のみぎわに後継者を示して崩御した。三十六年の長きに及ぶわけで、稀にみる長寿の生涯であった。用明から推古までのうち、崇峻天皇を除いてすべて馬子を持ち上げるための役を果たした。例外の崇峻天皇はそれをせず自己の思いにもとづいて政治を進めようとしたために命を絶たれたと纏めたら少々言い過ぎかもしれないが、大きくは外れていないのではないか。

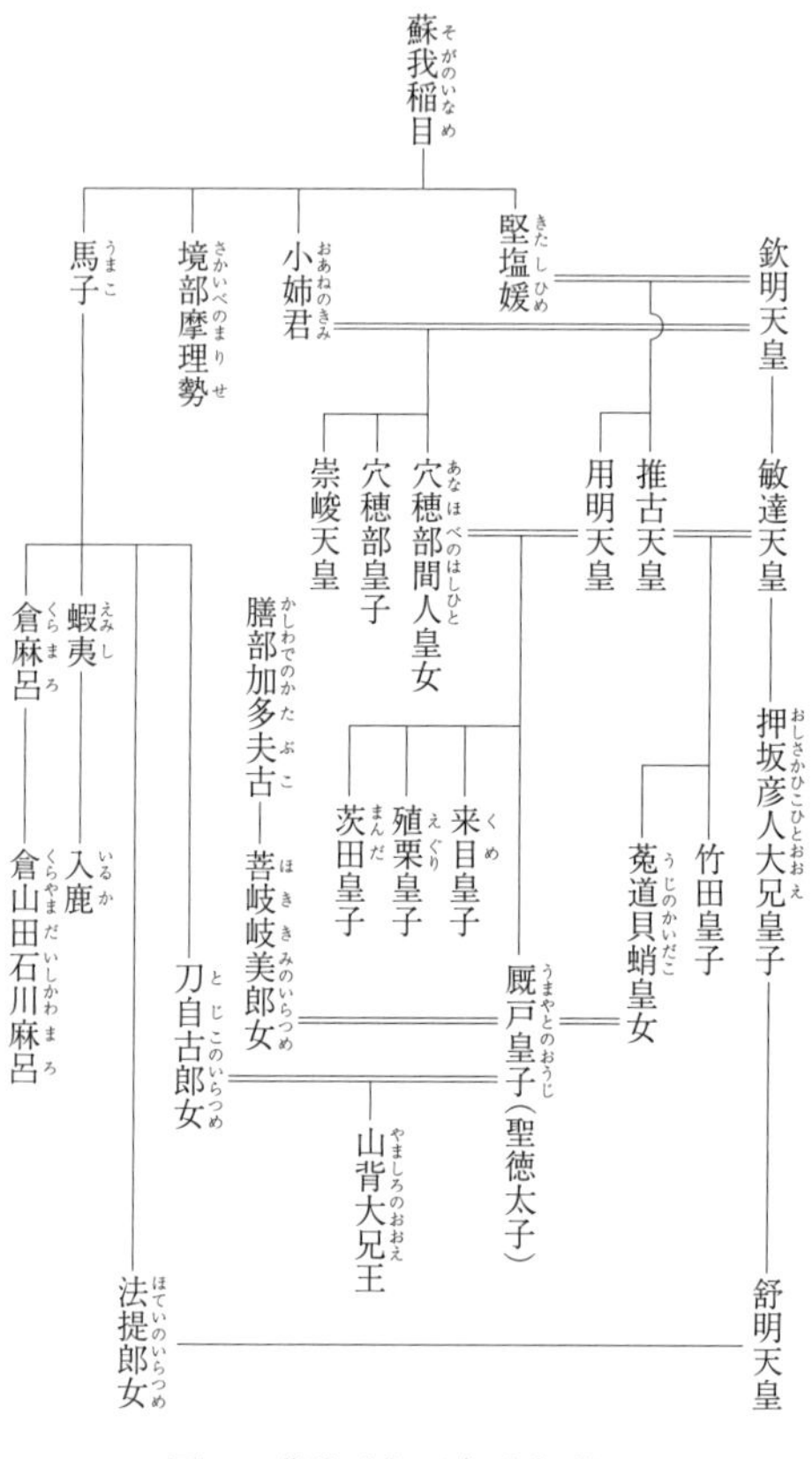

図12　蘇我氏と天皇氏家系図

第七話　非蘇我系の天皇出現の奇蹟

前話で詳しく書いたが、蘇我本宗家を幹として四方に小枝を張りめぐらし、数多くの臣や大夫など天皇が裁断するためのマエツキミの場を数で支配して、大臣の意向に沿う政治が実行できる体制を維持し、また主要な皇子には必ず蘇我系の姫を后、妃、あるいは嬪に配して蘇我の意向を強く押し付けることで、稲目が目指した蘇我血縁集団のネットワークによるヤマト政治支配体制が完成してきた。時には蘇我本宗家の力が、自分たちの努力で成し遂げて再生させたクサカ系天皇欽明を利用して、それを代替しあるいはそれを上回る権力を発揮する場合もあった。前話はそのいくつかを語ってきた。そうした時代に、その網から外れ、蘇我の影響をさして受けることのない政治の流れを可能にする系譜が形成されるということは、まさに「奇跡」であった。それはどのように形成され、何を目指し、結果として蘇我氏族集団にどのような影響を与えたのかを語っていきたい。

高句麗使節の漂着と倭国の対応

話は若干戻るが、「欽明紀」の晩年に高句麗使節が越（北陸道沿岸）に漂着し、地方官吏がその貢ぎ物を詐取して放置し、海岸を漂流するという事件が起こった。蘇我稲目が没した年、欽明三一年のことである。それを都に訴えたのは、能登の江沼臣である。江沼氏は第五話の継体天皇の系譜に触れた際、その中間に余姓をもった女性があると指摘し、「余奴の祖」という添え書きのことを述べた、その余奴氏の後裔である。偶然かどうか、この百済系の氏族が高句麗使節の遭難を都に告発した。その訴えが欽明天皇に通じ、「高麗（高句麗のこと）道に迷いて、始めて越の岸にいたれり。漂い溺るるに苦しぶと雖も、尚性命を全くす。豈徽猷（あによきのり）広く被らしめて、至徳巍巍（いたれるいきおいさかりにおおき）」と詔した。

きわめて難解な文章で分かりづらいが、溺れて苦しい中、無事でよかった。よく介抱して十分な仁徳を及ぼすようにといった意味である。ついでながら付言すれば、「欽明紀」の叙述で欽明の人間らしさを感じさせた記述はほとんどなく、生年も年齢も幼名、字名すべてが不明で、隠されているとしか思えないが、その唯一の例外がこの詔である。稲目の死亡直後だったこととの関係があるかどうかは不明だが、検討すべき事項ではある。高句麗は朝鮮北部から中国東北地方にかけての強国で、しばしば百済を襲い、また新羅とはときとして交流したが対抗して戦うときもあった。そして倭国への正式の使節派遣はこの時が最初であった（非公式には仁徳前期に一度あったが、時の皇太子は「無礼」としてまったく見ることもなかった）。欽明一一年に百済が敵対してきた新羅と和して共同して高句麗を攻めた。国内の乱れもあり、高句麗が大敗し、百済の旧都京城も自国の首都の平壌も百済に占拠されたが、その直後新羅がそれらを奪い、勢力を伸ばした戦いがあった。百済の聖明王が仏教を日本に伝え、援助を求めたのはその直後である。こうした新情勢の下で、高句麗の対倭使節が送られたわけだが、最初のことで入港などに関する情報もなく、日本海を漂いながら遭難に至った出来事である。調査のために船は外国使者の正規の港の難波に曳航され、さらに木津川を上り北近江に到ったと「紀」には書かれているが、何故日本海から瀬戸内に廻船させたのか、その理由は判らない。調査の実務担当が北近江の豪族だったというのがその理由であろうか。ともかくそこで綿密な調査がおこなわれた。その責任者が欽明天皇の第二子の訳田渟中倉太珠敷（おさだぬなかくらふとたましき）（長子の大兄皇子は早く死亡）太子であった。

北近江の古くからの有力豪族息長氏の本拠（現米原市）を中心に遭難、地元官人の不法略奪など多面的な調べがなされたようである。太子はそこに長期滞在するうちに、息長氏の広姫と結ばれて長子が生まれた。押坂彦人大兄である。初めての国の使節が対象であり、彼の国の国情も含めて綿密に行われたに違いない。加えて、この事情の調査は情報を最初に都に伝えた江沼氏からも行われたであろう。この江沼氏の系譜から考えれば、様々な朝鮮半島諸国の状況も話題となったと思われる。これまで主として百済経由の半島情報にとどまっていたことからすれば、倭の指導者がその他の国々の貴重な情報を直接耳にすることができたという意味で、太子は百済、新羅、高句麗三国の間の複雑で変貌激しい鼎立関係の実情を新たに知ることができ、その中で倭国がいかに対処するかについて種々考える機会を得たわけである。そうしたなか、欽明三二年、天皇が崩御された。稲目死去の一年後であった。その享年についても「時に年若干」と書かれていて明かされていない。「厳重な個人情報管理」はやはり最後まで徹底されたままであった。その崩御の時太子は都を不在していたと「紀」は書いているが、恐らく北近江にいたのであろう。稲目の死が高句麗船遭難事件の直前であり、それが天皇の聞くところとなり、人の情篤き天皇の思いを込めた勅命によってやがて皇位に就く太子が直接その対応に当たったおかげで、朝鮮半島など東夷諸国の新たな見聞に接することができたということはまさに奇蹟的であったというほかかない。

非蘇我系天皇の系譜をめぐって

蘇我馬子は若干二十歳そこそこで大臣となった。そしてその時すでに敏達天皇は近江の息長真手王の姫、広姫との間に生まれた押坂彦人王子に大兄を付けた。広姫はその後二人の皇女を生んだ。后になって四年の短い生涯を終えたが、天皇はさらに春日臣の姫老女子（おみなご）夫人と伊勢の豪族の采女菟名子（うなこ）夫人（どちらも蘇我系ではない）を得て、三皇子、三皇女を得たが、そのあと、蘇我の大臣、臣などの強い要請で堅塩姫の生んだ皇女炊屋姫を次の后とし、二男五女の皇子、皇女が生まれた。その一人菟道貝蛸（うじのかいだこ）皇女は聖徳太子と、また一人小墾田（おはりだ）皇女は押坂彦人大兄と、そして最後の一人田目皇女は田村王子（後の舒明天皇）と、それぞれ結ばれた。こうして蘇我馬子は敏達天皇を蘇我血統の枠内への閉じ込めに成功したようだが、押坂彦人大兄が、馬子の推す用明天皇の実現によって天位を得られなかったことで、結果的にその血族集団から解放されて自由な立場に置かれることになり、急速に緊迫化した仏教をめぐる蘇我・物部戦争においてどちらにも積極的に加担することがなかった。物部派は大兄を一時は次期天皇候補と考えたのか、彼らの呪詛を受けたが短期で解かれ、その後はむしろ物部派を支持したようである。（「用明紀」に「太子彦人皇子の像をつくり厭（まじな）う」の文言があるが、すぐ効なしとして解かれ、「帰りて彦人皇子に水派（みまた）に付く」、つまり物部派の側に付いたと書かれている。水派は河内にも近い地（現奈良・広陵町）で、物部の拠点のひとつであり、大兄が飛鳥の権力群から離れたことを言ったものであろう）。しかしその後は名が現れることはなかった。早死したかも知れない。しかし彼の思いはその子田村王子に託されたように思う。田村王子は推古天皇の後の天皇舒明として皇位を継ぐが、その和風諱がオキナガタラシヒヒロヌカとされたことからの推察である。彦人大兄皇子は母が近江の息長氏の姫であり、父が果たせなかった「たらしひこ（中国風に言えば、たりしひこ）つまり天皇になる」という想いを在位中のさまざまな折に示していたことを内に込めた諡号に違いない。その舒明天皇が押坂彦人大兄の孫の宝王女を后とし、そして中大兄皇子を生むことで、明確な非蘇我系の天皇系譜が形成されることとなったのである。

田村皇子と並んで推古天皇を継ぐ候補とされたのは聖徳太子の子山背大兄皇子である。太子の令名もあり有力な後継者とされたが、田村・山背のいずれとするかという決め手はなかった。

この最後の選択が迫られた時はすでに馬子は死んでおり、馬子を継いだ蝦夷が大臣として判断すべき立場ではあったが、馬子ほどの決断力はなく、蝦夷の弟の倉麻呂の推す山背大兄支持を拒み切れず、いたずらに時を過ごした。「推古紀」を読む限り、天皇の意向は田村皇子に傾いていたことは明らかだが、山背大兄を推す馬子の弟摩理勢の意に反しての決定では蘇我の団結を破壊する恐れがあり、最後の決断を蘇我系マエツキミ層の決定にゆだねざるを得ず、曖昧さを残したままであった。多数の意見を背景とした蝦夷と、最後まで意向を変えず馬子の墓づくりにも加わることを拒み続けた摩理勢の対決は、結局武力を借りた解決でキリが付き、後継は田村皇子に決まった。無念の山背大兄がこの決定に納得せざるをえなかったのは年齢の上下であったようである。

この経過は強力を誇った蘇我血縁集団が統率力を弱体化させてきていた結果であって、このほころびの始まりはその後急速に進んだ。摩理勢はこの混乱の元凶として非難が集中し結局殺されたが、蝦夷、入鹿の蘇我本宗系と勢力を増した蝦夷の弟の倉麻呂やその子石川麻呂らの石川蘇我系の分裂が大きくひろがることとなった。つづく舒明後継を見越した三人の大兄の争いはさらに複雑な様相が予測された。が、事態は意外な出来事がいくつも重なって短期間に結末を見た。簡単にその概略を書いておく。まず、田村皇子に順位を譲らねばならなかった山背大兄は当然次の皇位を期待した。「汝は肝稚(わか)し」と推古に諭されて諦めざるを得なかったが、次には年齢で第一位であり皇位に最も近いと山背大兄は考えたに違いない。しかし舒明崩御後の皇極元年、蘇我本宗家との間で小競り合いがあった。蘇我氏による蝦夷・入鹿のための墓づくりが行われ、かつて聖徳太子が皇太子として与えられた土地の部民を勝手に使用したとして上

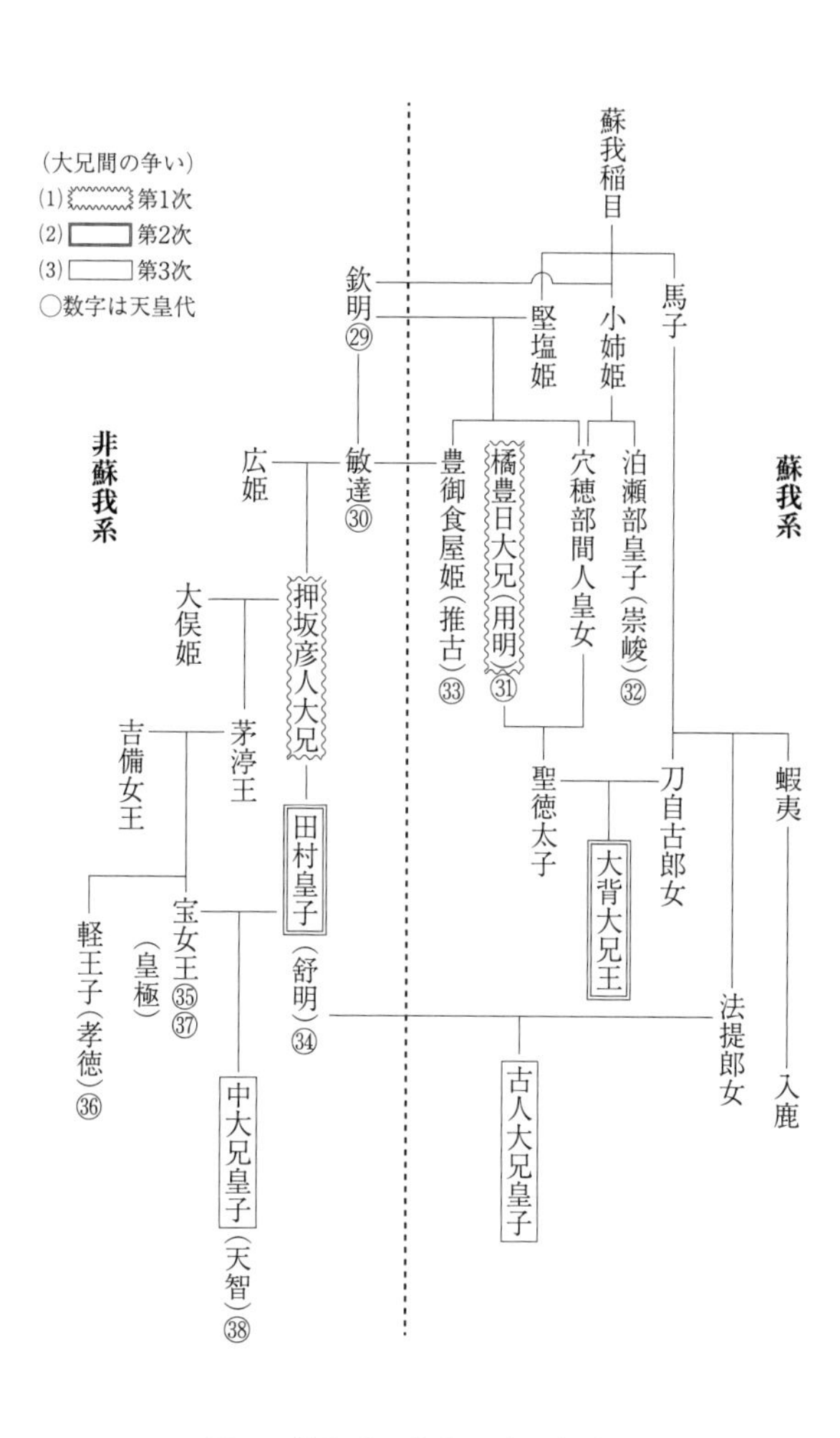

図14　蘇我系／非蘇我系天皇系統

宮（聖徳太子）側の反発を受け、それに怒った入鹿が斑鳩に差し向けた軍によって一家もろとも殺害されるという大事件があった。この事件は石川蘇我と中大兄の結びつきを強めるきっかけとなったようだが、その仲立ちをした中臣鎌子（後の藤原鎌足）の働きで、中大兄は石川麻呂の子越智娘（おちのいらつめ）を娶った。後の太田皇女（大津皇子の母）や鸕野皇女（持統天皇）が生まれる。この結びつきが蘇我本宗家を滅ぼす「乙巳の変」（かつて大化の改新ともいわれる大政変）の主軸となった。入鹿の後押しで天皇位に近づいていたかにみえた舒明天皇の子の古人大兄は、入鹿が殺された「三韓の貢」の授受の儀式にも加わっていたが、事変の混乱のなかを脱出して辛うじて命を保った。しかし後に法興寺の法師となって政治の世界から消え、さらに最後は謀反が発覚して殺害された。三人の大兄のなかで唯一人残こった中大兄は鎌子の勧めに従い、舒明の后で次期天皇が決まるまでのいわば長い殯場（もがりば）での勤めを果たしていた皇極天皇に代わって、その弟の軽王を次期皇位者とし、自身は皇太子に留まることとした。

　これが『日本書紀』から読みとてる三人の大兄の皇位争いの「あらすじ」である。しかし本当にそうだったのか、という疑問が残る。三人のうち、最年長の山背大兄はすでに十数年を経た前代の皇位争いの生き残りである。「汝肝稚し」として見送られた皇位を新たに成長してきた他の二人と競合できるかどうか。もしそうならばそれにふさわしい資質、能力をもっていたのかどうかで判断すべきだが、父の聖徳太子が時の推古天皇の長生きのために天位は継げなかったけれども資質・能力抜群だった人物（聖徳太子）の長子という以外に山背大兄の魅力はなかった。それだけで世間に訴えうると錯覚して起こした反蘇我の行為が、時の大臣蝦夷を自称しかねない入鹿臣との衝突のきっかけであった。

恐らく些少なもめごとだったが、それをきっかけに双方の強大な武力が衝突するという大事件に発展し、聖徳太子一族がすべて自決を強要される結果となった。世間の目は「皇極紀」が紹介している童謡「岩の上に子猿米焼く　米だにも食げて通らせ　山羊の老翁」で歌われた通りで、「子猿（入鹿）さんよ　老羊（山背）に食べ物を分けてやりなさいよ」という程度の同情しかえられなかった自己の老羊ぶりを知るべきではなかったのではないか。この事件ではもう一人の大兄、古人皇子も関わった。彼は、自ら戦いの先頭に立つと意気込む入鹿に、「鼠は穴に隠れて生き、穴を失いて死ぬ」（自分の本拠を離れたら、死んでしまうよ）と忠告し、入鹿はそこで止どまり、他の軍将を行かせた程度の判断力はあったが、もっと積極的に思いとどまらせるだけの力はなかった。かつて「崇佛か廃仏か」をめぐる抗争のなかで、暴発しかねない物部の短気な行動を粘り強く説得して思いとどまらせた「用明紀」の大臣馬子がとった行動の記述と比べてみればはるかに劣っていた。それらの大事件の結果として勃発した「乙巳の変」の後、古人大兄は法興寺の境内で髭を剃り、袈裟を着て法師となって吉野に入ったが、それでも周囲に煽てられ謀反の企ての罪を負って殺されたが、その程度の判断力と行動力しかなかった。結局中大兄だけが次期皇位の有資格者として残ったわけだが、その彼はどのような資質・能力の持ち主であっただろうか。それは第八話で語ろう。

『万葉集』の第二歌は舒明天皇の国見の歌

『万葉集』の冒頭歌が雄略天皇の歌だということはすでに述べた。第二歌は舒明天皇の国見(くにみ)の歌(長歌)である。香具山に登りて望国(くにみ)したまいし時の御製歌と題されている。

大和には　群山あれど　とりよろふ　天の香具山　登り立ち　国見をすれば
国原は　煙立ち立つ　海原は　鷗立ち立つ　うまし国ぞ　蜻蛉島　大和の国は

いかにも明るく、のんびりと、そして麗しい風景が眼前に浮かんでくる名歌である。先の冒頭歌もそうだが、どちらも平和でのんびりとした雰囲気の中で、最初は若菜を摘む乙女に天皇(雄略)が声をかける、この国は俺のものだ、と。そして次は、人が暮らし、それを自然がさわやかに包み込む。二首を並べてみれば、これらの天皇の統治される国、香具山から眺めるこの国は穏やかで素晴らしく、民が豊かにくらし続けているという賛歌となる。これに次ぐ二首はかなり長い長歌とその反歌である。長歌のほうは省略するが、旅先での天皇が朝な夕な弦の張り具合を試しておられる音が聞こえてくるという歌で、天皇はその豊かなくらしを守るためにしっかりと準備なさっていることに感服するという意味である。その反歌が

たまきはる　宇智の大野に　馬並めて　朝踏ますらむ　その深草野

である。朝の武威の訓練なのか、この国を安らかに守ってくださっていて、心強いことだという実感がこもっている。後の二首は舒明の后ではなく、孝徳天皇の后であった。白雉五年（六五四年）天皇の殯の場で詠われたという注があり、舒明の長歌との関係はまったくない（ついでながら、孝徳天皇の后は難波から飛鳥への都移動に際しては夫孝徳天皇を裏切って中大兄側に付いている）。万葉編者は冒頭歌で、雄略天皇を日本統一の武勇に優れた天皇であったと称賛し、つづいて舒明天皇を日本国を次の新しい時代にむけて切り開いた功労者と位置づけて、和歌の名手につくらせた歌を二番歌とし、ほぼ同時代の孝徳天皇后の殯の場で捧げられた歌を、舒明天皇歌の反歌の位置に据えた。そのことでその後の担い手としての中大兄（天智天皇）への敬意を表したように思える。何故ならば、孝徳天皇の后は夫を裏切って中大兄に従って行動したからである。

私は、その舒明天皇に辿り着く道を、強固な蘇我の囲いをくぐりぬけつつ開いたのは、敏達天皇であり押坂彦人大兄であったと、所どころで切れぎれに語ってきた。私の心のなかのありえない願望をいえば、この二人のなかで明らかにされつつあった「東夷圏」の新事情を、新たな次代の担い手の統轄者としての中大兄に学んでほしかったことをほのめかすためであった。英知と行動力に長けた彼がその新たな「東夷圏」情勢をしっかり踏まえて歴史的事実とは違った道を進んでいったかもしれないという空想に駆られるからであるが、さらに心底に現在そのときとどこか似た状況が展開しているのではないかと思うことがあるからでもある。しかしそれは歴史の後知恵のためで、それがありえないとするならば、我々は過去をしっかり学ぶことにより自力で可能な対処をするしかないわけで、過去の歴史の大事さを改めて思う。当時の新たな「東夷圏の状況」とはどんなものだったかをこれから語りたい。

話題の中心は継体天皇の時代、百済系倭人で肥後葦北の国造だった刑部靫負阿利斯登が任那にわたり、後にその子の日羅が百済官人となり、最後に達率の地位にまで昇進してからの体験を敏達天皇に話したことで得た「新東夷圏」の政治・国際関係についての意見とその扱われ方である。このテーマについてはこれまでほとんどだれも注目しなかったように思われる。関係文献はほとんどなく、ただ日羅奉賛会がまとめた昭和一一年刊の『日羅公伝』を除くと「敏達紀」以外にはない。しかし歴史的重要さからいってこの欠落状況は許されない気分で、その本格的な解明は専門研究者の責任で取り組んでほしい。現在にいたるまで、多くの歴史家はそれを重視しなかったか、あるいは見逃していたのは、同じく歴史期に重要な仏教伝来とその導入の可否をめぐる蘇我・物部関係、そして一般には「大化改新」と呼びならわされた大事件の目まぐるしい展開の影に隠されてしまっているからではないかと思う。それらの意義は確かに大きいが、それが展開する大舞台である「東夷圏」の大変動をしっかり把握することはさらに重要ではなかったか。その糸口を日羅は語っているのである。

達率日羅を招いた敏達天皇の慧眼

「敏達紀」に突然「達率日羅」の文字が出てくる。達率は百済の官名で、佐平に次ぐ高官である。「敏達紀」の一二年条に、先の天皇欽明が新羅に滅ぼされた任那を恢復してほしいと遺言された。それを実現したいので、「今百済に在る火葦北国造阿利斯登が子達率日羅、賢しくして、勇有り。故れ、朕、其の人と相計らむと思う」とのたまう。紀国造押勝と吉備海部直羽嶋とを遣して、百済に喚す」と書かれたように努力した。しかし使者は「百済国の主、日羅を奉惜して、聴し上る肯えず」と、むなしく帰ってきた。さらに要請したが断られた。ひそかに日羅にあった別の使者が百済王は倭国の天皇に疑いを持っているので日羅を百済に留めて往かせない。次に要請するときはもっと強い言葉で要求したらいいと助言をくれたので、そのとおりにしたら、やっと応じた。百済王は日羅と、それより下級の恩率や徳爾らを付けて倭に送り難波に到着した。そこで歓待を受けてから、日羅は甲(かぶと)を付け馬で都に着いた。とりわけ目立った装束だったようで、「紀」に特記されている。宮中では天皇がじかに会見し、国の政治の在り方を教えてほしいと頼んだ。そこで河内の阿斗（現東大阪）に館をつくり住まわせ、幾人かの臣、連らを派遣して意見を聞いた。とくに朝鮮半島諸国との外交についてであった。

「敏達紀」に書かれている「日羅意見」はこれまで『記・紀』のどこにも書かれていない百済外交に関したもので、主として新羅関係についての諮問の文脈にもかかわらず洩らされた「特殊な百済問題」に限られた百八十字で、その内容はきわめて異常で理解困難だが、私の解釈による次のカッコ内で紹介したい。

「天皇の政治の重点はすべての人民の安寧であるべきである。急いで兵を出し戦をすれば、逆に国が亡びる。これから計画を立て、上は臣・連から下百姓まですべてが富裕で不満のないようにする。こうして三年の間食と兵を充分に蓄える。民が満足すれば、国難にさいしては誰も水火を厭わないだろう。その後多くの船をつくり、港ごとにそれを並べ、隣国からの使者に観せて百済王を安心させるようにする。そうした後に能吏を百済に派遣し、国王を招待する、王が駄目ならば王子か大佐平を招待し歓迎する。そうして今任那復興を掲げているが実際は領土の拡大を図っている百済を安心させる」。

彼は倭人とはいえ伽耶人を祖とする百済系の倭人で、しかもその百済の高官であるから、以下の陳述は驚愕的である。

「その後で百済の侵略を批判する。もしその時百済が友好の印に船三百を差し上げたいので倭に帰化したい人を乗せて、筑紫の港に送りたいと提案してきたら、それは百済の筑紫侵略と分かっていても騙して、承知する。百済はその場合先ずは侵略を隠すために女子やこどもを多く船に乗せて送ってくる。天皇はこのことを見越して、壱岐・対馬に多数の兵を密かに配置しておいて、来るのを待ってすべて殺しなさい。くれぐれも騙されないように、重要なところに堅固な城を築くことだ」。

繰り返しだが、百済の達率という、佐平に次ぐ高官であった倭系百済人の日羅だからこの言葉が事実かどうかは多面的に検討することが必要だが、その前提に百済に警戒しなさいという日本（ヤマト）に対する百済系倭人である日羅の心底をしっかりと掴んでほしいという想いがある。三国が鼎立して争いが続く朝鮮半島諸国との関係のなかで新たに高句麗が外交を求めてきて、その三国鼎立により深く組み込まれてきた倭国にとってはこれまでとは違った視野からの熟考が不可欠となる重要な問題だからである。その後、日羅らが帰国のため難波津に移った時、恩率・参官がひそかに謟り、徳爾に日羅殺害を実行させた。その光景の記述はまさに異様そのものである。「日羅、難波の館に遷る。徳爾等、昼夜相計りて殺さんとす。時に、日羅、身の光、火焔の如きもの有り。是に由りて、徳爾等、恐りて殺さず。遂に十二月の晦に光失うを候いて殺しつ。日羅、更に蘇生りて曰く、『此れは是、我が駈使奴等（つかいびとら）なせる所なり。新羅には非ず。』という。言い畢わりて死せぬ」は、日羅殺害の壮烈さを意識した強調であろうが、死んでなお殺したのは「新羅にあらず」と言わせた意味の大きさはとりわけ重視すべきである。しかしそれについての記述は、その後は犯人の処置以外にはまったく取り上げられていない。招聘した使節が殺されたほどの大事件にもかかわらず、である。敏達天皇が取り上げなかったのか、大臣以下で無視したのかは知る由もない。しかし、苦心して招待した重要人物の「死を賭しての発言」を無視してしまう天皇とは思えない。百済に偏りがちな倭の情報収集についての苦言に耳を傾け、対外政策を再検討するための絶好の情報であったのに採用されなかったのは残念で、まさに「千尋の功を一簣に欠」く蘇我氏主導の面々の大きな政治的失態であったと思う。この日羅発言は当時の刻々と変化する「東夷圏」事情を冷静に見ればば「なるほど」と思わせるいくつもの出来事がある。まずは長年にわたって犬猿の仲だった百済・新羅が急遽合同して高句麗を攻め、それを弱体化したが、百済・新羅合同軍が京城・平壌攻め落とすや否や再度「百・新」関係が崩れ、状況不利とみたその時百済は仏像・仏典を倭に送って「百・倭」関係の修復を図った。弱体化した高句麗はこれまで見向きもしなかった倭に交友を申し入れ、「高・倭」関係の構築を図った。その動きをみて新羅はかつて奪った「倭任那権益」に見合う「四村の調」を貢物に加えて送り、「新・倭」関係の見直しを行った。この間わずか十年である。この急激な変化を国内問題としてのみ把握して重大事と考えず、もっぱらそれ以外のことに政治の意を集中したとするならば、時の指導的位置にあった「蘇我の政治的失態」と言われても弁解はできないのではないか。

もっともそれへの反応が皆無だったとはいえない。先に掲げた表2(一三六ページ)を見ると、「推古紀」八年是歳条に蘇我の重鎮・境部臣が万に上る兵を率いて任那(権益)奪還のために新羅と戦い、表2最右欄の六城を攻め落としたという記述がある。任那四村が二つ増えたのは左と中欄と比べれば明らかだが、南加羅は四村を一括した名称、安羅羅は不明で安羅ではないか、とすれば図9で見るとおり継体天皇が百済に「譲渡」したといわれる任那西部とかつて大伽耶と呼ばれその後伴跛(はえ)と国名を変えた任那北部を除く任那部分で、任那では最後まで自立をもち続けた安羅(古くは南加羅)のほぼ全領域となる。これを短時日のうちに攻めとることはあり得ないので、この記述は事実ではなく、構想に過ぎないものだと思う。それを指摘した末松意見は正しい。だから記述の最後は「新羅、罪を知りて従う。強いて撃たんは可くもあらじ」である。つまり境部臣を中心に企画して上進したが大臣らの意見で裁可されず、状況視察の使者を新羅、任那に一人ずつ送るにとどまったということではないか。スウィングはしたがファウル・チップに終わった。つまり、蘇我政権は新羅への新たな対応はできなかったということになる。その意味で表2とその根拠となった研究成果は優れたものだと思う。この分析が中大兄にも届いていたらどうしたか、ありえない妄想に駆られる。

ここで私は特に二つのことを指摘しておきたい。一つは、天皇敏達はどうして日羅を知り、二度・三度の執拗な招請をしたほどの重要性を認識したかである。それは彼が先の天皇の勅を受けて、高句麗使節に関わる不祥事の調査を命じられた時、関係する江沼氏の聞き取りにとどまらず、彼ら江沼氏の情報源である越の各地に集住して南朝鮮各地と交流しその地の事情に精通している渡来人系の人々との接触をもちえたからではないかと思う。もともと江沼臣の出自は百済王家につながるとおもわれる余氏であり、新羅、百済のみでなく高句麗から渡海してきた人びとのもたらす情報が飛び交っており、それらとの直接・間接の接触がもたらしたものではないか。政治がえてして上層部の勢力争いとその結果によって限定されて行なわれがちななか、天皇になる前の渟中倉太珠敷皇子時代に与えられた任務遂行で培われた経験の反映であり、政治の統率者のもつべき重要な資質だと思う。日羅が第五話で紹介した武寧王―継体天皇時代の盟約にもとづき、倭系百済人として球磨地方から、新たに百済が浸透してきた任那南西部に移り住み、やがて二十人ほどで構成されている達率にまで出世し、系譜の故に分担させられた倭についての特殊任務の内容を洩らしたとしか思えないが、そうした任務を日羅がもっているという、まさに個人にまで到達できる情報の入手は余程の情報通に限られる。それにもとづく日羅招聘の執拗な執念と合わせて得た情報がその後の蘇我の大臣や、さらには中大兄の治政に影響を与えたならば、違った後世への展開がありえたのではないかとの思いを強くもたざるをえない。二つ目は、敏達天皇の慧眼に関係はないが、私の『記・紀』の読み方が奇しくも間違いではなかったと確認できたことである。私は当初この本を構想した時点では、奇怪ともいえる日羅の話に幻惑されてか、迂闊にも日羅の親（親につながる係累とすべきか）が阿利斯登（ありしと）であることを見落としていたが、日羅問題の整理を試みるうちにそのことに気づくという、まさに老化の亡霊に取りつかれていた靄が突如として晴れた想いだった。「垂仁紀」に「一（書）に曰う」との前書きで、越の笥飯（けひ、つまり敦賀）に都怒我阿羅斯等（つぬがあらしと）と名乗る大加羅の人が現れたとして、敦賀の名称の由来を語る件を思い出したが、再考してみれば、第二話で語ったように百済から南下して球磨に到ったホムタの勢力がその土地（肥後・葦北）を根拠に周辺に勢力を広げ、有力者の幼児が垂仁の第一子としてタラシ族のなかで暮らすことになり、会話不能で結局丹波で成長する話は、同じ舞台（葦北は球磨の海岸部）で同じ名前（**ラ**と**リ**、等（と）と登（と）の違いはあるが）の人物の子孫とつながり、再び継体―武寧盟約にもとづき再度百済勢力下の任那に渡るという私の叙述どおりの歴史展開が事実であったことの確認ができたことである。垂仁から継体を経て敏達と長期に及び、また若狭、大和、肥後の広きに渉って語られた細い糸が一つに撚り合わされて太い綱になったことになにがしか安堵を覚えた。それは、「記・紀」の描く世界を長期にわたって進めてきた私の一連の視点が間違っていなかったということを意味するもので、いくらかの驚きさえ交えた喜びでもあった。『記・紀』の描く世界は事実と説話・民話を交えての話が入り交じりして、歴史的事実性には疑問なしとはしないが、ともかく、『記・紀』の歴史を解く思考の方法が正しかったことで、この本で語ってきたわが史話の正当さに新たな自信を得た。その確認を改めて述べておきたい。幾分寄り道したが、この史話の正統性に自信を得て、つづく第八話に移りたい（しかし日羅事件には最後の不可思議な謎の部分が残っている。それは最後に考えたい）。

第八話　『記・紀』世界の頂点は天武天皇か

ある意味で表題は愚問である。『記・紀』の必要性を認識して実行に着手し、それにもとづく歴史的な正当性をもつ自分自身を明らかにした最高権力者として、また数代かけてほぼ完成した「令」に従って政治の執行を担う官位者を任命し終えたのは、ほかならぬ天武天皇だからである。しかし、律令制度は「大宝律令」を嚆矢とするものであり、未だ成文化した律をもたず、「令」も実効しはじめた「飛鳥浄御原令」は前身の「近江令」を骨格にしてその細部をやや精緻化しただけであって、蘇我に始まった位階の仕組みを中国に倣って一段と整備したのはむしろ天智天皇ではないか。いずれにしろ、『記・紀』世界の頂点は天智、天武、持統の三代にわたり、蘇我（石川）、中臣（藤原）鎌足、不比等らの一貫した支持の下に築き上げたものであり、天武天皇ひとりに帰せられるべきものではない。

ただ、頂点は一つであり、「壬申の乱」と呼ばれる騒乱の重みもあり、さらに重要な「東夷圏」の大変換の時代を踏まえて考えれば、疾風怒涛時期の対外政策にもまれ続けた天智とそれがやや沈静化して内治に全力を傾けることができ、持統という強力な内助者の存在も加えて、『記・紀』の編纂という大事業を手掛けることのできた天武には、大きな天助があったということができる。そうした時代概観を踏まえて、当時の歴史問題をいくらか深めてみたい。

「東夷圏の大変動」と倭のかかわり

大変動の始まりは、六二〇年（推古二八年）中国で隋が亡び、唐がそれに代わったことである。その隋の滅亡を早めたのは、煬帝による三度に及ぶ高句麗征伐の失敗で国力がいちじるしく消耗したためであった。「推古紀」二六年の高句麗（高麗）の遣使が誇らしげに「隋の煬帝、三〇万の衆（いくさ）を興し我を攻む。返りて我がために破られぬ。故、俘虜貞公・普通二人…駱駝一匹貢献す」と書かれている。代わった唐も高麗に手を焼くほどの勢力であった。その高麗が百済と組んで新羅を攻め、苦境に立った新羅は唐に救いを求めて、連合して高麗に対抗し、同時に隣の任那に圧力をかけ、百済を牽制した。このように新たな東夷情勢の下で、さまざまな形で展開する朝鮮半島諸国の抗争を踏まえて、それらと最も近い倭国はどのように交際し、交流していくかが重要な課題として現われてきていた。それが重要な課題であったのは、海を隔てて孤立しがちであったとはいえ、倭国は周辺諸国からは大きな影響力を感じられていて、その動向が従来以上に重視されるようになってきていたからである。その時代に編纂が進められていた『隋書』は倭国の項で、「新羅・百済は、皆倭を以て大国にして、珍物多しとなし、並びに之を敬仰して、使を通じて往来す」と書かれている。これまで倭はかつては重要であった鉄資源確保の利権を梃子として、その影響力の確保に狂奔してきたが、それはすでに実質的な意味を失っており、新たな交際、交流の在り方を確立する必要が高まってきたこの時代にふさわしい方針が具体化されねばならなかった。先の天皇敏達の努力で新たな百済政策の模索が始まったが、それをさらに一歩も二歩も進めることの重要性がいや増してきていたのである。その状況が推古三一年・是歳条に記述されている。倭の南朝鮮政略の詳細がかなり明らかになる問題なので、後でその意味を検討するが、此処では具体的な状況だけを述べておきたい。

任那への新羅の圧力の強化についての倭の反応は、真二つに分かれた。一方は石川蘇我系の臣の意見で、任那の権益を守るためにすぐに新羅を討つのではなく、状況をじっくり確かめてから行動しても遅くない。先ずは使いを送ってきちんと事情や意図を調べることだという主張で、「穏健派」とする。他方は中臣連某のもので、任那は昔から我が国の内官家(うちつみやけ)であり、今すぐ兵を送り新羅を討って権益を守り、進んで任那をすべて奪って友好国の百済に併合させよ」というもので「急進派」である。けっきょく速やかに両国に使を派遣してそれぞれの国の見解を聞くことで意見がまとまり、派兵はやめて二国の状況調べが実行された。新羅は八人の太夫が対応し、使者への説明がなされ(その内容の記述はない)、任那(安羅)も訪れた使者に「任那は小国だが、以前から天皇に保護されてきた。どうして新羅などに靡くはずはない。これまでと同じ内官家を続けるので心配ない」との説明がなされた。新羅はこの倭国の従前どおりの対応を判断して計画していた例年の貢ぎ物を奉呈する使節をとりやめ、物だけが運ばれた。その後も交流も断ったので新羅などとの最新情報は途絶えた。大臣馬子は「悔しきかな、早く師を遣わしつること」といった。時の人々は「この軍（いくさの企画）ごとは将軍が、使者たちは賄賂をもらっていたと判断したため」と噂した（外交において賄賂があるという噂でしばしば非難が飛び関係者が引退に迫られるという例は少なくなく、大伴金村もその犠牲者となり大伴氏没落につながった継体代の事件がある）。この出来事もそうした目に見えた損失はなかったが、外国情報のシャットアウトという損失は大きかった。その後しばらくは新羅との関係は形式的なものを除いて途絶えたことは、その次に起こる「乙巳の変」による国内政治の混乱と合わせて重要な情報入手を困難にし、倭国が突如のごとく起った任那（安羅）滅亡や「百済崩壊の危機」にいたる状況把握を困難にした。

もう一つの外交上の失怠は、舒明四年八月に遣唐使（第一回）の帰国に随伴して倭を訪れた唐の高表仁が、十月に再び國使として訪倭した時、その接待に失敗して以後二十年余にわたって唐との正規の外交関係をもてず、「東夷圏」の盟主との公式の国交がなかったことである。舒明四年十月、「唐国の使人高表仁等難波津に泊まれり。大伴連馬養…「天子の命（おおみこと）のたまえる使、天皇の朝に到れりと聞きて迎えしむ」と書かれ、国使到着をはっきり認識しながら、ただ国使のための館に滞在させただけで、「五年の春睦月、大唐の客高表仁等、国に帰りぬ」で終わっている。その間のことは全く記述がない。それについて『新唐書』に高要表仁は「王（天皇のこと）と礼を争いて平らかならず、天子の命は宣することを肯ぜずして還る」と書かれており、両者の記述の流れから推測すれば日本側に手続き上の非があったように思われる。ただ手続きとして天皇が非礼であることはあり得ないので、責は争いの倭の当該人である大臣（蝦夷）ではないかと思う。あるいはそれを仲介する人物かもしれない。それを思わせる記述がある。「舒明紀」六年に大股王（敏達の妃の生んだ皇子）が群卿百寮らの朝参の乱れが激しいので糺すように注意したが、大臣は従わなかったという話題のことである。いずれにしても舒明朝での失態で、その後の倭は新羅の使節に付して書を提上したと『新唐書』は結んでいる。疎通の欠落状態は続いた。この欠落の実害があったことを示すケースがある。後述するが、唐の天子と直に会話を交わした時の記録（伊吉連博徳書）に「国家（唐のこと）来たらん年に必ず海東の政有らん」（唐は必ず近く朝鮮で行動するだろう）と述べたことが書かれている。皇帝は意識してかどうか、新羅を応援して百済で行動すると漏らしてしまったのであった。この時は博徳がある罪を問われて拘束中だったので洩らしたのかもしれない。しかし正規の外交ルートがあれば、この種の情報の何程かは得られるわけで、この時点での外交の欠落は、百済の最終滅亡に至った六六三年の白村江口での四国（百済・日本と新羅・唐）の戦いとその後の国と国の関係や対応に大きな問題を惹起させることにつながったとみてもよいのではないか。

こうした状況を引き継がなければならなかった中大兄は不運なくじを引いたわけだが、彼がいくらかなりとも「東夷圏」で進行している状況を収集する機会をつかむことができたら惨敗に至る戦いへのかかわりは避けえたかもしれない。それを最小限に抑える手立てがないわけではなかったはこともまた事実である。この時の戦いで繰り広げられた戦闘状況を見ると、新羅の『三国史記』は倭船千隻、『新唐書』は四度戦い船四百艘を焼くとしているが、それは「百済」の項に記述されていて、兵も船も「余豊の百済」のものとされ、「日本」（ないしは倭）の文字はない。『同書』の「日本」項にはこの戦いの記述はまったくない。つまり日本は唐・新羅側からは戦いの本格的な相手としては扱われていなかったということを意味する。それに応じた緻密で冷静な判断の機会は皆無ではなかったのではないか。多分に情におぼれた惰性的な判断の繰り返しで、次第に不利な戦という深みへと流されていったように思われる。前述の新羅政策をめぐる対立でいえば中臣連系の従来路線を一途に突き進んだわけである。

「天智紀」には「官軍敗続（みいくさやぶれぬ）とあり、百済の名、この日に絶えぬとされている。そしてその四年後、高句麗もまた唐に滅ぼされた。そして天智四年九月先の唐と百済の戦いの後処理報告のためか、劉徳高ら二五四人が筑紫に来て表函を届け、十二月に帰ったとある。こうした経過を注意深く見ると、唐側では日本と戦ったという文字がない一方で、日本では戦いの当事者と深く認識しているという差異が大きいだけでなく、その敗戦の傷をさらにひどくしかねない事態の出現に備えて、一層殻に閉じこもってしまったという日本の戦後対応が浮かんでくる。劉徳高の持参した表函にあった書面にはどう書かれていたのであろうか、記述はまったくない。日本は敗戦の当事国としてその後も行動した感がある。「天智紀」が記している二万七千の兵と百七十隻の船を失う敗戦は、もし近隣諸国と密な交流を通じて状況把握が十分にあったならば、百済と新羅・唐の戦いをまったく傍観しないまでも、もっと小さな損害で収まったかもしれない。中立的に動けば、戦そのものにも軽微化させる機会がありえた。倭国内問題で言っても、唐・新羅の侵攻を恐れ過ぎて必ずしも必要でない砦、城の増築や後世まで続いた防人の負担もなく、さらに天智朝にとって致命的となった大津遷都で人心の多くを失うこともなかったのではないかと思う。敗戦処理に奔走して母の斉明天皇崩御から六年の歳月を経て初めて天位を継いだ天皇天智は、戦勝の唐・新羅の日本侵略におびえつつその防御体制の確立を急いだようだが、それよりも早く彼らの動向を冷静に見極める努力をもっとすべきであった。百済、高句麗滅亡後の状況を探れば、彼らが日本国に対して緊急問題を引き起こす可能性は低かったことが判ったはずである。

『新唐書』の「東夷篇」百済の項に百済滅亡(六六三年)後の記述がある。それによると、旧百済王余隆は新羅王金法敏と扶余で会い、「白馬の血をすすって盟友の誓いを交わした」とある。おそらく百済降伏の儀式であろう。その仲介をしたのはもちろん唐である。その盟約の文章には百済が新羅を敵視しないことを述べた後で、「絶えた王統の血を継続させるのは皇帝の義務であり、王たるものの昔からのやり方である。そこで前太子余隆を熊津の都督とし、従来の祖先の祭りやしきたりを続けさせると述べており、その後帯方郡(百済旧地)王とした。もっとも新羅は百済への憎しみをもち続け、その就任を妨害したので任地帰還はならず、高句麗にとどまり、そこで客死して、最終的に百済は国としては消滅した。またその高句麗も四年後に唐に滅ぼされた。しかし新羅は高句麗との旧来の交流を重んじて、高句麗遺民の支持する人物を王として、自国領内に従来の高句麗王の儀礼的活動を許したので、慣例としての貢ぎ物交換の使節の派遣も可能となった。天智一〇年に高句麗の使者は従来通りの官位を名乗って来訪している。新羅の使者はすでに天智八年に従来通りの来訪があった。新羅は唐と通じて百済を滅ぼしたが、その滅亡後は過剰な唐の進出を恐れて、日本との修好関係維持には一段と積極的にさえなった。強大国を含めた「東夷圏」での隣国関係のバランス維持は微妙なものがあり、それに失敗した百済の政策は硬直に過ぎたようである。古くからの伝統的な倭・日本の外交にも同様な傾向があると思うが、中大兄（天智）のそれは一段と強かったように思う。それなくせば、彼の高い知力と積極さを生かした天智時代が実現できたのではないかと、惜しまれる。しかしその欠陥はかなりの部分はその時代的なものもあるので、その分だけ大海人皇子は幸運だったともいえよう。彼が日本の歴史書づくりの指導者となったのもその幸運の一つである。

帝紀に歪みをもたらしかねない問題とは

時代に翻弄された天智天皇に対して、次期天皇予定者としてそれを学び、苦難を越えて国内の整備を進めえた幸運の人が天武天皇であり、また持統天皇であった。そして天智以来三天皇に影のごとく寄り添い、知恵を捧げて行く先を見越して政務に尽くした中臣（藤原）鎌足・不比等の存在も忘れてはならないであろう。その行きつく先は奈良朝社会であり、律令政治である。それ以前の崇佛に尽くした蘇我氏を含めていえばもう一つ、白鳳文化を忘れてはなるまい。それに関心を移す前に、書き留めておかねばならない二つのことに触れておく。その一つが天武・持統の二天皇は『記・紀』の著述を発案し、その枠組みや意味づけに強い影響を与えつづけた強力なリーダーだったことである。天武一〇年は壬申の乱後の動揺が収まり、その論功行賞が始まる前の年であるが、「天武紀下」に記されているように、天皇、諸皇子（川嶋・忍壁）、諸王子（広瀬・竹田・桑田・三野）はじめ高官位六人を大極殿に呼び、「帝紀及び上古の諸事を記し定め」、参集者のうち二人（書紀役か）がそこで親から筆で記録して、『古事記』の編纂を始めた。他の諸事項に先んじて何よりも歴史編纂に取り組んだのは何故か。『古事記』の編者太安萬侶はその序に「諸家のもたるる帝紀及び本辭、すでに正實に違い、多くの虚偽を加う」と、歴史編纂の必要性に関する天詔があったと記述している。「上古の諸事」・本辭は諸家が記録し、また伝えられた事績や多様な伝承などに相違があることは当然であるが、帝紀つまり歴代の天皇の皇位継承の次第序列を記したものまで「正実に違う」ことがありえたかどうか、いくらか疑問無しとしないが、あったとすればまさに国家の基本にかかわる大事変だったと言わねばならない。諸家がいうように、帝紀は幾度も書き写しを経ており、誤謬がないとは言えないが、ここで言われている虚偽とはさらに意識的に改変したケースが存在していて、天武天皇（むしろ大海人皇子）がそれを目にして確認したという事態が想像される。事実はどうだろうか。

我が国で歴史の編纂を最初に志したのは『古事記』ではない。その人は大部分が「乙巳の変」事件に絡んで消去されたと伝えられる文書を所持し焼いた蘇我蝦夷である。「皇極紀」で「乙巳の変」を伝える四年六月の記事の中で、「蘇我蝦夷等、誅されんとして、悉に天皇記、国記、珍宝を焼く。船史恵尺、即ち疾く、焼かれる國記を取りて、中大兄に奉献る」と書かれており、焼却を免れた一部が残されていた。その中身についての記述はない。『上宮聖徳法王帝紀』がそれを伝えているという説もある。原本はおそらく中大兄は政務多忙でじっくり見る機会は少なかったかもしれないが、それに比べていくらかでも余裕のあった天武（当時大海人皇子）はじっくり目にしたはずである。そして大海人が知っている帝紀とは異なった部分を発見していたのではないか。ここで私（かなりの幅の同年配も含めて）の明瞭な記憶で紹介すると、当時日本史の教科書（副読本も含めて）のなかには、継体天皇の次は欽明天皇で、その七年（五三八年）が仏教伝来の年と教えた参考書もあった。第五話で継体─欽明の間に紀年の食い違いがあり、種々の説があること、そして私見を披露したこととかかわるそもその原因はここにあったと思う。蘇我がひそかに作っていた歴史は『記・紀』では採用されていないが、当時に建立された大寺（法興寺や四天王寺など）の縁起記述などはこの紀年を踏まえていると思われる。その詳細について私は把握しえていないが、「欽明前紀」の記事（欽明が幼年のため「山田の皇后…就でて決めよとのたまう」の一文が事実とすれば、宣化天皇を二八代天皇とする帝紀は誤っており、それを事実として書くことは誤りとなってしまうこと）を知らない史人（続守言）であるはずがないにもかかわらず、彼がそれを使ったすれば、何らかの意図をもってあえて使って注意を喚起したと気付いた私だったが、皇太子として「蘇我本」を見ていち早く問題に気づいたのはどこだったろうか、想像してみて、以下の事柄が浮かんだ。

何故神功皇后が必要だったか

皇統一系で継がれてきた天皇位という意識が強かった天皇天武にとって、もっとも悩ましかったのは、十五代応神天皇の出自ではなかったか。大和に定着したタラシ系氏族が成務天皇(十三代)で断絶し、応神が違った系譜から天皇位を奪取した以外にはありえず、そこにある大きな欠落は注意して深く考えればかなり明瞭であって、何らかの対応が必要であると結論した。おそらく腹心の臣や学者の協力もあって、その解決のために見出したのが、現在われわれが目にする皇統連綿の系譜だが、その応神を生む女性をどうするか、誰にするかが天武天皇に託されていた。そして彼にもっとも身近な皇統を描かせてくれたのが舒明天皇の系譜で、祖父の天皇敏達の子・押坂彦人大兄にたどり着き、さらに生みの母である息長広姫に到ったとき、オキナガタラシ姫が閃いたというのが真相ではないか。時あたかも新羅・唐の連合軍に大敗した意気消沈の雰囲気で、それを吹き飛ばすべき「新羅征伐」で大いに武威を揚げる皇后としてのオキナガタラシ姫が同時に応神の母でもあるという発想がかくて成立した。そのように考えるのは、オキナガタラシヒメとその夫であるタラシナカツヒコの夫婦関係を引き出すためと考えられる二つの詳しい系譜を『古事記』だけに特別に設けているためである。

その一つは九代開化天皇の段で、六代に及ぶ子孫の広い範囲の系譜を示す最後に、オキナガタラシ姫の名を挙げている。七代先までの系譜をそこでなぜ付けたか、そこまでの必然性はまったくないにもかかわらず、である。もう一つは景行段の最後に天皇位には就かなかった人物の「倭建命（やまとたけるのみこと）の子孫」の系譜を付した部分である。前者はかなり綿密な検討を経ていると思われ、一読してとりわけ目立った矛盾はない。ただ五代までの関係を帝譜とするという暗黙の枠を超えてまでとくにオキナガタラシ姫に限って追跡する意味は、他と比べて異常でそれなりの意図があったと言わざるを得ない。しかしとりわけ問題になるのは後者である。ここでもし先の婚姻関係を引き出すために必要ならば、「倭建命が先代天皇の垂仁の子フタジイリ姫を娶ってタラシナカツヒコを生む」と書くだけで十分である。にもかかわらずそれを示した後、応神の帰京を妨害する「仇き役」の前后の生んだ二人の兄皇子との争いを物語るためにその二王子を生んだ大中姫の系譜を入れ込んで、無用とも思えるヤマトタケルにかかわる長大な系譜を書き連ねることになった。その中に息長の氏名を繰り返し紹介する異常ぶりがあったり、ヤマトタケルが「一妻」（あるみめ：名前も身分も全く不明の人物が重要な系譜をたどるなかで採用されるのはいかにも奇妙である）の子として、息長田別王を書き、三人の息長氏の姫を生むという丁寧ぶりの記述であり、読みようによっては異世代婚姻という誤記ともなる書かれ方もある。すぐ後に説明するが、原文に当たって広く意をとれば避けられる誤りと理解できなくもないが、それがもし正確だったとしても、ただそこに一度記述されるだけの人物に過ぎないわき役的人物を導入して息長の文字を多く並べたかった意図だけが目立つという印象が残る。開化段でも似通った問題がないわけではない。オキナガタラシ姫に関わりない「近つ淡海の御上（地名）の祝（あふり）がもち拝く（いつく）天之御影神の女が生んだ某」、つまり神社の一巫女が仰々しく取り上げられて、淡海（おうみ）の姫の印象を浮き立たせようという企みも透けて見せて、開化の六代孫の近江のオキナガタラシ姫の存在が引き出されるのである。

神功皇后と仲哀天皇の系譜の語ること

タラシナカツヒコとオキナガタラシヒメを系譜上で娶せるために景行天皇が四代目の曽孫と結ばれるとも読めるような一見怪しげな系図が景行段の最後に出てくる。通常は天皇位にあった人物しかない数代にわたるこの系譜の紹介記事なのにもかかわらず付けられているこの系図は「誤り」とみられがちだが、そんな明白な誤記が残されるはずはない。本書の第二話で景行天皇（オオタラシヒコ）の在位年代の長さから、複数のオオタラシヒコの存在の可能性に触れたが、私はそれかもしれないと検討して、それではまた他の不整合を招くだけと気づき、判読に戸惑った。そこで原文を当たり、その部分のなかの「故」の文字の意味のとり方で一つの打開の道を見つけた。『古事記』に頻繁に出てくる「故」の字は、多くは文と次の文を軽くつなぐ場合で、「だから」とか「そこで」「さらに」「つまり」などである。それを「戻って」と強く解釈すると景行天皇の子ヤマトタケルの妃で「走り水」（現東京湾入口）でミコトのために入水死した弟橘姫の数代後の系譜に出てくる姫と同名の女性を、「故、オオタラシヒコ（景行）が娶って…」という文の故の字の意味を変えて「昔へ戻ってオオタラシヒコが同名の姫を娶った」と「強い意味」で読めば、その結果生まれた皇子の子に仲哀の最初の后「大中姫」が出てきて、問題はほぼ解消することに気づいた。

こうした複雑さをもつ広範な系譜がここでなぜ必要だったかは、こうだ。タラシ族は東でヤマトタケル、西でタラシ中津彦がホムタに敗北したがまだ中央のヤマト周辺には有力なタラシ勢力が残っているはずで、その勢力とホムタの最終的決戦があるという歴史経過がそれを欠いては描けないからであろう。その都近くのタラシ族の中心が弟橘姫系統の中に出てきた姫との婚姻で生まれ大江王（大中姫の父）となり、その大中姫と仲哀の間に生まれた香坂王と忍熊王の勢力で、やがて生んだホムタを連れて都に戻る神功皇后を迎え撃つ「タラシ」と「ホムタ」最後の戦いが展開されるという筋書きがようやく出来上がるわけで、そのように解すればなかなかの名ストーリーである。しかしその筋書きのなかに「杜撰（づさん）」があって、この説話が後世の作りものだとわかってしまうドンデン返しがある。実によくできた話で、つい引き込まれてしまう名作だがやがて迷作となり、化けの皮が剥がれるわけである。しばらくは天武天皇の頭の中で閃き、皇位断絶をカバーするために架空につくられたと想定した物語に従がって先に進もう。オキナガタラシ姫は北九州の有力豪族でヤマトタケルの子とされた中津タラシ彦（漢風諱仲哀）天皇と結ばれて、筑紫の香椎宮で合流し、次代の天皇応神（和風謚号ホムタ）が誕生する話となるが、『古事記』では「仲哀段」、『日本書紀』では「仲哀紀」と「神功皇后紀」に分けて語られる。それがどのようにして皇位断絶隠しが成功するのか否かに話を移そう。

神功皇后の生んだ子は神の子「神功皇后段」のストーリーは比較的簡単である。それを以下の【　】のなかで語ろう。

【香椎（かしい）の宮（みや）に坐した天皇のもとに皇后が到着した時、皇后は神懸り、神の言葉を聞いた。神寄せの力をもつ巫女でもあった皇后が聞いた内容は、「西の方に多くの金銀や宝物をもった国があり、今その国を征服せよ」であった。それを聴いた天皇は高いところから西を見てもそんな国は見えないと言い、勧められた琴引きを止め、偽りをいう神だと罵った。怒った神は「凡そ天下で汝が統轄する国はない。死の国の道に行け」と命令した。いやいや弾き始めた琴の音が止んで、すでに死んでいた。そこで国の大祓いがなされ、控えていた用人の竹内宿禰が神の命令を求めると、巫女となった后は「この国は汝の腹にいる御子が統べるべき国だ」との神の言葉を伝えた。さらに宿禰が神の名を求めると「吾は天照大神の御心、また底筒男、中筒男、上筒男」であり、応神が後に深く関係する難波住吉の神の名が返ってくる。生まれる子は神の子であり、神が許し神の心に合う後継の天皇になる子だと予言され、神意である正当な天津日嗣の誕生が語られる。その神意を受ける次の行動は神の指し示す新羅の征服であり、指示された通りの船出で神が起こした大波は一気に新羅に打ち寄せ、国の半ばにまで達した。降伏した新羅の国王は忠実な馬糧作りになって永代仕えると約した。百済もそれを知って倭の屯倉となった。そのお蔭で、無事帰国し応神を出産した。】

この結果にはおそらく唐・新羅の連合軍に大敗し百済が滅亡した戦いに意気消沈する倭国の空気を換えたいという願望が見て取れる。前に書いたが、『古事記』の「中つ巻」は、人と神の交流のなかでの歴史語りだから、此処には口をはさむべき問題はまったく無い。当初の天武の意向は十分に満たされていたはずである。

『書紀』の方はどうか。この場合にも「皇統一統連綿」を語らなければならないことは同じだが、もう一つの難しい「国の正史」という性格に応えねばならないという課題の重圧がある。さらに重ねて、「神功皇后紀」ではその四三年を『魏書』の倭人伝でいう卑弥呼による魏への上書の景初三年、二三九年と書いて国際的意味づけがされていて、一段と圧力も大きい。国内だけの場合には相手が絶対に服従せねばならない天照大神の権威で歴史が語りえたような態度は許されないからである。神懸った后が密かに聞いた話として天皇が撃とうと主張する熊襲国は「空国」で、他方の新羅は栲衾（たくぶすま）（最高の紙で作った襖、転じて素晴らしい御殿）の国である。神が熊襲を服従させたいならば水田を整備して神を祀れば、熊襲は自然に降伏する」と述べた。しかし天皇はそれを信ぜず、「見渡しても海ばかりで国はない。大空にあるというのか。また私はこの国の神をすべて祀っている。他に神はあるのか」といって自説を曲げない。神憑りしている后は水影にはっきり映っている国が見えないかといい、しかも私の言葉を誇るような人物は国を治める能力はない。「ただし、今皇后始めて有胎みませり。その子得たまうことあらん」といったがなお天皇は聞かず熊襲を討ち、そして死んだ。その仮の葬を終えてこの「忌」を済ませて「仲哀紀」は終わる。つづく「神功皇后紀」の冒頭で、あらためて斎の場を設けて后を神主とし、審神者として中臣某を呼び用人武内宿禰の求めに応えて聴いた神は「伊勢の五十鈴の宮の撞賢木厳之御魂天疎向津媛命（つかさかきいつのみたまあまさかるむかいつひめのみこと）で、ほかにも同様の長い名前の神が紹介され要領を得ない。審神者の再度の問いに、表筒男、中筒男、底筒男の名が出るが、その所在は日向の国の水底にいる神だと知れた。神とのこの長い問答の意味するところは、妃に懸かったのは『古事記』に出てきたよく知られた住吉の神ではなく、しかも会話は人と人が深く関わって交わされたことで「歴史の書」としての条件を満たそうとしているように思われる。

さらにより重要なことは神が言った「今、皇后が妊娠した」ということで、神の子と告げたこと、そして「その子得たまうことあらん」で、子（応神）を得るためには田を祀って熊襲を服従させること、そして神の導きで新羅を討つことである。それはどちらも神の意思に従って実行され、すべてを解決させることになったことが「神功皇后紀」の摂政前期の記述内容であり、形式上は巧みに課題に応えている。否、それ以上のものがある。面白いことに、応神がおこなった従来困難だったところで開田するという事業を、いち早く生みの母の神功皇后が実行したかのごとき記述があるからである。神田をつくると決めたところに儺の河（現福岡県の那珂川か）の水を引くために溝を掘ったが、途中で大磐がふさがって進めなくなって皇后が神事で剣を浄めた時まさに落雷（かむとき・雷電霹靂）があって岩が崩れ、水が通ったという説話が添えられている。この部分の筆者は応神天皇の優れた開田事業の事績についてのきちんとした評価を踏まえていたに違いない。「新羅征伐」の状況も、幾分難解漢字を使って誇張気味だが、『古事記』のそれと変わるところはない。ただ、別書の引用として、新羅をいちじるしく侮辱する文章が添えられている。それ程にこの国の有識の人々は「新羅憎し」の情が積もっていたのかと首を傾げざるを得ない。ともかく以下に引用しておこう。

「一に曰く、新羅の王を禽獲にして海辺にいたり、王の臏筋を抜きて石の上に匍匐はしむ。しばらくありて斬りて沙の中に埋みづ。即ち一人を留めて新羅の宰として還したまう。しかして後新羅の王の妻、夫の屍を埋みし地を知らずして、独、宰を誘つる情有り。すなわち宰に誂得て曰く、汝、当に王の屍を埋みし処を識ら標葉、必ず敦く報せん。我汝の妻とならんという。ここに宰誘く言を信けて密に屍を埋みし処を告ぐ。すなわち王の妻と国人と、共に議りて宰を殺しつ。…天皇、聞し召してまた発震忿りたまいて、大きに軍衆を起こしたまい、頓に新羅を滅ぼさんとす。…」。こうした読むに値しない駄文をわざわざ引用したのには訳がある。注記的な引用とはいえ、国の史書の掲載であるから、はるか後にもそれを読む新羅人はいるはずであるが、その時の心情はいかがか。それを覆っての掲載とあれば、国辱以外の何ものでもない。たまたま『三国史記』の巻四五の列伝にこれは『日本書紀』よりもはるか後「于老（うる）（十代奈解王の伝説上の皇子）」に彼が接待した倭の使節に向かってたわむれに「以汝王為塩奴、王妃為爨婦（お前の国王を塩つくりの奴とし、その妃を火焚き女にする）といったので、倭王が怒り、将軍干道朱君を使って新羅を攻め、于老を火あぶりにした。その後十三代味鄒の代に倭の大臣が新羅を訪れた時、于老の妻がその使者を饗応し火あぶりにして怨みを晴らした。倭は怒って金城（新羅の都）を攻めたが勝利できずに帰国した、という話が書かれているという。『日本書紀』よりはるかに後に編纂された史書に書かれた荒唐無稽な話ではあるが、根深い恨みのお返しかも知れず、後世までの対立の原因の一つとなっていないとは言い切れないので、避けるべき愚行ではなかったか。今に至るも心すべき事柄として、敢えて付記した。

ともかく同じ事績でも書き方が異なることの多い『記』ではあるが、この場合はほとんど『紀』が『記』の記述に合わせている。『記』の記述をあらかじめ方向づけた天武天皇の「知恵」が優れていたということであろう。天武天皇の知恵を誉めた後だが、前に謂ったドンデン返しに触れておこう。大和周辺のタラシ族の中心人物はまず、オオタラシヒコの最後の皇子で「大江王」と系譜に見える。この人物の他出は『記・紀』ともになく後世の注釈書で「大兄王」と書かれることもあった。それが庶妹の銀王（しろがねのおうきみ）を娶って大中姫を生むが、その銀王も全く他出しない人物である。大中姫が生んだ二人の王はホムタに敗れたタラシ首長の最後の人物だが、その祖父の大江＝大兄の王の文字は前述した大兄争いの敗者・押坂大兄を連想させるものがある。いくつもの史書に出てくる「大兄＝大江」はその初出が継体最末期で、この四・五世紀のはざまの人物であるはずはない。それらを総合すれば、後世の「造作モノ」と言わざるを得ない。無理を重ねて苦労してつくられた「景行段」のヤマトタケル系譜は、そこまで書かねばならなかった理由は全く見当たらない。ここで途絶えたタラシ系は、舒明天皇のなかに含まれつつ、アメ系として再生する。もっともそれは『紀』のなかであって、『記』のなかではない。

草薙剣での辻褄合わせ

『日本書紀』の記述を『古事記』に合わせなければならないという問題が他にもあった。草薙剣についての記述である。『古事記』の魅力ある説話のなかでも有名な英雄物語に登場する草薙剣について、『記・紀』はどう記述しているかをおさらいすると、始めはスサノオ命がヤマタノオロチ退治をした時、その尾を薙いで出てきた刀で、クサは古語で蛇を意味したためにクサナギノツルギと呼ばれた。その刀の上には常に叢雲が立ち込めていたことからアメノムラクモの剣ともいわれた宝剣で、天上の天照大神に献納された。ニニギが降臨した際に鏡などとともに神の徴として与えられ、皇位の徴の一つとして受け継がれてきたとされている。当然ジンムの東行にも帯刀されていたであろうが、熊野で危機に陥った時はそれを払いのける力はなかったところを見ると、魔力は低下していたのか、新たに天から与えられたフツの剣でその危機を脱した。崇神代に地の神に嫌われ、やがて天上の神の鏡が伊勢に移された時に同行したのではないか。そしてヤマトタケルの東国討伐に持参された。もっともこれは神話での説明で、人の世においては、忌部氏の家伝の『古語拾遺』が伝えているように、代々天皇の守り刀として、決められた神事を経て造られ、代々の皇位の徴として捧げられていた。ヤマトタケルも天皇の代理者として伊勢の斎宮だった姨から渡されたものであり、彼を守る徴しとされた。

しかしその護身の剣をもつことなくでかけた伊吹の戦いで敗れた後は、その所在についての記述は『記・紀』で違っており、尾張氏の姫ミヤスの下に置いたままという『記』と、一度ミヤスの家に帰り会うことなく伊勢に向かい、かつて休んだ松の下で置き忘れた剣を見つけた『紀』の相違があるが、共に伊勢の能褒野で死んだとされる。剣の所在は複数の説があるが、護るべき人をなくしたタケルの剣はすでに独自の意味をなくした単なる剣である。「天武紀」になって突如としてまた草薙剣が登場する。朱鳥元年六月、「天皇の病をトうに、草薙剣に祟れり。即日に、尾張国熱田社に送り置く」の記事が出る。その意味は不明だが、私の推理では鸕野皇后の最大の目的であった我が子草壁太子の天皇実現を脅かす周囲の圧力をかわす秘策として、天武の護り剣（つまり次期天皇のための草薙剣づくりに欠かせない剣を都から隠す行為であり、それなくしては競争相手の大津皇子の天皇後継はできないという論理による最後の策略であった。その直後大津皇子は謀反ありとして死に追いやられるが、その大きな効果を信じて持統太上天皇最後の旅として三河・尾張・美濃への行幸の折、熱田に立ち寄って尾張氏に篤く感謝した形跡がある。それはともかく、『記・紀』記述の妻汁合わせに戻れば、「尾張に置いたまま」の『古事記』が推古代で閉じられており、「天武紀」の記述との食い違いと誤解されないための適切な措置の必要を感じた編者の配慮で、「天智紀」にある追加がなされた。「天智七年是歳条に「沙門道行、草薙剣を盗みて、新羅に逃げていく。而して中道に風雨にあいて、荒迷いて帰る」の文字を入れた。剣はここで宮中に帰ったと言いたげであるがその文言はない。時は唐・新羅による百済滅亡後の諸事に多忙な倭の人々に大きな「気休め」となる一文だが、倭人の新羅憎しの感情を高めたことは間違いない。

また私事になるが、高校生で「天智紀」七年段に「是歳、沙門道行、草薙剣を盗みて、新羅に逃げ行く。而して中道に風雨にあいて荒迷いて帰る」の一行があるのに気づき、前後がつながって納得した私が、大学を出ていくらかは歴史文献を読む力がついたころ、またこの一行に出会って「なくもがな」だなと感じた記憶からの経験的推察である。『古事記』では尾張にとどまったはずの草薙剣が『日本書紀』ではどうして持統天皇が宮中から尾張に戻したかと不思議がられ、誤りと指摘されないように、どこかでその矛盾を解いておく必要を感じた持統天皇への忖度があったのであろうか。彼女は『記』にも『紀』のどちらにも深くかかわっており、その部分の記述内容を知悉していたはずだからである。その心遣いは「天智紀」七年の是歳条の「宝剣盗記事」となったことで解消できた…というのが私の高校生段階とすれば、「なくもがな」と感じえた時には、幾分なりとも歴史がわかるようになったということである。

北への路はどうなったか

「神武東征」は神の導きにより、南の端から北に向けて進む第一歩だと、第一話で述べた。さらに北への進路はどうなったか。崇峻三年（五九〇年）、天皇が使者を東山道、東海道、北陸道に派遣して、それぞれの国の境を調べさせたという記事がある。とくに東山道だけは蝦夷の国の境と特定している。当時はまだ官道はなく、古道と考えれば、北陸、東海のいずれも国の境という表現は蝦夷境としか考えられない。その蝦夷との東（太平洋）西（日本海）の海側の境と山を越える中央の国境を同じ時期に調べさせたのは、倭と蝦夷の間に共存（併存というべきか）から抗争への変化が生まれていたのかもしれない。

その抗争が現実化したのは舒明九年（六三七年）で、それまでの入朝・貢納がないので、上毛（群馬）の君に侵攻を命じたが逆に敗退し、辛うじて元に戻したという事件が発生した。そしてその失敗から、陸路による進出が困難とみて海側からの攻撃が国境の柵の整備・強化と合わせて、海路による大規模な進出が企てられた。それはとくに斉明期に集中しており、中大兄皇子による北方進出が本格的に始まったとみていい。斉明四年（六五八年）には阿部臣比羅夫による粛慎（みしはせ）（おそらくアイヌ）との接触もあり、秋田周辺（齶田（あぎた）、渟代（ぬしろ））を中心に、蝦夷政略が進んだ。この時期の蝦夷の状態を詳しく述べているのは、遣唐使の視察報告を任とした伊吉（いきち）連（むらじ）博徳（はかとこ）の報告書である。「斉明紀」には、その四年の段に唐皇帝との蝦夷に関する問答記録があるので、それによって倭による蝦夷国についての倭の理解状況を抜きだし紹介したい。この時は蝦夷二人（男女）を献上物として持参している。「天子問たまわく、蝦夷は幾種ぞや」、答えて申す「類三種あり、遠きものをば都加留、次を麁蝦夷と名づけ、近きものをば熟蝦夷となづく」と言って、ここにいるのは熟蝦夷だと紹介している。また問いに答えて、食は五穀がなく、肉を食べて暮らし、家屋なく深山で樹木の下に住むと返事している。

これらの問答から、倭の国ではまだ手のついていない津軽の蝦夷、倭に親交を求める熟蝦夷、そして山奥に住み靡かない麁蝦夷に分け、さらにこの問答には出てこない粛慎もその別種として把握し、とりあえず麁蝦夷を熟蝦夷とする馴化政策を進めようとしていることがわかる。しかしこれは進出しやすい海岸に近い一部の一時的な接触に過ぎず、更に山奥の蝦夷とは接触すら困難な状態のようで、とくに粛慎は、蝦夷との交流はあるものの、倭との接触には極めて慎重な状態が窺われる。おそらく未知の状態である北海道の主な住民であるアイヌは論外だが、津軽の蝦夷との接触すらままならないような状態だったように感じられる。とりあえずはもっとも接触のある越境の渟足（現新潟市）の柵を設け、その管理の住民を集め、交流を図ったのは孝徳年代であった。「乙巳の変」の直後、孝徳三年のことで、その翌年には磐船（現村上市）にも柵を設け、信濃、越の住民を選んで柵戸として住まわせた。こうした政策がさらに進んだのは、和銅五年（七一二年）越が分割され、越後と出羽が設けられてからであった。

こうした馴化政策は中大兄（天智天皇）の方針に沿ったものであろうが、天武天皇は違った北方政策を進めようとした。「信濃遷都」計画である。壬申の乱の恩賞がほぼ終わった天武一二年暮、「凡そ都城・宮室、一処に非ず。必ず両参造らん」と宣して、先ず孝徳時代に拡張された難波の宮を中心に副都づくりを決め、百寮に対してそこに土地確保の準備を命じた。それで西国の玄関口の強化を図った天皇は、それと並行してもう一つの副都を信濃に設けることを計画し、腹心三野王らに調査を指示した。これは遅々として進まぬ東国、とくに蝦夷対策の新たな強化を目指すものであり、陸路からの進出により蝦夷境で起こりうる騒乱に急遽対応できる国づくりの具体化であった。つづけざまに文武の官僚に対して馬・兵の準備と日常的訓練を求め、「其れ馬あらん者をば騎士とせよ、馬なからん者をば歩率（かちびと）とせよ。並びに当（まさ）に試練（ととの）へて、聚（あつま）り会（あ）うに障ること勿（なかれ）。もし詔の旨に違いて、馬・兵に不便有り、亦装束闕くることあらば親王より以下、諸臣に至るまでに、並に罰へしむ」という強い指示である。こうした国内統治の強化は、中央集権を目指す政権の確立を具体化するものであり、その中心に蝦夷地を含む東国地方の完全支配をめざすことを当面の目的とした信濃副都づくりを計画したわけである。

それがまだ具体化する前に天皇が病床に就いた。天武一四年九月であったが、引き続き一〇月にはさらに別の朝臣らを派遣して行宮をつくらせた。古東山道近くの現松本市域であったという。「天武紀下」は、幾分か批判気味に「蓋し束間の湯（筑摩の浅間温泉）に幸（いでま）さんとおもおすか」と書いているが、集権体制の完成を目指す天皇の執念ととるべきではないのか。そこまで進め得たのは皇后鸕野（うの）の強い援助があったからで、そのことは後に持統太上天皇が最晩年に三河、尾張を行幸され、熱田に立ち寄り、東山道改修のための支援を取り付けたことなどから明らかだが、その沿道にある広大な山麓牧場での馬育成の成果とともに、天武天皇の蝦夷地の支配貫徹構想は着実に進行することにつながった。それは百二十年余りも後の桓武天皇の阿弖流為（アテルイ）殺害で、都ではやっと一つの区切りをつけたかたちとなるが、奥州一帯ではその後も依然としてくすぶり続けた。古代においてはアイヌ問題は接触もなく、ここでは問題外とせざるを得ない。しかしその後の歴史で北海道開発が進み、いわば北への終着に近づいたが、そのプロセスはアイヌ民族浄化でしかなかった。現代ほとんど絶滅かともいえるアイヌ問題に真剣に取り組み、日本国を形成しているのは日本民族とアイヌ民族だという基本に沿った抜本的な解決への道を遅れることなく具体化しなければならない。そのことによってしか北への道の終着はあり得ず、ジンムが始めた大事業の完成という日本の歴史のとりあえずの終着点は未踏のままとならざるをえない。到達可能となりうる時間は、今やほとんどない。

（最後の項については、東海学センター主催の「第七回 東海学シンポジウム」資料に投稿を依頼されて、「天武の北進政策と信濃副都・東山道建設」を書き、誌上参加したので、興味を持たれれば参照されたい。）

第九話　阿毎(アメ)系天皇の形成とその特徴

ここで「阿毎(アメ)系」とは、継体天皇が病没して以後、「乙巳の変」まで大臣の権力を握り続けてきた蘇我氏による国史検討の結果を使者から伝え聞いたと思われる事柄を記述した『隋書』の「倭の天皇の姓は阿毎」をそのまま使ったものだが、この第九話は今まで検討して明らかにしてきたタラシ系、クサカ系とは違った「アメ系」の倭国の最高の統括者（スメラミコト）の形成、（それは「天皇・てんのう」の確立を意味する）に焦点を当てたい。

この中国書に記された「アメ」はどこで、またどのようにして言われ始めたのだろうか。「どこ」について言えば、蘇我による国史づくりのなか以外には考えられない。稲目は苦心して女系を通して復活し、欽明、敏達を共に天皇位に就かせることに成功したクサカ系の血統を蘇我本宗家の女性と娶せることで新たな皇統をつくろうとしたことにある。

「どのようにして」についてはどうか。天皇の和風諡号には漢風諡号と同じく、生年の活動時の字（あざな）をそのまま尊称としたと思わせるものが少なくないが、欽明天皇のアメクニオシハラキヒロニハに始まり、持統天皇までの十二人の天皇（除く弘文）うちに「アメ」の號をもつのが六人もいる。馬子がひそかに隋に派遣した小野妹子が彼の地で「倭王の姓は阿毎」と伝えたことから言って、蘇我本宗家の意図は明らかで、それが続いたことは意図の成功を意味する。しかし唯一の錯誤は「乙巳の変」による政権の大変動で、それによって本宗系蘇我は排除され、代わって石川蘇我系がそれを継続することになった。「アメ」の文字は皇極天皇以降はすべての天皇に連続して使われており、強い血縁的系統もっている。欽明天皇から見れば、敏達天皇代にタラシ系の息長の血も関わり、タラシ、クサカにソガ系を加えた三つの血統の混合ともいえる。そうした新たな天皇系としてのアメ系が辿っていく経緯をいくらか復習しながら整理してみよう。

簡単にいうと、タラシ系のスメラミコトは稲作の本格的導入に努め、そのための道具、技術の導入・開発・整備を進め、それを大和から周辺各地に広げるために大きな力を発揮した。しかしその技術は小規模な河川・溜池灌漑に頼りがちで、その社会・文明は容易に拡散はするが権力は分散化し、生産力の向上による政治支配の強化には向きがたいものだった。位置の優位性から北九州でも同じ社会形成はあったが、遅れて進出して九州南部に定着した勢力（いわゆる熊襲）に阻まれて衰退した。それを阻んだのは「球磨・曽於」（熊襲）族で、やがて中国大陸の進んだ稲作技術を身につけ、タラシ系に代わって勢力を広げ、河川開発を中心にして灌漑技術による生産基盤の強化とその拡大に加えて、河川管理の強化のための社会統轄能力を高め、それにあわせた政治支配力の強化・集中も同時に進行させたクサカ系が国家形成を急速かつ確実に進めた。しかしその強大な権力を政治・社会的に維持する仕組み・制度の整備を欠いて、ごく短期間に力を失った。その欠陥は蘇我氏の興隆とクサカ系の維持が並行しながら進むことで埋められ、やがて果てはソガ系優位の新たな天皇系の形成も見える兆しもあったが、その過程で偶然にも、今ここで問題にしている「非蘇我系」つまり「アメ系」の出現があった。そのきっかけと具体的な展開はおもに第八話で述べたが、改めてその時代的意味をふくめて再確認していきたい。

誰が広く目を開き、外と交わって実情を認識したか

仁徳天皇に始まるクサカ系の実質的な最後となった雄略天皇は、「上に」を目指し、下を単に自分の権力の基盤であり、強力（兵力）に変える以外にはほとんど考えなかったために、すぐれた後継をうることができず、短期間のうちに消え去った。生活基盤をもっていた瑞歯別（ミズハワケ）（反正天皇）の姫たちから「恒に暴く強くましましき人」とみられ入玉を拒まれるほど、自己の権力強化に凝り固まっていた。その果てはすべての後継者を自らの力でねじ殺した。上位の権力を得たならば、できる限り下位に目を開き、交わってその真実を認識しようとした人物は、蘇我の努力でクサカ系の血を恢復した最初の天皇・敏達であった。彼の執拗なまでの百済王への要請よって天皇のもとにやってきた倭人系百済人の達率「日羅」が、諮問にこたえて言った

「まずは百姓を養え」にすぐに応えられるほどの『記・紀』に登場できるクラスの人物はもちろん想像もできないが、その言葉を直言したうえで自らが百済の高官として立案した秘密情報を打ち明け、己が父の生国の倭の将来への備えを訴えて、自国の仲間に殺害されたほどの高潔な人物を探り出し、招き得て貴重な情報を洩らさせるほどの情愛を彼に示しえた敏達天皇は、やはりまず名を揚げねばならない人物であろう。

そして、その天皇敏達をそのように導くきっかけをつくった欽明天皇もさらにもう一人の人物として書きおくべき人物である。率直に言えば完璧な蘇我の枠の中で生まれ、育てられて、ただ蘇我系の皇子、皇女を生むためだけの人物と予断していた私だったが、「欽明紀」のほとんど最後近くの三一年条に、初めての高句麗の倭への使節が越の海岸近くで遭難し、救助した地方高官に騙され宝物を奪われ放浪した事件を聞き知った天皇が、「漂い溺るるに苦しむと雖も尚生命を全うす」状況に心打たれて、恵みの教化を広く示し、救助して事の成り行きを調べるように太子敏達に指示したと書かれたことの意味は大きく、それが人間天皇敏達の人格形成に大きく貢献したことは間違いない。

もし彼、欽明が従来通りの敵は敵、つまり長年にわたって百済の敵として行動した国・高句麗の関係者として使節の遭難や不運な略奪の被害者を捕え、それに似つかわしく冷遇するのみの姿勢で対応していたならば、蘇我本宗家系のイニシアによる天皇系への展望が開けて、後の政治状況に影響を与えたかも知れないという想いを止めることはできない。偶然とはいえこの事件が明らかになった年は蘇我稲目の死去年で、大臣不在の時でもあった。沈着冷静な稲目だったらどうしたかと思わざるを得ないが、ともかく「歴史の偶然とはどこか必然につながるものか」と深く思わざるをえない。これに奇しくもこの事件を都に伝えたのが、かつて雄略代に高句麗の侵略に備えて百済から倭に避難した百済王族の一人の女性が祖として深く関わる越の江沼氏であったことも、さらにひとしおこの感を強く起こさせるのかもしれない。倭に漂流したのは高句麗の使節で、旧来からの百済最大の敵で、常に『書紀』が悪しざまにののしり続けてきた国の使節だったにもかかわらず、人そのものに対する心広くもまた思い優しい対応を天皇が太子に求めた状況は、これまで『記・紀』に書かれたことのないほどの心使いが溢れていた。この二つの事績は『記・紀』全体を通じても稀有な意味をもち、人のありようを深く考えさせる重要な部分であると思う。従来の文献の中でそれに触れたものはなかったので、とりわけその意味の重要さを重ねて指摘しておきたい。まさにそのことが、「アメ系天皇」への道を開くきっかけでもあった。

中大兄皇子の場合

いかなる相手にたいしても、可能な限り積極的に接触してその動向に心を配ることのできる位置をもちながら、それを自己の行動に生かしえ得なかった人物の存在についても触れなければならない。危機に陥った百済を救うために二万余にものぼる大軍と、千隻ともいわれる船を動員して唐・新羅に対抗した戦いを総指揮した中大兄皇子（天智天皇）である。

白村江の戦いでの敗北により大きな打撃を受けた倭の実質総指揮者、中大兄皇子は、新羅や唐の戦後処理の動向を充分に把握できなかったために、新羅・唐が戦勝に加勢されて倭国へ侵攻する危険があると考えて、防御のための壕、砦、城など様々な防備の体制作りに追われた。しかし唐は戦いの相手を百済に限定し、しかもその百済の指揮をした倭から急遽送られた百済王の余豊を問題にせず（彼は戦闘中行方不明となる）、それ以前に退位していた余隆を、唐指導下で設けられた熊津都督に迎えた（もっとも彼はそれを受けず、高麗に走り、そこで死亡した）。新羅もこれ以上の倭との摩擦を避けるべく使者などを送ったりし、以前と同じく貢ぎ物を交換し合う交流に努めた。拒否したのはむしろ倭国だった。さらに言えば、その後、高麗が唐に滅ぼされるや、その遺民が擁した王を認め、自領内に高麗国を再建し旧例に従って、日本に交流の使者を送っている。戦後処理を充分にしなかった倭国の対応は、こうした状況をよく掴めず、防御に汲々とし、戦後復旧の遅れと、過大で無駄な施設づくりの損失を招くことになった。

しかも、六年の称制による戦後処理に奔走した天智天皇の権力基盤を弱めることに繋がった近江遷都がなされた。この遷都は下層の官吏にとりわけ大きな負担を負わせることになった。彼らの所領地は都（大和）に近い土地だけで、違った場所への遷都はただちに暮らしを脆弱化させざるをえなくする。同じ遷都でもさして影響を受けないのは上層の蘇我氏（本宗家末流）や中臣氏など、全国的に所領をもち、それらから集める豊かな富で余裕のある氏族が主だった。

天智朝はこうした大氏族主導の政治社会であった。

大海人皇子の場合

こうした中、下層官人たちの事情や動向をいち早く把握して、再び大和に基盤を置く政治権力の確立を狙っていたのが、長く皇太子を務め、ひと足下がって世間の情勢を見ることができた大海人皇子で、死の床にあって遅く生まれた実の子・弘文への支持を依頼する兄天智の願いを断り、大和の吉野にこもりながら四囲に情報網を張って動静を見極め、いち早く近江政権の動きを察知し、先駆けて大和脱出、要衝不破の関を抑え、勢力に勝る近江軍に勝利した。

この大海人側が敏速な行動を可能にした大きな要因の一つに、不破の関につながる西美濃一帯が大海人支持地帯であったことがある。美濃の味蜂間（安八）郡は皇太子の名代である壬生の村（壬生郡・宮地村）もあり、長く皇太子として過ごした大海人をよく知り、三千の兵力を動員させる力をもっていたこと、また近江から不破の関を通って古い東山道や北陸への古道が存在し、その沿道地帯に大海人のいわば股肱の配下であった村国、和珥部（わにべ）、牟宣津（むげつ）などの勢力が集中していたことなどのいわば地の利があった。近江勢力が尾張や美濃から二万にも及ぶ兵力をあらかじめ動員しているという情報をいち早く吉野に伝え、緊急の行動を可能としたのもこの地域の利が大きく寄与した。不破の関封鎖の情報を村国から大海人が直接受けたのは北伊勢の地であったが、鈴鹿の関を幸運にも無事通過したものの、深夜の降りしきる雨の中の厳しい山越えで疲労困憊していた人々（とりわけ鸕野皇女）をどれだけ勇気づけたことであろうか。尾張氏が一行のために不破の関に近い野上に戦の指揮も兼ねて宮用の居宅を提供したことなど、数多くの幸運があった（大垣在に戦時疎開し、授業で「壬申の乱」の授業で深く歴史に興味をもち、その関係地をめぐりまわった時の印象から、私は地域のもつ意味の重要さについての研究というテーマにたどり着いて生涯を送った思いが蘇ってくる）。

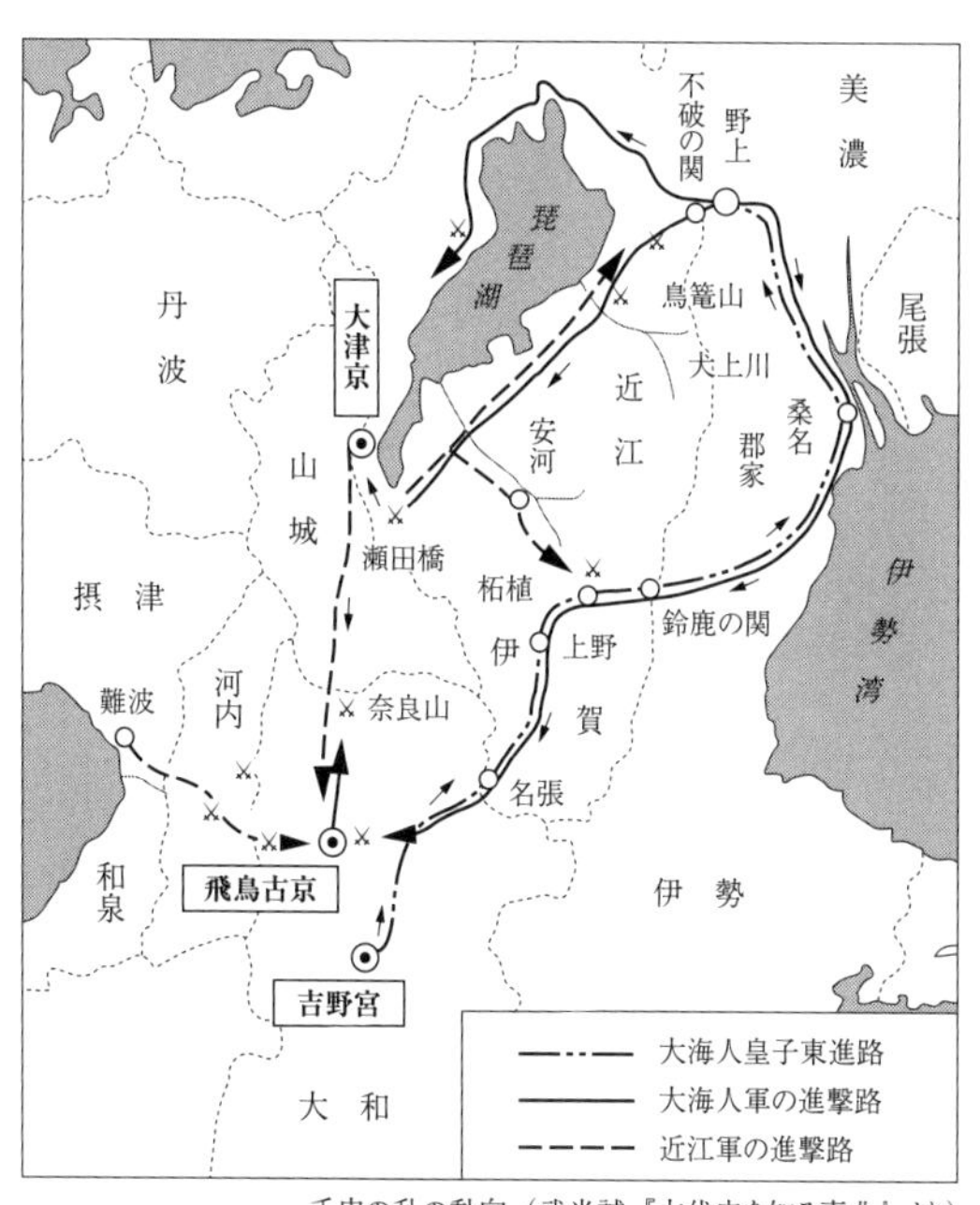

壬申の乱の動向（武光誠『古代史を知る事典』より）

図17　壬申の乱の動向

こうした地の利を生かせたことが「壬申の乱」勝利の最大要因で、それによって可能となった機敏性だったことを揚げる人が多く、それは確かではあるが、勝因の第一はむしろ主戦場となった大和の基盤をしっかりと把握していたことであるとみるべきであろう。この乱での戦いの状況は「天武紀上」に詳しいが、天武側の中心になり後に「将軍」と呼ばれるにいたった大伴吹負の活躍はまさに刮目に値する。最初はわずか数十の仲間を兵として率いて大和を転戦し、数多くの戦闘で敗れはするが常に援軍によって挽回し、最後の決戦となった高安城（外国侵入に対する防御のための最後の砦）の攻防でも、西国から引率された多数の近江軍を最終的に敗北させる主力の中心にまでなった吹負の発した「其れ兵を発す元の意は百姓を殺さんには非ず。是元凶の為なり。故妄りに殺すこと勿れ」（天武紀上）といういくさの理に叶った号令に力を得た地元大和の人々の底力であった。その力への認識は、戦の処理のなかで進められた論功行賞で、詳細な調査をもとに欠けることなく官位が与えられ、天武天皇の有力な権力基盤となったことは言うまでもない。

女性天皇の果たした役割

最初の女性天皇は崇峻天皇殺害後、蘇我馬子の強い要請に応えた推古天皇であったが、その後『書紀』最後の持統天皇までの四人（再祚があり、実際は三人）の女性天皇が即位した。一方、男性天皇は舒明、孝徳、天智、天武の四人で、在位年数でみると、女性が五十八年、男性が四十二年となり、他の時代と比べて女性天皇が目立って優勢である。もし区切りを大和南部に都のあった藤原京代までを少し延長して、奈良遷都以前とすれば、この女性優位はさらに高まる。そこでのとりわけ留意すべき事項は何であったか。偶然にも時代を大きく古と新を分けることになった推古天皇は三十六年という、おそらく最長期在位年を数えたが、ほぼ最後まで大臣蘇我馬子の治政が独断的に進められた時代であり、存在性を発揮した事績はほとんどないといっていいのではないか。（『記・紀』編纂がなされたころ、推古までを古い時代としてそれ以降を新とした。その根拠はジンム建国の年を中国の辛酉説にのっとり辛酉歳とし、当時から一蔀（ホウ）（一元六十年、二十一元一蔀）を尺度にして辛酉歳を探すと、推古九年の辛酉が一区切りとなることにもとづく区分）。「推古紀」二十年、正月を祝った宴の場で大臣の祝の歌献呈にたいして和して応えた推古の歌が、それをはっきり表している。

真蘇我よ　蘇我の子らは　馬ならば　日向の駒　太刀ならば　呉の真刀
諾しかも　蘇我の子らを　大君の　使はすらしき

その蘇我の頂点にある馬子が死の二年前、天皇に対して葛城山系の東麓にあった天皇所領地の蘇我氏への下賜を求めたとき、推古はそれを拒んだ。「推古紀」に曰く、「今朕は蘇我より出でたり。大臣は亦朕が舅たり。故、大臣の言をば、夜に申さば夜も明かさず、日に言さば日も晩（くら）さず、何の辞をか用ゐざらん。然るに今、朕が世にして、頓に是の県を失ひてば、後の君の曰はまく『愚かに痴しき婦人、天下に臨みて頓にその県を亡せり』とのたまわん。豈独り朕不賢のみならんや。大臣も不忠（つたな）くなりなん。是後の葉（よ）の悪しき名ならん」と述べて、許さなかった。これはほとんど唯一の馬子への「否」の行為である。

これをどう見るか、史家の意見は分かれる。あるものは、長く天皇の座にあって、様々な事柄を天皇として体験し、私利私欲の行いはしてはならないという強い意志が心中につくられてきていて、永遠に残って誰の目にも明らかに天皇の地から蘇我の地への変更はできないという「天皇は民すべてに不偏の立場」の確立と評価し、またある者はこれは史実かどうか、反蘇我的な雰囲気を醸成するための「推古紀」執筆者の創作ものであって、むしろ蘇我の全盛を賛美し馬子を称えたことが事実で、その馬子の死による衰退を予兆したものかもしれないという説もある。いずれかは決せないが、その土地はかつて雄略天皇が大泊瀬皇子の時、安康天皇を殺したマヨワ王子が逃げ込んだ当時の大臣の葛城氏系の邸宅のある土地であり、現在名で言えば曽我川と並行して流れる葛城川に面して、河内、難波、紀の三方と都の飛鳥とを結ぶ枢要の位置などからいって、蘇我にとっては垂涎の的となりうる場所であることから、馬子最晩年のやっておきたい最後の望みだったという感が私には強い。とすれば、それを拒否した推古天皇の「否」の意味は想像以上の意味をもつのではないか。まさか筆者の願望による筆の迷いではあるまい。蘇我の舅を称えた歌を和唱した時から十年余の歳月は決して無為ではなかったと思いたい。

皇極（斉明）天皇はまさに国の内外ともに激動した時期の天皇という不運に明け暮れた女性天皇であった。第三十四代舒明天皇の后として、天皇亡き後の長い殯宮の主である「中皇命」的な役割を終えて、なお次期天皇未決定のなか第三十五代天皇皇極として高御座に昇ったが、間もなく起こった「乙巳の変」に際し、大臣代理の蘇我入鹿殺戮の場にあって肝を冷やし、その混乱の鎮静化を図るために弟・軽皇子（孝徳天皇）に譲位し、次期体制になってなお実権を持つ実の子・中大兄の天皇就任が見送られ、再び斉明として再祚した。「斉明紀」は、第二十五代天皇の「紀」と並んで、もっとも読みたくない部分である。蝦夷対策にかかわる部分を除くと、最初から不吉な様相の人らしきものが葛城山から生駒山にかけて大空を飛び去るという話で幕が開き、前天皇孝徳の子であり、甥でもある有馬王子の謀反の企てによる殺害、祝うべき初孫の体位不具による夭死、そして六年、百済王朝の崩壊、そして最後七年に、百済救援の軍隊をひきつれて、自らも博多の行宮の朝倉宮に宿泊中、改装のために社の木を切った神罰かといわれる落雷による御殿の崩壊で鬼火が現れたとのうわさが立ち、その騒ぎの中で崩御、その喪の儀を鬼が山上から覗いたといった暗い記事が立て続けに叙述されているからである。しかし、その女性天皇、諡号でアメトヨタカライカシヒタラシヒメ、再祚前の皇極年代の元年、干照りで神仏の祈りも効き目なく、蘇我大臣（蝦夷）の祈りも空しかった時、天皇が跪いて四方に捧げた祈りで大雨を呼び、人々を救ったという記述につづいて、「至徳増します天皇なり」と民から称賛されたというくだりがある。こうした天皇の祈りで天の助けが得られたというたぐいの記事は決して珍しくはないが、民百姓が褒め称えるという事例はなく、あの高徳を強調された仁徳天皇でも例外ではない稀有な筆痕を辿ることができる。敷衍すれば、この天皇の民への思いが深かったということになろう。

最後の女性天皇は持統天皇であるが、彼女の有能ぶりはすでにさまざまに語られており、ほとんど付言する必要はないかもしれない。天武天皇の業績の半分は后のものと言われたが、「持統紀」も「（天武）天皇をたすけまつりて天下を定め給う。毎に侍執る際に、輒ち言、政事に及びて毗け補うところ多し」とそのまま確認している。それは大海人皇子の東宮時代にその子草壁を生み、東宮を辞し、法師として吉野に移る際にもためらうことなく即時同行し、夫皇子が天皇位を得ることへの執念を共にし、事が成った後では彼女の最大の目標が「草壁天皇」の実現であったことは、「天武紀下」の多くの場面で明瞭である。天武高齢化で指導力の衰えを感じさせる場面でも、むしろ天武を上回る政務執行ぶりだったことが諸所に現れている。それら事を処すにあたっての決断力は男をはるかに上回るものがあることは、称制以前の天皇重篤期から政務の執行を即断で決め、そのなかで天武の残務を執行する力は信濃遷都問題や藤原京建設などで十分に発揮され、また自己最大目標の達成に当たって障害となりかねない大津皇子断罪の敏速さにおいてはきわめて明瞭であった。「持統称制前紀」に特記されている「母儀徳（おもたるいきおい）有します」の評価は間違ってはいないと思う。そのことによる宮中内の非難にめげることなく、逆にそれに打ち勝つための行動の敏速果敢さは、「天武紀」の朱鳥元年六月条に書かれている「天皇の病を卜うに、草薙剣に祟れり。即日に、尾張国の熱田社に送り置く」に記事の「即日」の文字にはっきりと表れている。熱田社の文書のなかに『官符一状』があり、送付の使者は、時の中納言であったことを確認しているが、そうした高位の人物を即日動かすことによって実現された。

そしてあくまでも彼女の最大の悲願であった「草壁天皇」の実現は、持統称制三年の草壁皇子の死によって達成できなかったが、そこで自身が退位することなく、孫（草壁の子軽王子・後の文武天皇）への譲位を目指して厳しい周囲の反目のなか、自ら天皇位を維持する執念ともいえる生きざまには心打つものを感じざるを得ない。念願の藤原京が完成し、飛鳥浄御原宮からの遷都が持統天皇最後を飾る華やかな行事となった。持統八年の暮であった。長い念願かなって孫の軽皇子に天位を譲って退位した。「紀」の最後の文字は「皇太子に禅天皇位（ひつぎのみこにくにさり）たまうである。位を譲られた十五歳の皇子を文武天皇とした以後もなお太上天皇であった五年間も静穏な日々を都で送れたわけではなく、年若い孫の指導に明け暮れた。

そうした多忙な政務に明け暮れる持統天皇には、意外にも旅（行幸）の多さが目立っていた。「持統紀」で数えると、行幸の数は四十六回を数える。そのうちの三十一回が吉野であるから日頃の緊張から解放できる休養が目的だったと思われる。太上天皇として譲位した孫の文武天皇（十五歳で皇位、持統生存中は太行天皇）を援けてなお政務を執った五年を加えて、それ以外の旅は伊勢、紀州、三河・尾張・美濃と各地を訪れたが、重い政治課題を抱えていた。持統四年九月の紀州への行幸は「丁亥（二十三日）に、天皇、紀伊に幸す」とだけで事績記載はないが、時期柄からいって、天武の喪の終了、自身天皇位の報告、そして草壁死去の後の事態による武市皇子の太政大臣就任など多面にわたる報告を大和の国造り開始時の聖地、国懸神社に報告する目的であったと推察できる。この神社は『古事記』にも出てくる大和の祖神である。「神代段」で大国主命が八十神のいじめを逃れてスサノオの坐す「根のクニ」に向かうとき入口までの道を教えた紀ノ國の大屋毘古の神であり、天武ともども持統の信仰厚き地の神であった。

神への敬いは地の神だけではない。持統六年三月の伊勢神郡はじめ伊勢、伊賀への行幸では、出発に当たって起こったトラブルについての詳しい記述がある。中納言の大三輪高市麻呂が「農作の節」の行幸は民の負担が大きいことを理由とした行幸中止の進言であった。冠りものをとっての進言については専門家の異なった見解がありどう評価すべきかは難しいが、天武が「壬申の乱」以降に抜擢した大和の官僚層の能力の上昇（地の神）と皇祖の大もとである天照大神の崇敬の高まりを通じて、天皇の地位の向上（天の神）の二つの流れのぶつかり合いがそこで見られたということである。神代でのアマテラスとスサノオの確執や崇神、垂仁代の大和鎮座のアマテラスを東国伊勢へ遷座したという日本の神をめぐる対抗関係は、この時の持統が進言を退けて伊勢行幸を強行した判断で見る限りでだが、天の神に重心が移ってきていることを窺わせるものがある。天皇の絶対的地位（天皇制度）を確立させたのは天武・持統期であるという学説は大方の史家が認めるところである。それは確かだと私も賛同するが、その絶対的地位のもつ意味が大宝と年号が変わり独り立ちした文武天皇時代とともにまったく変わることになる。

律令政治への道

このように「東夷圏」世界の大変動に際しての倭（天武以降は日本）の政治に関わった女性天皇の事績を見ながら感じることは、良きにつけ悪しきにつけ、男性天皇と何ら変わるところは「無い」である。国のありように大きな影響をもつ天皇位は男子が優先さるべしという根拠はまったくなかった。むしろ民の状況把握の広さと深さにおいては、勝るとも劣るところはないというべきであろう。国の政治が高く評価されるためには、最上位の施政者が正しい方向に向いて大局を誤らないことだけでなく、それが誤りなく執行できる行政者の能力が備わっていることであり、その過程で明るみに出る欠落を容易に補正し変更できる仕組みが備わっていることであろうが、それは近代社会の課題であって、いまここで検討しつつある古代においては、政治執行の確実さ厳密さと、加えて長期的に慣例化された執行の実績がいかなる結果をもたらしたかを学んで、その改良のための先例探しに知恵と行動能力が備われば「最高」というべきで、その意味で推古朝の「十七条の憲法」は一つの鏡かも知れない。それに沿った政治執行能力はどうであったか、向上がみられたか否かを垣間見ることができる記述が『書紀』にないわけではない（律令制が完備した時代には、『令集解』という判断基準が例示され、評価の客観性が整備されたが、この時代はそうした仕組みは「今だし」であった）。

長らく継続した倭と新羅の交流における使節の官位の格の変化とそれに対する対応問題がそれである。「持統紀」三年の五月条の記述で、天武天皇の葬の儀に新羅からの使者が級飡

（きゅうさん：官位九位）だったが、天智天皇の時は一吉飡燦然（いつきっさん：官位第七位）であって今回は誤りだと倭が抗議し、慣例どおりだとする新羅側と論議となった。その時さらに別に日本側は天智天皇の葬儀の使者の聴取役は蘇判（官位第三）だったが、孝徳天皇の折には翳飡（えいさん：官位第二）だった事例を挙げ、強く変更を迫ったことが書かれている。こうした食い違いに対して、「天武紀」ではそうした記述を欠いており、欠礼を見逃していたことが後から分かったということが判明した。持統天皇の時代は天武紀を上回る行政能力の形成がみられつつあったわけである。もっと前からいえば、「十七条の憲法」が提示されその執行がかくも厳密に理解され、それが守られることを強く問題にできるほどの役人が推古代ではほとんど形成されてはおらず、政権上位者の指示に諾々と従い、下位者にたいしては逆の行動を強制する状況だったわけで、それを戒めるための指針としても「憲法」が必要だったということになる。その指示者がもし馬子だったら（それ以外には考えられない、後世の反蘇我的雰囲気がその代わりに聖徳太子をその作成者とさせた可能性は高い）、やはり彼の政治家としての能力は高かったというべきであろう。もっともそのことは彼が政治の権を一手に握っていた証拠ともなる。馬子の政治支配が強力だった時代は、隋帝の国書を紛失しても罪に問われなかったほどの野放図な政務だったわけで、その間、百年余の日本の行政力の進歩は格段である。その乱暴な外交で「日出ずる国」倭が中国の大國を「日の没する国」と呼んだ話で留飲を下げる程度の歴史は、一時的にはあり得ても、常態となれば、破滅になることは必定であり、白村江の悪夢はそれだったと思う。今我々が知る敗戦の悲劇はすべてそのたぐいの思い上がりだったかもしれない。外交の難しさを考えても、可能な限りで正確な判断を根底にして、相互理解の努力を積み重ねることでの繁栄こそが求められるべきだということは、まさに古代からの教訓でもある。

蘇我稲目の努力で復活したクサカ系天皇の継続は、その蘇我（本宗系）のあまりの強大化で途絶の危機的な状況もあったが、非蘇我系（正確には石川系蘇我が残されたので非本宗系蘇我か）の奇蹟的出現でアメ系の天皇として継続しえた感もある。しかしそのアメ系の天皇の継続に大きな貢献をなしたのは、歴史の経過から見れば、中臣鎌足から藤原不比等につながる巧妙で、かつ適切な助言と行動が加わったからでもある。持統天皇の事績からそれを強く感じる。その意味で、石川蘇我系の祖ともいうべき石川倉山田麻呂を死に追いやった中大兄の愚行で、彼の十分な力を発揮させなかったことは大きな損失ではなかったか。同族の讒言で窮地に追い込まれ、自ら建設に携わった山田寺で、反撃することなく「安ぞ君に逆らうことを構えん。……黄泉にも尚忠しきことを懐きて退らん」といって自決したと、孝徳五年三月条に書かれている。いくらかの修飾はあろうが、多くは真実ではなかったか。その存在あって末裔に優れた累系が輩出しえたことになり、天智、天武、持統とつづく「アメ系天皇」を実質的に継続させた功労者ではなかったか。幸い、『日本書紀』編纂のためにその累系の一人でもある持統天皇によって、「墓記」の提出を要請された十八氏のひとつ、石川氏として復活し、「アメ系天皇」を支える一部となりえた。同じく惜しまれる人物としてもう一人孝徳天皇を揚げねばならない。「乙己の変」の混乱で皇極に代わる役割を果たし、難波での新たな雰囲気のなかで「大化の改新」と呼ばれる新たな制度づくりを目指そうとした十年余の努力を中大兄はさして評価しなかったようで、孝徳の反対を無視してまた飛鳥に都を移した。后も官人もそれにしたがって難波を去り、悲しみの中で崩御した。政策的な対立は「孝徳紀」を見る限り書かれていない。中大兄の都移動の意図は判らない。唐・新羅の侵攻を防ぐだけだったろうか。単なる代役だったとすれば惜しまれる。彼の死後の殯の場での后の歌が実は中大兄を念頭にしたものと『万葉集』編者に解されたことで、寂しさひとしおである。

「東夷圏」諸国の先進的制度を模倣しただけでなくその神髄に学び、それを充分に使いこなせるだけの能力をもった官僚に支えられ、権力の一部をその官僚たちの頂点に立つ太政・左右大臣と共有しながら、一連の「アメ系天皇」は大宝律令に寄りながら、藤原京から平城京（奈良京）に移り、『記・紀世界』が完全に幕を閉じる。歴もまた七世紀から八世紀に移る。

第十話　『記・紀』の外から『記・紀』を読む

持統天皇と八世紀の天皇諸像

『日本書紀』は「持統紀」の「（一一年）八月乙丑の朔に、天皇、策を禁中に定めて、皇太子に禅天皇位（くにさり：譲位）たまう」で三十巻のすべてが終わる。しかし譲位後も持統天皇は五年間にわたってまだ年若い文武天皇を援け、太上天皇として政治の実権をもち続けた。その時代の事績でとりわけ目立つのは四十五日という未曽有に長い三河・尾張・美濃の旅であった。その目的も行動経由も不明で、諸学者の興味を引いたが、私は旧著で尾張氏の居としていた熱田の宮で天武・持統が進めようとした信濃遷都（副都づくり）への支援の要請と「草薙剣送置事件」での協力への謝意表明にあったと断じた。三河の宮崎鼻（現西尾市吉良の岬）での尾張氏祖タケイナダ祭祀の幡豆神社参詣につづく熱田の宮で発せられた異例の広域な土地下賜は、天皇在位中ではバランスを欠く措置として天皇でも許されなかった行為であったであろうが、太上天皇（後世の上皇）という「令」に縛られない特別の恩賞のゆえに問題とはされなかった。

旅のお土産の大きさに律令の高官も驚愕したという風聞もある。三河湾支配権と熱田社の神宮格の成立につながる持統在位中の陰の尾張氏の支援への謝礼として大盤振る舞いをして都に帰って（詳細は前掲の二拙著参照）直後に病床に就きひと月余で崩御された。

持統が夫天武とともに築きあげた天皇の絶対的権力確立を象徴するこの時を境に、「アメ系天皇」の威光は急速に低下する。そのもっとも大きな原因は天皇位にふさわしい強力な後継者の欠落である。前言したが、持統は皇子草壁以外に子は持たなかった。姉太田皇女が大津皇子出産後に再び天智の子を宿したことがその早死につながったことへの戒めとして、再度の出産をすべて断ったといわれている。そしてその子草壁皇太子は、皇位を前にして、一人の皇子、二人の皇女を残して崩御した。その軽皇子は天皇文武となり妃から二人の皇子を残したが、后を得ないまま崩御した。そのうちの一人は藤原不比等の女（むすめ）宮子が産んだ首皇子である。次いでもう一人は石川蘇我氏の連子（つづれこ）の孫女（むすめ）、刀子娘（とねのいらつめ）の生んだ広成皇子であったが、何故か明確な理由は定かではないが皇籍のはく奪を受け、石川朝臣と格下げされたために次期皇位権を失った。石川蘇我氏の勢力と藤原（元中臣）氏の勢力の激しい争いの結果と思われている。さらに加えて、文武天皇系にも関わった両氏の権力争いはいくらか次元が異なるといえもう一つあった。草壁の皇女の吉備皇女の系統には、壬申の乱で天武を援けて功績の高かった高市皇子の間に生まれた王子、長屋王があった。彼は血縁からもまた能力からも目立った有力者で、さらに天皇後継者となるのに充分な資格のある三人の王子があった。長屋王は不比等の下で大宝律令の整備と執行に力を発揮し、その片腕となるほどの才能を発揮した。彼の実行力が十二分に発揮されたのは、天武・持統が力を尽くした東山道づくりで、最難関だった諏訪山嶺道コースを実現するために大きな政治力を発揮したことである。諏訪郡を切り離し伊那郡と合わせた諏訪国を工事期に関わる短期間のいわば「でっち上げ」（一国は二郡以上が必要条件である）的設定でつくり、美濃を担当する按察使（あぜち）の笠朝臣麻呂の指揮の下で実現させたことである。不比等亡き後の子藤原武智麻呂らの讒言による国家反逆の罪で殺され、一累ともども皇位権から外された。こうした少子傾向に加えて、有力氏族間の外戚競争がもたらす暗躍で天皇の後継候補が消え去り、遂には天武・持統系では不比等の娘の宮子の生んだ幼少の首皇子だけが最後に残された。かつて天皇家の外戚として栄華を誇り、また尊敬もさせた蘇我氏は「乙巳の変」で残り続けた石川氏としてもその地位を維持してきたが、藤原氏に譲ることになった。その過程で行われた数々の陰謀を含めて、ひそかな非難と恨みを残しつつ藤原の新たな繁栄の時代が始まることになったが、そのことは天皇氏にも大きな影響を与えた。その問題をまとめてみよう。

わずかに二十五歳の若さで、ただ一人の幼少の皇子を残して世を去った文武天皇の跡を継いだのはその母、故草壁太子の妃であった天智の子・阿部皇女の元明天皇であった。在位期間に武蔵から銅が献上され、初めて倭製の銅貨が鋳造されたことを祝って元号が大宝から和銅へと変わり、都を南大和の飛鳥三山に囲まれた藤原京から北の奈良へと移す計画が進んだ時代だが、その完成を待たずに病没された（在位七年）。その後継は草壁の皇女で文武の妹の氷高媛で元正天皇と称された。奈良遷都が実行され、また太安麻侶に詔して『古事記』を完成させた。さらに諸国に「風土記」の編纂を命じて、古事記につづく各地の旧辞や地方事情の収集を図ったりして、確かに新たな時代が開けつつあったが、それは主として藤原氏系の主導する律令に基礎を置く政治の確立の生みだしたものであり、まさに不比等全盛時代である（在位八年）。首皇子の成長、そして聖武天皇の即位までの穴埋めとしての役割にとどまった感が強い。

古代天皇位の終末

聖武天皇の時代は二十五年の長きにわたって続き、その大部分は天平を元号とし、いわゆる「天平の仏教文化」が花開き、藤原氏を頂点として律令制によって生まれた貴人達が、のんびりとした陽光のなかで散る花を楽しみ歌を詠んだ時代であるが、天皇は在位中の五年にわたって奈良を離れ、近隣の各地の宮を放浪的に回った。藤原の実力者恵美押勝との不和が原因と言われる。天皇位を継ぐ皇子、皇女の数は依然として過少に過ぎた。その数少ない即位可能な皇統であった聖武の娘阿部皇女が孝謙として即位したが同じく藤原氏の重圧で退位を余儀なくされた後を、『日本書紀』編纂の大役を果たした舎人親王（草壁皇子の弟）の王子が藤原氏に担がれて淳仁天皇として後継し、わずか六年で三十そこそこの若い人生を閉じた後は、天武・持統の系譜は絶えた。とりあえず聖徳天皇として重祚することで継がざるをえなかったのは、その時に太上天皇だった前天皇の孝謙であるが、その受諾に当たっての「宣命体」において「御祖大皇后（持統）が『岡宮御宇天皇』の日継が絶えてしまうので女子ながら皇位を継承せよと命じられた」旨の文意が述べられている。ここで「岡宮御宇天皇」とは、淳仁天皇が草壁皇子（死後の尊号は日並知皇子命）に対して追贈した尊名である。淳仁天皇はまた自らの父・舎人親王に対しても「崇道盡敬皇帝」を贈付していることも含めて、古代天皇位の終末という問題として纏めてみたい。

持統天皇の和風諡号は「高天原広野姫（たかまのはらひろのひめ）」である。和歌を柿本人麻呂に指導されたと伝えられる天皇は万葉にかずかずの歌が採録されており、その中に月、日、星を詠いこみ、愛する夫や御子に擬しながら偲ぶ歌があり、星を詠いこんだ万葉歌はほかにないという評を見たこともある。この諡号に込められた「高天原」は神話の舞台としてのそれであろう。高天の原で神として大八洲をご覧になっている天皇がイメージされているように思う。神として我が子、地上で天皇位を得ることはできなかったが、「岡宮御宇天皇」の尊号を贈られてやっと生涯の想いを充足させてくれた淳仁天皇の心遣いに感謝されたに違いない。あたかも神代においてアマテラス大神がわが孫（ニニギ）を大八洲へ降臨させ、無事その地を統べることができるよう天界から助力を与えつつその無窮を願ったと同じく、諡号にある高天の原から我が子草壁の統治がさらにつづくためにすべての身近な系累が守護すべきだという想いを告げていたように思う。その思いに応えるべく、后であった阿閉皇女が文武の後を元明天皇として継ぎ、八年の後崩御でそれを継いだのはその皇女、つまり草壁の娘で、文武天皇の妹でもあった独身の氷高皇女が文

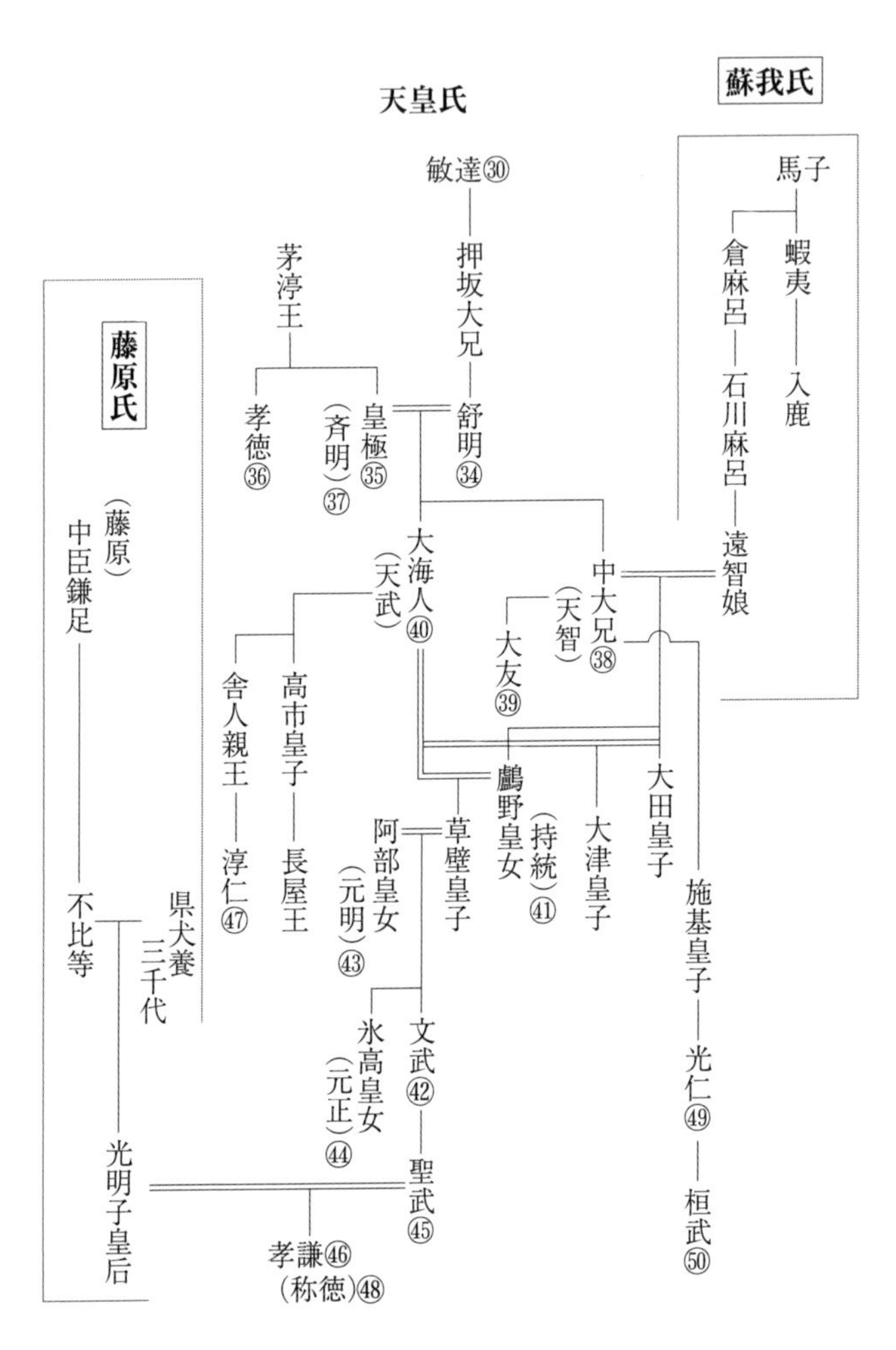

図18　天皇氏と蘇我・藤原氏関係図

字どおり身をころして元正天皇として日嗣（ひつぎ）を守った。つまり草壁・岡宮御宇天皇のもっとも近しい縁者がすべて天皇となったことになる。天界にある御祖后（持統）の特別の願いを感じた孝謙もまた重任を顧みず依頼に応えて重祚して称徳となったほどである。

文武を含めて、子（皇子）、后、子（皇女）そして曽孫という三人の女性の日嗣についての責務は、すべて近親として感じうる身近に生きた「草壁天皇」に集約される。天武天皇代まで存在していた歴代の天皇の日継への責務は言うまでもなくアマテラスの神とその孫（皇孫）ニニギへの畏敬であったことに比すれば全く異質のものと言わなければならない。皇孫による大八洲統治の権能もまた大きく変化したことになる。深く敬愛する近親の「人」であった高天原の諡号をもつた祖の持統を崇敬し、その子草壁をヤマトの統治者とし、その二人を祀りあげるために国の維持を図るというきわめて「矮小化されたアマテラス原理」に沿って皇位の継承が目論まれ続けた。アマテラス神の子孫が降臨した大八洲のクニ・倭（日本）を永続して統治することと比べれば、その意義ははるかに軽く、その統治力はきわめて低く、また狭い。かつての神の皇孫としての天皇の判断の重さの歴史的証拠はいくつも卑近にあった。例えば推古天皇が葛城山系の東麓の天皇支配地の割譲を求めた馬子の要請を、蘇我の私的な要望を許したならば、「天の下に臨みてその縣（あがた）を亡くした」と言われることとなり、天皇としてできないと、ほとんどをすべてを馬子の意向に従ってきた己の天皇の判断の公平さという重みを立てにして拒否したことはすでに前言したことを改めて記憶をよみがえらせてほしい。同時にこの天皇が自己の生涯を終える直前の病の床で、後継をだれにするかの判断を任された際、用明天皇の孫であり、聖徳太子の王子の山背大兄ではなく、敏達天皇の孫ではあるが、非蘇我的系譜に属した田村王子を選んだことも想起してほしい。その判断は年齢の上下を基準にして関係者を納得させている。下は上に従うという「十七条憲法」の規範性にもとづく判断を下し、結果論的には蘇我衰退のきっかけをつくった。あるいは天武末期病床で後継は草壁皇子に勝る大津であるべしという近親の皇子皇女や有力官人たちの雰囲気を恐れた皇后鸕野が草薙剣を即断で尾張熱田に移し、自己の意向の実現を図ったとき、反草壁の雰囲気は都から一掃された。私はかつて自著で草薙剣が尾張の社に移管されたことに着目して、百年以上も前の宣化天皇への無法な行為に関わる尾張氏の怨念への恐れという解釈を書いたが、むしろその時点での断固とした天皇（重体の天武に代わる天皇権能の移譲を受けていた鸕野）の判断の重さを恐れる周囲の萎縮だったという解釈が正しいかもしれない。絶対権力をもつに至った天武・持統両天皇を軸として歴史が展開し始めた時に突如として現れたこの変貌は何であったか、新たな疑問がわく。氏族制から家族制への移行、神から人への意識の変化などが一挙に社会を動かし始めたのか、単なる支配層内に起こった偶発的な事象か。疑問は尽きない。しかもそれが進行したのは一三〇〇年前のきわめて古い時代のことである。

神であるニニギを皇統の祖としてその存在を代々継続するという皇統意識が希薄化し、近親の最上位者（人）である天皇の偉業を継続する天皇意識に変わっていく結果としてその尊号

（呼称）が変わる兆しもある。淳仁天皇が父・舎人親王に「崇道盡敬皇帝」を贈ったことである。「天皇」と「皇帝」の違いはなにか。コト日本について言えば、「帝」は地上における最高位者であり、それを神に認められることはあっても、神の存在そのものを受け継ぐ「天皇」とは異なり、地上にある人としての最高位者である。地上で人が多様な形で集まり行動するとき、何らかの統制は欠かせない。その統率者・統べる人が神の血筋をもつのが「天皇」で地上の人の最高上位者の「帝」とは違う。「天皇」を「みかど」と読ませる用法は数多いが持統を境に区別が曖昧化されたように思える。淳仁天皇の贈った父への尊号「皇帝」はこうした意味を含んでいたように思う。天皇は帝になったのである。天武・持統系の最後（数年間の孝謙重祚の称徳があるが）の天皇淳仁を継ぐのは天智天皇系の施基（しき）皇子の子である光仁、次いで桓武とつづき、平安京の貴族支配の時代に移る。『日本書紀』から覗き見ることのできるのはここまでである。貴族支配の維持のために安定した最高位者は欠かせない。その時代以降の「帝（みかど）」としての天皇がどのように展開するかは私の考察の範囲の外であり、語るだけの資質はない。ただこの最後で言った「近親」の最高位者の地位を継ぐという思想だけは続いたのではないかと推定したい。桓武天皇以後明治が始まる前までに七十二人の天皇が在位したが、そのうちの二十七天皇の諡号には「後」の文字が見える。すべてその前代か数代以前の天皇の諱を継承していることがその推定の一つである。アマテラス神話から切り離されて軽薄化した天皇位の寄る辺はこの程度でしかなかった。藤原にとっては組みやすいパートナーである。もうひとつ、飛鳥・

奈良朝時代の約二百年にはあれほど多くの女性天皇を析出した（重祚を含めれば八代）のと比べてわずか後桜町天皇一人（江戸・明和年間）だということもその特徴を考察するための重要な材料となるに違いない。

中国史書（『宋史』）による歴代天皇の紹介について

中国史書で日本の天皇を歴代にわたってやや詳しく紹介したのは宋代の一一世紀にまとめられた『新唐書』と一四世紀、元代に編纂された『宋史』である。前者は二百二十五巻のうちの最後近く、二百二十巻の「東夷」のなかの「日本」の項であるが、隋時代より佛法を学ぶ多くの留学僧が持ち込んだ各種の文書や多くの口述に依ったもので正確さに欠けるといわれる。初主の天御中主（アメノミナカヌシ）から二十三世の彦瀲（ヒコナギサ・記紀のいうウガヤフキアエズ命）の四男のジンムに至って天皇と号して筑紫から大和に移り、以後歴代天皇の諱をほぼ正確に並べ、諸処に小注を付し、光孝天皇（五十八代・即位年八八四年）までを列挙している。この『書』ではその光孝即位年を皇帝・僖宗代の光啓元年と同じとしていて一年の誤差があり、日本では八八五年は元号が元慶（がんぎょう）から仁和（にんな）に変わった年で、恐らく情報提供者の勘違いであろう（あるいは採用暦の違いかもしれない）。この書の小注では前に触れた用明天皇を別名「目多利思比弧」とも言うと紹介しているし、天武の後、持統（総持と間違って紹介している）が使いを唐に遣わし高句麗が唐に平定されたことを賀したことや、華（中国のこと　夏の漢字で表している）の発音を習って倭の名の意味を知り、それを嫌って日本と号し変えたとも言っている。しかし『日本書紀』に頼れば持統時代に遣唐使派遣の記録はないし、天武時代もしかりであり、日・唐の間に記録の不整合がある。『日本書紀』では天智八年に「大唐に使せしむ」の記事があり、第六次遣唐使と思われるので、日本のほうが正しいし、その前年の天智七年条に高句麗が唐に滅ぼされているのでこれについても『書紀』が正しいようである。国名を小びとを意味する蛮名を理由に改めたのはこの頃であろうが、しかし漢字を習得したので気付いたというくだりは疑問で、それまでも日本がそれほど漢字理解が低かったとは思えないので、かなりの眉唾モノである。いずれにしろあやふやな留学僧らの伝言による記述にはさして信を置けるものではない。しかしそれがとくに持統代での注釈のなかで語られているのはなぜか、持統の治政に共感する人物がより多く入唐していたためかも知れない。が、ともかく『新唐書』の信用度はかなり低いといわざるを得ない。

『新唐書』につづく中国史書『宋史』四百九十六巻の最後を飾るのは「外国」の巻である。これまでの中国『史書』は外国の巻をすべて東西南北の蛮族と軽蔑して呼ぶ東夷・西戎・南蛮・北狄としてきたが、『宋史』の編纂を担ったのは、元の脱脱（トオトオ）であったため、已を蔑む名称は使わなかったのである。「日本」についての記録は四百九十四巻におさめられているが、宋代にそこを訪れていた東大寺の法僧の奝然（ちょうねん）が持参した日本国王の年代記や職員令を資料としており、奝然の生きた一〇世紀末当時の高位の官人のもつ天皇意識の状況を知るうえでも貴重な文献である。ここでも始まりは天御中主で、以後二十三世代の神が彦瀲とされている。初主の神を天御中主としているのは『新唐書』と同じであるが、『記・紀』の内その神の名を挙げているのは『記』だけで、『紀』は国常立（クニトコタチ）としており、国の史書をめざす『書紀』の性格がすでに神代の始まりから使われていることに注意したい。しかし唐に伝わった倭の初主の名が『記』の掲げている方だというのもいささか面白い。当時の高級官人や法僧のクラスでもむしろ『古事記』を多く読んだと推察できるからである。さて『宋史』も彦瀲の第四子の神武が日向から大和へ移って初の天皇となり、以後六十四代円融天皇までを列記している。諸所に小注をはさむのも『新唐書』と同様で、聖徳太子が聖鬘経（しょうまんきょう）を講じた時、天が曼陀羅華（まんだらげ）を降らせたとか、応神天皇は今八幡菩薩なりという神仏習合の思想も付している。佛法に念じた人物の持参した文献だけに仏法に関わるトピックが多いのも当然である。

が、この「史書」での注目したい点は、時の皇帝太宗が日本の天皇が六十四代にもわたって王位を世襲できていることへの感慨が述べられていることである。前にも紹介した藤堂明保らの著となる『倭国伝』からその部分の一部を紹介しておきたい。

「彼らはたかだか島国の夷だ。にもかかわらず国王の位は久しきにわたって世襲し、その臣もまた親の跡を継いで絶えることがない。これこそ古の理想の道と称すべきであろう。」の部分である。一方中国では分立で諸国の興廃が絶えないと嘆いて「朕は徳においては古の聖王には劣るとはいえ、つね日ごろ、朝な夕なに慎みかしこみ、政治の根本を追求して怠るところがない。やがては無窮の功業を建て、後のちまで朽ちることのない範を残したいと思っている。同時にこれはわが子孫のためにもなり、大臣たちの子孫に親の秩禄・官位を継がせるようとするためにもなるであろう。これこそが朕が心である」。

たいへん高い評価である。この中国皇帝の評価自体は興味深いが、これまで語ってきたことを踏まえて言えば、いくつもの誤認があることはあらためて確認しておかねばならない。その復習の意味も含めて、繰り返しのとなるが記述しておきたい。その一つは天皇という呼称は日本国の最高の地位にある人に附された號であり、一般化すればいずれの国でも最高位びとに与えられる尊号のひとつである。中国でも最高位者があり、皇帝と呼ばれる人は常に存在してきた。その国の序列一位がある限りでは存在しうるものである。天皇の徳を称えた宋の太宗の時代でいえば、建国の歴史数千年の間、中国大陸で国を建てそれを維持する限り皇帝を号する人物は常にある。太宗が建てた宋は二世紀半の後、国を元に譲るが、蒙古族が建てたこの元の初代皇帝は世祖で（南）宋の理宗から皇帝位號を継いでいる。多民族が混在し、かつ四周は地続きで強国が存在し、侵攻も頻々と起こっているので、支配氏族がまったく変動するのは当然のことである。日本の場合、大陸から離れた海に孤立した国であり、またその住人はほとんどすべて同族人で、周辺部に生活した蝦夷も違う文明をもってはいたが、侵入に対する反抗はあっても対抗する勢力ではなかった。したがって違った政治制度によって前代を破壊することはなかった。天皇位が連綿と継続するのは主に地の利、周辺国との位置関係の良さにもとづくものであって、人力に左右されるものではない。宋の後の元の日本侵攻は、基本的にはこの地の利、台風という自然の現象に援けられた。天皇位の数百年にわたる（そしてその後もさらに長い）期間の継続の最大の要因であった。次に、その天皇位の系譜が長期不変だったといえばこれも違う。『記・紀』世界でいえば三つ天皇系があるということはすでに繰り返した。その最後の「アメ系」について言えば、和風諡号にアメ（阿毎）がはじめて使われた人物は二九代の欽明天皇だが、継続的には三五代皇極天皇以降であった。『記・紀』ともに中国史書に倣って形だけだが紀年体をとっているので、すべてに尊号の「天皇」の文字を用いられてはいるが、古くは「統る人」を意味する「すめらみこと」と訓じられてきたことは、『古事記』では崇神天皇に「はつくにしらししすめらみこと（知初国之天皇）」を、『日本書紀』では神武天皇に「はつくにしらすすめらみこと（始馭天下之天皇）」の號を贈っていることからも明らかである。「しらす」は「すべる」と同意である。『日本書紀』の文に中で「天皇」の文字が使われた最初は「推古紀」にある隋使裵世清への返礼の辞で「東の天皇、敬みて西の皇帝に白す」であろうが、この頃から次第に使用が始まり、頻繁には天智・天武時代ではないか。ほぼ「アメ系」天皇時代に始まるといっていい。

『記・紀』が「すめらみこと」でも「天皇」でも一貫して同じ文字を使うことができたのは大八洲の統治は高天原の大神の皇孫の後継者であるべしという古来日本の独特の思想によるものだということもおそらく宋の太宗の理解にはないに違いない。この思想によって皇孫が大八洲を統べる資格を代々受け継ぐという仕組みが決められ、神爾の授受をはじめとする祭祀形式が決まって天皇位はその重みを増し、世襲による皇統が特別視され、その連綿性を容易にした。皇統という特定の氏の血統をもった子孫が皇位を継ぐようになったのは十二代景行期からでタラシ系天皇であるが、その後生活の安定や技術の進歩でより進んだ灌漑システムが必要となり、その指導能力をもった十五代応神（ホムタ）が神功皇后を介する神の指示でより適任とされて天位を継いだ。彼は以前のような土着の倭人ではなかったが、海を越えて倭土に来て植民し始めてからほぼ百年、数代にわたって倭人として生活を続けてきた新たな倭人であった。

その後継は子の仁徳に始まり、その一族で生年順に数代にわたって継がれるが、絶対強者だった雄略天皇（二十一代）が並みいる競争者候補をさまざまな理由で殺害し、実力で天皇位について、後世日本の代表的天皇として、『万葉集』の最初にその作とされる和歌が収められるほどの威光を放った。クサカ系天皇の絶頂である。しかし彼はそのために後継者を失い、男子系の血縁の断絶が生じた。この断絶は雄略血統をもつ二人の女性と百済系王族との関係が深い二十六代の継体天皇とその子宣化天皇によって二十九代欽明天皇へと受け継がれる。

断絶直前に播磨の牛飼いの身にやつした履中天皇の孫と称する若者が現れ、顕宗、仁賢と後を継いだ。事実確認は不可能なので、空白を避けるための「歴史の造作」かとの疑点は残るが、その解明は遺伝子検査による以外にはない。継体天皇の場合はもし天皇が男でなければならず、皇統の父の血を受けねばならないとすれば明らかな断絶である。しかし彼は皇統の血をもった女性（手白香姫）を后にしたことで、別言すれば「入り婿」として皇統の氏に加わるかたちで皇統を継いだ。「継体」とはまさに妙を得た諡号である。ともかく形式では体制は連続した。世襲ではなかったが連綿たる天皇の統べる倭国のクサカ系天皇体制は守られた。

この道筋を実際に実現するのには蘇我の多大な力があったともいえる。何故なら蘇我は神命による皇統の継続という思想の重みに従って本宗系蘇我という巨大な権力者をもちながらも、神の後継という重みを乗り越えて皇位に就くようなクーデターはしなかった、できなかったのかもしれない。強大な蘇我権力は娘を介して皇位の外戚としての関係はつくりえたが、蘇我系天皇は実現しなかった。歴史の現実は本宗系に変わった石川蘇我がクサカ系天皇と合体しながらアメ系天皇を確立した。しかし確立したその絶頂期に、古代天皇の系譜は消滅に向かった。その後、蘇我氏と同じ外戚の地位をつくりあげた藤原氏が天皇氏とどのように関係していったかは本書の範囲を超えている。天武系の称徳天皇に代わって皇位に就くのは天智天皇と采女の子・施基皇子の子の光仁天皇、そして平安京に都を移す桓武天皇と続き、律令政治のもとで藤原氏がより優位な新たな関係を天皇との間でつくっていく状況も見えてくる。光仁天皇は父施基皇子に春日宮天皇の尊名を贈っており、「天皇」にかつての重さがなくなってしまった状況は続いていく。中国皇帝が想定する「天皇は絶対支配者」という状況はない。

おわりにあたって ―書き残したこと―

本書を終えるにあたって、『記・紀』読みを進めながらつよく感じた一つの問題に触れて本書の幕引きとしたい。『記・紀』、とりわけ『書紀』に強くみられる「新羅憎悪」が貫かれていることをめぐっての動向である。白状すると私もかつてはこの「新羅憎悪」が強かった。名古屋の熱田神宮近くで少年時代を送り、地元の奉賛会幹部と親しかった父がほろ酔い気分で「新羅の僧が草薙剣を盗んで逃げたが捕まった」という話を聞いたと自慢気に喋っているのが耳に入った時がその始まりだが、それは成長した後、「作り話」だとわかってからはかなり消えたが、その残りかすは長く続いたことも事実である。

『書紀』で外国の名が初出するのは神代上・第八段の「新羅」である。天上界で粗暴な振舞いの罪を負って地上に降ろされた場所が「新羅」で、そこは居たくないと土地だといって船をつくりたどり着いた出雲でのやまたのおろち退治で草薙剣を得て、天上界に献上した後に紀ノ國を連想させる「根のクニ」に至りその主となる。新羅はその暴れん坊の神のスサノオですら居たくない地だといわせるほど「嫌な国」だというのが初見である。次は「垂仁紀」で任那の人蘇那曷叱智（ソナカシチ）が国に帰る挨拶でもらった赤絹百匹を途中で奪い取ったのが新羅人で、それがもとで両国の仲違いが始まったと書かれる。まだある、「神功紀」摂政四六年条に新羅、百済両国がそろって貢物献上をした時、百済が新羅に比べて異常に貧弱だったのをとがめられた百済の使者が訴えて言うには途中で新羅に宝を奪われ新羅の貢物とされたためだという記述もある。そしてその極みは草薙剣の盗難の新羅の沙門道行の話で、「天智紀」七年の是歳条となる。それらの「新羅憎悪」的感情を一挙に吹っ飛ばすのが「神功皇后の新羅征伐」だったとすれば、それは日本人の優越感をいやがうえにも満足させる「歴史造作」である。

何故新羅がかくも歪められて日本の歴史に登場しなければならないかは言うまでもなく白村江での大敗北がつくった憎悪であろう。その恨みがこうした形で発散されてはならなかったことはいうまでもないが、さらにその底に弱小勢力だった斯盧（シロ）国が急速に力を蓄え、周囲の国々に伍して交際しながら巧みな外交戦術で勢力を広げ、韓の三国鼎立の勝者となった、いわば成り上がり者への侮蔑と、巧みな外交を騙し上手の姑息外交と蔑む嫌いもあろう。新羅のそれは外交の定型的な手法とせねばならないが、それでも残る侮蔑感をかなりの程度は癒す「頂門の一針」話がある。すでに第八話で語ったが、残った部分もあるので、それを解き終えたい。先の表2（一三六ページ）の四列目は敏達四年、新羅が例年になく多くの貢物を送った根拠となった邑々である。この四村は新羅が継体時代に倭の権益地だったものを奪い取った土地である。この敏達四年の新羅の行為はその時点での新羅特有の思惑の結果であった。その数年前、勢力は失墜してきたとはいえ敵対関係にある高句麗が初めて倭に使者を送り、交際を求めた。つまり倭と高句麗友好が始まった直後に、新羅が高句麗とのバランスを考慮して倭へ貢物が増やしただけでなく、かつて倭の意思に反して占領した四村の旧権益の侵害を認めてその分を追加したのである。それを受け取った倭の反応の記述はない。（しかしその後それは新羅の四村領有を認めることに気づき、その調の受領を拒否した。）継体期に倭の主張を充分に承知の上で占領したことを公的に認めた新羅のこの行為を想像するに、「倭の権益地であることを知りながらの占領は悪いが、そこに海向こうの倭が権益をもったのはさらに悪い」であろう。新羅がそれにもかかわらずそこの調物を払うのは高句麗とのバランス上のことである。

対抗者間の関係一般もこうした論理にもとづく行動は通常である。そこに特別の侮蔑も善悪もさしはさむ程のことではない。特別な予断なく、むしろ良い交流のきっかけとして利用できるかもしれないというのが外交であろう。数年後、敏達天皇は百済から倭系百済人の上級官吏の日羅を招いた。その事情と内容はすでに以前の章で述べた。そして彼は同僚者によって殺害されたことも話した。その状況はいささか異常で、殺そうとすると光を放つので怖れて実行できなかったが、正月になって光が消えたので殺したという記述があった。これは超人的な現象で、聖人を称える説話ではあっても現実の話ではないと思わざるをえなかった。そして先に紹介した本を探し出し、あまりに偉大な人物で尊大さに感じて殺人者がそう感じたが、とくに高揚を覚える正月はその感じが相殺されたかもしれないなど、いくつもの所説が書かれていた。

しかしその文献に書かれていなかったことで非常に重要な付言がもう一つ「敏達紀」には残されていた。だがそれについては先の矢野盛経著の『日羅公記』（日羅公薫績顕彰記念会刊、昭和一一年）からの見解は読みとれなかった。重要な部分なのでまずは全文を紹介しよう。

日羅が殺されたすぐあと、

「日羅、更に蘇生りて曰く、［此れは是、我が駆使奴（つかいびと）等なせるとことなり。新羅には非ず。］という。言い畢りて死せぬ」（死んだ日羅はまた生き返って、申すには「これは私の下っぱがやっとことである。**新羅がやったことではない。**（※太字は著者＝野原）」。言い終わって死んだ」）。

それに続いて筆者の史人の**注**が入る。

「**是の時に属りて（あたりて）、新羅の使有り、故爾云う**」（ちょうどこの時、新羅の使い人がいた。そしてその通りだと言った）。

この太字部分はどうにも意味が理解できない。とくに注はまったくありえない状況である。前半はまだ完全に死んでいなくて、最後の力を振り絞って起き上がることはありうる。最後の言葉が何故「新羅ではない」なのか、そしてその後の注の意味を解こうとして頭を絞った。念のためにその部分の「原文」を示そう。

「……非新羅也。言畢而死。属是時有新羅使。故云爾也。」

戦前の貴重な前掲書にもこの部分のコメントは見出せなかった。

この部分の筆者はすでに繰り返し紹介した続守言である。彼の当初の執筆分担範囲は「雄略紀」から「舒明紀」までであった。が途中に病のため最後まで書けなかったとも伝えられている。それは記述の勢いや表現の癖から私にも感じられる程で、その感に頼ればこの部分が最後だったような気がする。もしそうだとすると、この部分は彼の最後の執筆部分となるので、特別の意味が含まれているはずである。

そこで思いついたことだが、最後の部分は筆者（続守言）自身の叫びではなかったか。執筆するなかで資料を読みながら彼が痛感していたことを、日羅の叫びとして書いた。与えられた倭の資料は「新羅憎悪」に偏していると彼は感じてきた。重ねて言うが彼の経歴は、中国・唐で生まれ、百済・新羅の戦いで新羅を援けた唐の兵士として参加し、途中で百済の捕虜となり、その後倭に有能な文人として倭に贈られ、貴重な音博士として珍重された。四つの国での体験を通じ、様々な知識を広げたであろうが、同時に四国関係の状況も客観的に見ることができる立場にあった。そこから感じたことを、直言は封じられたであろうが部分的に、しかし厳しく注記してきたように思う。とくに宣化天皇についての各所でそれを連発した。他にもその思いがあるなかでもっとも言いたかったのが、「倭は〔新羅憎悪〕が強すぎる。もっと全体を見て判断し行動してほしい」という直言をこの最後の場で、恐らく同じ思いをもっていたであろう日羅の言葉として書き留めたのではないか。

つまり当時の状況をもっとも広く客観的に関われた続守言の倭にたいする「遺言」が「国際

関係で大切なことは「全局面を広く見て、その中で最良の道を見つけよ」であり、それにまったく反する「新羅憎悪」を厳しくたしなめたのが、先の「私を殺したのは新羅ではない」であった。それに続く注は彼の漠々たる幻想かも知れない。思うにこの絶筆のあといち早く駆け付けたはずの最も親しい同僚の薩弘恪との会話はなんとかできた。そしてその思いが薩の手によって加えられた。その言葉のもつあまりにも強烈すぎる勢いを感じて、編纂責任者はそれをカットしなかった、いや出来なかった。最後まで解釈に苦しんだ難問を私はこのように解いたが、どうであろうか。しかしその直言がそれから千三百年後の日本にもほぼ同じように言えるかもしれないと思うと、歴史とは今の生き方を教えてくれる貴重な宝だとつくづく思う。

書き始めた時は果たして最後までたどり着くかどうかと危惧したが、どうにか終着した。それができたのは歴史好きという趣味のお蔭であるが、それだけではない。歴史読みは愉快なものでなければならない。私はまったくの無趣味人で、読書と旅行以外にはなにもない。ただ一つだけ趣味かともいえるものは「パズル解き」で、今も朝のひと時「超難解の数独」の一問を解くことであり、それでその日の調子を判断することとしている。そのせいもあってか私は『日本書紀』のなかにそのパズルを見つけた。文中にも書いたが、続守言がそれを『書紀』のなかに仕掛けてくれたので、歴史の面白さだけでなく歴史パズルを解く愉快さが体験できた。その好妙さと愉快さでひと仕事を終えることができたのかもしれない。読者の皆さんもそれを味わってはどうかと思い、この本に簡単なパズルを仕込んでみた。この本のなかでは初代神武から五十代桓武までのすべての天皇について一言以上は言及している。そのうち三十九代の弘文は明治以後の挿入なので除いた残り四十九人の事績を一人を除いてすべて書き記している。除かれた天皇は誰か。その事績でいうと、「徳の高さは仁徳にはるかに及ばず、権力の残虐さでは雄略に同じの小僧っ子」を意味する和風諱號が付けられている天皇である。仁徳はオオサザキであり雄略はオハツセノワカタケが和風謚号である。改めてすべて読んでいただければもちろん分かることである。そんなことはつまらぬと思われる読者にもう一つ、書中で述べてきたことにも関わる史実に深く関係する持統天皇の和歌（『万葉集』所収）を一首掲げたい。万葉きっての難解歌ともいわれている。

百六十歌　燃ゆる火を　取りて包みて　袋には　いると言わずや　面智る　男雲

ヒントは持統太上天皇の時代に思い出として詠まれた歌で、殯の場とかかわりがありそうだということである。私はこの歌を通説とは全く違って、前著『古代尾張氏とヤマト政権』の最後で解いたが、いまだ反応はない。できれば出版社に知らせて頂ければ嬉しい。

苦しかったが楽しくもあったこの書をともかくも纏めえたのは、数多くの『記紀』の研究に関わられた先学諸氏の教えであり、それを取捨選択しながら自己流に解釈しなおしてしまった。お詫びしつつ、厚く感謝申し上げる。私は六五歳で定年を迎え、幸いにもすぐ新たに協同組合を幅広く研究できる場をえて、二十余年間にわたって現代社会に関わる知見を広げることができた。この間の年月はまた岐阜の中津川の山中にささやかな別荘を得て、これまでなかった幅広い暮らしを経験した人たちとの交流を楽しむこととなった。本書の中でハングル語を介していくつもの日本古代史の課題を解く糸口を見つけてきたが、この別荘仲間の一人、星原幸次郎君の幅広い韓国の知見が大きく役立った。今数多くの方々のお蔭で何とか満足できる仕事の結幕を迎えることができ、定年後の第二の人生は、目下は介護を必要としている妻ともども、幸運の連続であった。この刊行を勧めていただき、種々助言もいただいた風媒社の劉永昇編集長にもお礼の言葉を述べたい。

校を終えたのは、新天皇夫妻のパレードが華々しく行われた日の夕方であった。

著者

[著者略歴]
野原 敏雄（のはら　としお）
1930年、名古屋市生まれ。1958年、名古屋大学大学院文学研究科（史学地理学課程）修士修了。1959年、中京大学商学部講師（経済地理学担当）、以後教授・学部長、大学院研究科長、大学図書館長などを歴任。中京大学名誉教授。文学博士。ポーランド地理学会名誉会員。
[主要著書]『日本資本主義と地域経済』（大月書店）、『現代の地域産業』（新評論）、『現代協同組合論』（名古屋大学出版会）、『天武の夢　はるか』（風媒社）、『友愛と現代社会』（風媒社）、『古代尾張氏とヤマト政権』（愛知書房）

装幀・澤口 環

『記・紀』から読み解く古代の天皇像

2020年1月22日　第1刷発行　（定価はカバーに表示してあります）

著　者　　野原 敏雄

発行者　　山口　章

発行所　名古屋市中区大須1-16-29
振替 00880-5-5616 電話 052-218-7808
http://www.fubaisha.com/
風媒社

＊印刷・製本／モリモト印刷

乱丁本・落丁本はお取り替えいたします。

ISBN978-4-8331-0585-9